청년백수
자립에 관한
한 보고서

청년백수 자립에 관한 한 보고서 : 공(부로)자(립하기)프로젝트

발행일 초판1쇄 2016년 8월 25일(丙申年 丙申月 己卯日) │ **지은이** 류시성·송혜경 외 13인의 청년백수 │
펴낸곳 북드라망 │ **펴낸이** 김현경 │ **주소** 서울시 중구 청파로 464, 101-2206(중림동, 브라운스톤서울) │
전화 02-739-9918 │ **이메일** bookdramang@gmail.com

ISBN 979-11-86851-39-5 03330 │ 이 도서의 국립중앙도서관 출판시도서목록(CIP)은 서지정보유통지원시
스템 홈페이지(http://seoji.nl.go.kr)와 국가자료공동목록시스템(http://www.nl.go.kr/kolisnet)에서 이용하
실 수 있습니다.(CIP제어번호: CIP2016019134) │ Copyright © 류시성·송혜경 외 저작권자와의 협의에 따

책으로 여는 지혜의 인드라망, 북드라망 **www.bookdramang.com**

공(부로)자(립하기) 프로젝트

청년백수 자립에 관한 한 보고서

류시성·송혜경 외 13인의 청년백수 지음

BookDramang
북드라망

머리말

1.

작년 이맘때였나 보다. 북드라망출판사로부터 청년백수 이야기로 책을 써 보지 않겠냐는 제안을 받은 것이. 겉으론 태연한 척, 속으론 환호작약 했다. 왜냐고? '드디어 올 것이 왔구나' 하고 기다리고 있었기 때문이다. 언젠가는 이런 글을 쓰게 되리라 생각하던 차, 백수들 이야기를 감이당 블로그에 연재해 볼까 이리저리 머리를 굴리고 있던 차에, 이를 한방에 해결해 줄 제안이 들어온 것이다. 좀 헷갈린다. 출판사가 우릴 부른 건지, 우리가 출판사를 끌어들인 건지.

　걱정부터 됐다. 본격적으로 '나는 백수다 — 공(부로)자(립하기) 프로젝트'를 시작한 지 반 년도 안 된 이야기를, 아직 실험중인 것들을, 글쓰기 훈련도 제대로 받지 않은 우리 백수들이 쓸 수 있을까? 한편으론 그런 능력이 마련된 뒤에야 쓰여진 글이란 존재하는가라는 물음도 일어났다. 그렇다. 이건 계산의 문제가 아니다. 욕망의 문제── 하고 싶은가, 하고 싶지 않은가. 우리는 이 제안을 백수들에게 전달했다. 실질적인 주인공은 그들이므로. 그리고 몇 번의 회의 결과, 이 작업에 뛰어들기로 했다. '참혹할지언정 당당하자. 더 내려갈 곳도 없다. 바닥이다. 고로 올라갈 일만 남았다.' 이런 주문 혹은 최면과 함께.

책을 쓰는 과정은 묻고 답하기의 지난한 반복이다. 이 과정을 건너뛰고선 끝을 낼 수 없다. 한마디로 지루한 체력전이다. 때론 앞으로 나아가는가 싶다가도 옆길로 새고, 나가떨어지기가 일쑤다. 그러면서도 놓지 않은 질문들, 그것들이 글쓰기의 길잡이가 되어 준다. 대체 백수란 어떤 존재인가? 자립한다는 건 무엇인가? 우리는 왜 공부하는 백수가 되려고 하는가? 이런 질문들이 이 책의 전체 지도이자 나침반이다.

2.

공식적인 청년백수의 수는 대략 100만. 여기에 취준생, 단기 취업자, 알바생 등 잠재적 청년백수들까지 합하면 그 숫자조차 가늠하기가 어려운 시대. 이제는 누구나 다 안다. 이 숫자를 줄일 방법도 능력도 없다는 것을. 이것이 놀랍도록 절망적인 소식도 아니라는 것을. 그만큼 백수가 익숙한 존재로 우리 일상 안에 자리 잡았다는 뜻이다. 비단 청년들만의 문제도 아니다. 중년백수, 노년백수들도 넘쳐난다. 태반이 백수로 살아가는 시대. 이게 우리의 현주소다.

그럼 이제 태도를 좀 전환해야 하지 않을까? 이 일상적 삶의 형식을 적극적으로 받아들이고 환영하려는 태도로. 누구나, 언제, 어디서든 백수가 되는 것이 우리 삶의 일반적 조건이 되었으니까. 이 조건에 맞게 삶을 새롭게 구성하려는 시도—— 다양한 백수-라이프들이 발명되는 것, 이렇게 해서 백수라는 개념을 취업이라는 식상한 계열로부터 떼어내는 것, 뭐든지 활용해서 자기 삶에 맞는 방식을 만들어 낼 줄 아는 존재로 백수를 재정의하는 것—— 가 필요한 상황, 이 또한 우리의 현주소가 아닐까?

그런데 이상하다. 백수들은 왜 이런 작업에 매달리지 않을까? 자기 삶을 정당화하기 위한 길 찾기들이 왜 도처에서 일어나지 않는 걸까? 백만이나 된다는 백수들은 대체 어디서 뭘하고 있는 걸까? 다시 기존의 체제에

목을 매고, 받아 달라고 하소연하고 있는 걸까? 우리는 이런 현실에 질문하고 싶었다. '대체 무엇이 우리 자신을 행복하게 하는가'라고. 우리가 잃어버린 건 경제적 안정이 아니라 질문하는 법이다.

3.

이 책은 총 4부로 구성되어 있다. 1부는 왜 우리가 백수로 살아가기로 했는지를 밝힌 「백수의 존재론」이다. 머리말을 쓰면서 다시 한번 깨닫는다. 우리가 백수로 '내몰린' 존재가 아니라는 것을. 어떤 삶을 원하기에 백수로 '살고자' 하는 존재들이라는 것을.

2부는 「백수의 공부」다. 공부는 실로 오래된 인류의 밥벌이 수단이었다. 공자, 부처, 예수가 모두 이 영역에서 먹고살았다. 거기다 삶의 비전까지 탐구하면서. 이 일석이조의 양식을, 선배 백수들이 발견한 인류 최고의 길을 우리 백수들이 내버려 둔다는 게 옳은 일인가. 하지만 공부라곤 해본 적도 없는 초짜들, 이 초짜들이 겪은 공부의 어려움이 2부에 그대로 담겨 있다.

3부 「백수의 경제학」에서는 우리의 실험들을 다룬다. 부모님으로부터 모든 원조를 끊고 경제적으로 자립하는 과정, 돈 없는 백수들의 공동주거 프로젝트, 같이 살면서 겪은 온갖 희로애락, 그리고 백수와 공동체. 우리가 공부하는 백수로 살아가기 위해 필요했던 현실적 조건들을 보여 주고 싶었다. 그 성공과 실패의 흑역사들도 함께.

마지막 4부 「백수의 여행」은 우리가 마주친 낯선 세계들, 사람들에 대한 이야기다. 백수의 장점은 어디서든 쉽게 떠나고 쉽게 돌아온다는 것이다. 그 마주침 속에서 배운 이야기들을 사람들에게 전해 주는 전령사와도 같은 존재가 백수다. 사람과 이야기, 이것이야말로 백수의 자산이다. 그리고 여행은 그것들의 보고寶庫다.

4.

세상에 이런 책 한 권은 있어야 한다. 청년백수가 어떻게 자립하면서 살아 갈 것인가를 고민하는, 그 과정에서 온갖 고난을 겪는 이야기를 담은 책. 백수들로 넘쳐나는 시대에 이런 책 한 권 없다면 이 얼마나 이상한 일인 가. 한데 놀랍게도(!) 그런 책은 거의 없다. 대신 백수가 정규직이 되는 방 법, 재테크로 한몫 잡은 백수이야기, 그게 아니면 백수의 현실을 암울하게 진단하는 책들만 가득하다. 여기에 저항하는 책이 한 권도 없다면 이것이 야말로 우리 시대의 불행일 것이다.

이 책은 거칠고 울퉁불퉁하다. 독자들을 당황시킬 것이 뻔하다. 하지 만 이것이 우리의 출발이다. 세상의 모든 출발은 다 그렇다. 이것마저도 매끈하게 되어야 한다는 환상에 사로잡혀 있다면 그것부터 깨야 한다. 이 걸 겪어야 앞으로 나아갈 수 있기 때문이다. 오히려 이 속에서도 자기가 필요한 것들을 뽑아서 쓸 수 있는 존재, 이 책이 그런 존재들과 만났으면 좋겠다. 여기 나온 백수들의 삶이 옳다/그르다를 떠나 거기서 내 삶에 필 요한 것들을 어떻게 가져다 쓸지 고민했으면 한다.

작년처럼 불볕더위가 찾아오고 있다. 우리는 여전히 공부에 허덕이 고, 알바와 각종 활동들을 조율하느라 정신없이 산다. 하지만 이 과정에서 알게 된 것이 있다. 백수로 살아도 별일이 일어나지 않는다는 것. 백수로 살아도 겪어야 할 일은 다 겪으면서 산다는 것. 하여, 백수로 살면 불안하 지 않느냐고 물어오는 사람들을 향해 '이렇게 살아보세요'라고 말하는 백 수들이 생겨나고 있다는 것. 이것이 우리에게 찾아온 앎이자 변화다. 우리 에게 이것들을 선물해 준 수많은 선배 백수들에게 감사드린다.

2016년 여름
Tg스쿨 공부방에서 백수들이 쓰다

* 프롤로그
'백수다' 탄생기

류시성

"오빠, 저 미국 가게 됐어요." 보통은 연인들의 이별 멘트쯤으로 생각하겠지만(나만 그런가?) 이건 훨씬 더 치명적이고 심각한 통보다. 왜냐고? 지금 밥줄이 끊어질 판이니까. 미국에 가게 됐다는 이 친구, 김해완과 난 2년 동안 감이당에서 〈청소년 비전 탐구 프로젝트〉라는 프로그램을 진행해 왔다. 여기서 받는 강사비로 근근이 살아가고 있었는데, 함께하던 네가 미국으로 튄다고? 나에게 그 반인반수(?) 같은 애들까지 떠넘기고? 그러니 이 얼마나 심각하고 치명적인 상황이랴. 한데 그 순간, 나도 모르게 속으로는 쾌재를 부르고 있었다. 급기야 다음 연도 프로그램을 기획하는 감이당의 회의 자리에서 이렇게 말해 버렸다. "청소년 프로그램을 그만두고 청년백수들을 모아서 공부해 보고 싶습니다." "뭐?" 격한 반응들이 쏟아졌다. 하지만 어쩌랴. 내 마음은 이미 청년백수들을 향해 달려가고 있는 것을.

나는 곧바로 파트너 물색에 돌입했다. 그 결과, 혜경이 레이더망에 걸려들었다. 나는 내 주특기를 발휘했다. 구체성은 없지만 아이디어로 막 들이대기! 결과는? '오케이' 사인이 떨어졌다. 우리는 곧 프로그램 기획에 착수했다. 일단 '감이당 대중지성'의 포맷을 흉내 내서 1년짜리 코스를 열기로 했다. 아, 잠깐! '감이당 대중지성'은 총 3년 코스로 감이당을 대표하는 프로그램 가운데 하나다. 여기서는 의역학醫易學과 글쓰기를 중심으로 10대부터 70대에 이르기까지 다양한 연령층이 모여 공부한다. 혜경과 나 또한 30대 초반에 이 프로그램에 접속해서 3년 과정을 막 마친 상태였다. 이제는 각자 독립적인 프로그램을 진행하면서 자기 공부를 해 나아갈 시기이기도 했다. 서

당개 3년이면 풍월을 읊는다(는 말만 민)고 우리는 익숙한 이 포맷을 가져다가 프로그램을 기획해 나갔다.

취지는 명확했다. 인생의 황금기를 취준생으로만 살아가는 이 땅의 청춘들을 모아 당당히 백수로 살아갈 궁리를 하는 것. 왜? 다 알다시피 정규직에 목을 매 봐야 답이 없기 때문이다. 하여, 프로그램 이름도 '나는 백수다──위풍당당 백수 프로젝트'로 정했다. 구체적인 커리큘럼은 이러했다. ① 백수들의 보물 1호인 몸을 탐사한다.『동의보감』과 사주명리학을 배우는 〈의역학 수업〉. ② 오래된 마이너들의 삶에서 백수로 살아갈 길을 찾는다.『임꺽정』,『장자』,『사기열전』 등을 탐독하는 〈인문학 세미나〉. ③ 백수로 살아가기 위해서 무엇보다 중요한 건 체력. 체력 증진을 위한 무한 도전 〈몸부림 프로젝트〉. 이렇게 뼈대가 갖춰지자 금방이라도 백수들이 달려올 것만 같았다.

2013년 겨울, 드디어 첫 모집 공고를 냈다. 수업은 목요일 저녁과 일요일 오전·오후, 1년 수강회비는 160만원, 개강은 2014년 입춘 이후. 기대 반, 걱정 반. 이렇게 '백수다'가 시작되고 있었다.

2014년의 반전

진짜 백수들이 나타났다! 대학 졸업 후 무작정 짐을 싸 들고 진주에서 올라온 백수, 돈가스집에서 알바를 하다가 때려치우고 상경한 고졸백수, 부산을 떠나 서울에서 IT사업을 해보고자 대학까지 때려치우고 고시원에서 사업아이템을 구상하던 백수, 거기다 집에서 아무

일도 하지 않고 놀고먹는 백수까지. 이들의 공통점은? 1년 동안 공부할 학비는 물론 당장 한두 달도 살아갈 돈이 없다는 것. 아니 최소한 학비 정도는 들고 올 줄 알았는데, 이게 대체 무슨 배짱이지?

사실 연구실에 공부하러 오는 사람들은 대부분 학비 정도(!)는 스스로 마련해 온다. 아니 학비를 마련하는 것 자체가 공부의 시작이라고 생각한다. 자신이 하고 싶은 것이라면 어떻게든 자기 힘으로 그것을 마련하는 게 기본이라고 생각하기 때문이다. 그런데 백수들은 막 들이댄다. 가진 것이 없는데도 하고 싶으면 달려든다. 연구실 밥을 10년 넘게 먹은 나는 물론이고 오랜 세월 연구실에서 함께해 온 선생님들 역시 소식을 듣고 당황하기는 마찬가지. 사람들은 우리들(튜터와 청년백수들)을 걱정스런 눈빛으로 바라보기 시작했다. 그런데 생각해 보면 20대엔 가진 게 없는 것이 당연하다. 현장에서, 인연의 장안에서 구르면서 먹고사는 것이 20대의 생존법이다. 이들에게 최소한의 무언가를 갖추라고 말하는 것 자체가 어찌 보면 또 하나의 통념이라는 생각마저 들었다.

그렇다고 우리가 그들의 사정을 해결해 줄 순 없는 법. 결국 우리는 모든 기획을 뒤엎고 프로그램을 전면 수정하기로 했다.

당시 우리가 느꼈던 충격을 우리는 '프로그램 탄생 비화'라는 글로 기록해 뒀다.

청년백수를 위한 '공자 프로젝트'를 시작합니다. 원래의 목표는 이런 게 아니었습니다. '감이당 대중지성'이나 '목성'목요 감이당 대중지성, '수성'수요 감이당 대중지성처럼 백수들도 지성을 갈고닦을 프로그램을 준비했습니다. 한데, 공부하겠다는 청년백수들의 면면을 살펴본 결과는 이랬습니다. 일단 돈이 없고, 몸이 아프고, 저질체력의 소유자들이며, 공부라고는 해본 적도 없는 그런 청년들. 하여 우리는 그 청년들에게 새로운 방식의 공부법이 필요하다고 생각했습니다. 부모님으로부터 경제적으로 자립할 수 있을 만큼의 돈을 벌고 남는 돈으로 공부하면서 살아가기. 그러기 위해선 무일푼인 이들을 위해 알바 전선이 필요했고, 생활에 필요한 모든 것을 서로 까놓고 이야기하고, 공부의 초식부터 차근차근 다시 배워야 한다는 걸 깨달았습니다. 이건 아무것도 가진 것이 없기에 어쩔 수 없이 선택할 수밖에 없는 길이 아니었습니다. 그저 우리 시대의 청년백수들이 처한 현실 그 자체일 뿐입니다. 우리는 거기서 시작하고, 거기서 스스로 일어서려고 합니다. 하여, 기존의 프로그램을 그들의 리듬에 맞춰 변형시킬 수밖에 없었습니다. 우린 그것이야말로 아주 다른 방식의 자립-프로젝트라고 생각하게 됐습니다. 경제적으로 자립한 존재도 아니고 무지하며 몸도 따라 주지 않는 이들을 위한 프로그램. 그들이 곧 우리의 행로를 바꿔놓았습니다.

우리는 지금 모두 알바-전선에 나가 있습니다.^^ 알바가 끝나면 연구실에 돌아와 책을 읽고, 강의를 듣고 밥을 먹고 산책을 합니다. 돈을 어떻게 쓰는 것이 지혜로운지 탐구하고, 책은 어떻게 읽어야 하는지부터 배우고 있습니다. 우리는 이런 처지에 놓인 청년백수들이 수없이 많다고 생각합니다. 벌고 공부하고 몸을 쓰면서 스스로 자립하는 법을 배우는 일. 우리는 이 앎과 지혜를 공유하려고 합니다. 이 프로그램은 그렇게 탄생했습니다.

지금 읽으면 웃음이 나오지만 당시엔 사뭇 진지했다. 그러면서 알게 된 것이 있다. 백수들과 접속하려면 먼저 우리의 틀부터 재고해야 한다는 것. 예전의 방식을 그대로 고수하다가는 큰코다친다는 것. 백수들은 존재 자체만으로도 늘 무언가에 의문을 던지게 하고 무언가를 바꾸도록 종용하는 존재들이라는 것. 때론 가진 게 없다는 것 자체가 어마무시한 힘을 발휘하기도 한다는 것. 이게 봄의 기운, 청년의 힘이다.

우리가 '나는 백수다―청년백수를 위한 공자 프로젝트'(이하 '백수다')로 프로그램명을 바꾸게 된 것도 이 때문이었다. '공자 프로젝트'라 함은 공자-되기의 바람을 담은 것이기도 하지만 본뜻은 **'공부로 자립하기'**의 줄임말이다. 자립이야말로 백수들이 당면한 과제라는 것을 인식하게 된 것이다. 우리는 이 숙제를 해결하는 것이야말로 우리들의 공부라고 생각했다. 일단 급선무는 먹고사는 문제 즉, 알바와 주거공간을 해결하는 것이었다. 일단 돈이 없는 백수들은 다시 돈가스집, 빵집, 장애인 활동보조 등의 알바 전선으로 나가게 했다. 그리고 남는 시간엔 책을 보고 공부를 한다. 또 집이 가까운 친구들은 집에서 다니도록 하고, 당장 지낼 곳이 없는 백수들은 감이당에서 운영하는 청년학사에서 거주하기로 했다. 이렇게 한숨 돌리고 우리는 프로그램을 다시 기획하기로 했다. 돈이 없는 백수들을 위해 1년 단위가 아닌 시즌별로 백수들을 모집하는 것. 기존에 모인 백수들과는 세미나를 진행하면서 새로운 백수들을 모집하기로 했다. 그러자 또 백수들이 몰려왔다.

'백수다' 첫 시즌은 사주명리와 『임꺽정』으로 커리큘럼을 짰다. 자신의 운명의 지도를 그려 보고, 청석골이라는 백수공동체를 만들며 살았던 임꺽정 무리들을 통해 백수로서의 삶의 지혜를 모색해 보자는 취지였다. 다들 『임꺽정』을 읽으며 야생적이면서도 당당한 백수의 삶에 매료됐다. 여름엔 머리를 식힌다는 핑계(!)로 한문 공부에 돌입했다. 백수의 원조 격인 공자에 대해 알기 위해 『논어』를 읽고, 한편으로는 『허클베리 핀의 모험』과 같은 악동들의 이야기를 읽으며 우리 안에 자리 잡고 있는 자유본능을 일깨웠다. 그리고 마지막 시즌엔 『동의보감』과 20세기 근대성에 대해 공부하면서 다른 삶의 길을 모색하고자 했다.

사실 상상만으로도 너무 벅차올랐다. 누군가는 돈, 쇼핑, 스펙과 같은 현실적 욕망들을 따라가고 있을 때 책을 읽고, 토론하는 등 자칫 무용하다고 치부될 수 있는 것들을 하고 있는 이 장면. 이 자체가 어떤 저항보다도 강렬한 저항으로 느껴졌다. 다르게 살고 싶다면 조건을 탓하기에 앞서 실제로 그렇게 살고 있어야 한다. 말만으로는 삶이 변하지 않는다. 오히려 그건 삶을 더 궁지로 내몰 뿐이다.

이 와중에 집을 박차고 나와서 살아 보고 싶다는 백수도 생겨났다. 오, 우리가 바라던 장면! 하지만 이 흥분은 그리 오래가지 않았다. 연말이 다가오자 백수들은 하나둘씩 짐을 싸기 시작했다. 책을 읽고,

백수의 삶을 동경하고, 다른 식의 삶을 살고 싶다고 말하던 그들이 다시 본래의 위치로 돌아가기로 한 것이다. 물론 각자의 사정이 있었겠지만 솔직히 당황스러웠다. 온갖 질문들이 우리의 머릿속을 가득 채웠다. 하지만 그 실마리는 쉽게 풀릴 것 같지 않았다. 2015년 1월, 우리(혜경과 나)는 이 숙제를 가지고 오래전부터 예정되어 있던 배낭여행에 돌입했다.

청년백수를 길 위로!

시간과 공간은 독특한 질적 구성물이다. 양적으로 계산될 수 없는 이 질성을 갖고 있다는 뜻이다. 그래서 공간이 바뀌고 시간의 리듬이 달라지면 자연스럽게 삶의 변화들이 찾아온다. 이 속에서 다른 생각과 다른 신체성을 만나는 것. 그것이 여행이다. 몇 년 만에 연구실을 떠나 걷고 걸으며 우리의 몸 또한 점점 가벼워지기 시작했다. 오랜 변비에 시달리던 혜경은 매일 변을 보는 쾌거를 이뤘고, 나 또한 다른 시간과 공간이 주는 생각들과 접속하기 시작했다.

　아마 차마고도 트레킹을 갔을 무렵이었을 것이다. 길을 잘못 들어서 한 무리의 외국인 청년들과 산길을 헤매게 됐는데, 그 가운데 절대 가까이 가서는 안 되겠다는 생각이 절로 든 청년 하나가 있었다. 그 가파른 산길을 60리터가 넘는 배낭을 짊어지고도 숨 한 번 헐떡거리지 않는 청년. 더구나 여성의 몸으로! 일단 체력이 너무나 탐났다. 가다 쉬고 가다 쉬고를 반복하는 우리의 저질체력과는 비교 불

가. 더 놀라웠던 건 짐을 어떻게든 빨리 내려놓으려고 하는 우리와는 달리 너무나 여유롭다는 것. 처음엔 그저 몸의 차이에서 비롯되는 것이라고만 생각했다. 한데 조금 더 지켜보니 이것이 짐을 대하는 전혀 다른 태도에서 비롯되는 것임을 감지하게 됐다. 마치 '그건 당연히 내가 짊어져야 하는 거야. 그것으로부터 빨리 벗어나기만 하는 게 너희 여행의 목적이니?'라고 되묻는 것 같았다. 오! 그 순간 나는 우리가 감당해야 하는 것들로부터 도주하고 피하는 것을 삶의 비전, 좋은 삶이라고 생각하고 있는 건 아닌가라고 질문하게 됐다. 노동으로부터의 해방, 온갖 사회적 압력으로부터 벗어나는 것, 귀찮고 하찮은 것으로부터 폼 나고 화려한 것으로의 이동. 그런 짐들이 없어진 곳이 우리의 목적지이자 비전인가?

차마고도를 내려와 라오스로 향하는 과정에서 만난 청년 또한 내게 질문해 왔다. 그녀의 짐 또한 만만치 않았다. 내가 한번 매 보려고 했다가 허리가 주저앉을 뻔했으니까. 그녀의 이름은 셀리사. 22살밖에 되지 않은 미국 청년이었다. 그녀 또한 이 짐 따위가 무슨 대수냐는 듯이 행동했다. 최근까지 베이징에서 영어를 가르치다가 다시 그 무거운 짐을 꾸려서 여행길에 올랐단다. 그녀는 어딜 가서든 생계와 주거, 자신에게 주어진 시간을 늘 스스로 조율해야 하는 삶, 길 위에서의 삶을 선택했다. '너흰 어디서 그런 삶을 살고, 기획할 거니?' 그 순간 나는 이 길 위로 청년백수들을 데리고 나와야겠다고 생각했다. 먹고 자고 자신의 삶을 주체적이고 자율적으로 조율해야만 하는 곳. 빌어먹든 돈이 남아서 누군가에게 선심을 쓰든 그것들을 온전히 자기가 책임지고 계획해야 하는 곳. 길!

　그러고 보니 길 위엔 온통 청년들로 넘쳐나고 있었다. 자기가 감당해야 할 짐을 지고 이동하고 세상을 배우고 즐기는 존재들. 그러면서도 누릴 건 다 누리는 존재들이라는 것 또한 알게 됐다. 여행자들 가운데 돈이 많은 사람이건 돈이 적은 사람이건 같은 공간에서 같은 것을 본다. 비록 허름한 게스트하우스에서 지내고, 값싼 음식들을 찾아 먹지만 같은 공간에서 여행을 만끽할 수 있도록 세계는 모든 것을 준비해 두었다. 더 비싸고 좋은 음식을 먹고 더 편한 방식으로 대접받는 것이 좋은 여행이라고 느끼는 것은 우리 안의 위계일 뿐이다. 세계 어느 곳이나 최상의 부유함과 최상의 가난함이 공존한다. 이것이 과연 나쁜 것인가? 세계를 다른 지반 위에서 경험하고 사유하는 것 자체가 왜 인정되지 않는 것일까? 우리는 가난함을 왜 모두 부유함으로 옮겨야 한다고 생각할까? 각자 조건에 맞는 방식대로 향유하고 즐기는 법을 개발하는 것이 중요한 문제가 아닐까? 이것이 만들어질 때에야 비로소 그런 위계들로부터, 우리를 옥죄는 척도들로부터 자유로워지는 것이 아닐까?

　그 순간 숙제가 풀리는 듯 했다. 어떤 지적 촉발로도 넘지 못했던 것은 우리 안의 위계, 우리 안의 척도였다는 것. 백수들 또한 백수가 되려면 이 척도와 싸워야 한다는 것. 우리는 그것과의 싸움에서 지고 말았다는 것. 그것은 지적 촉발만으로는 넘을 수 없다는 것. 곧 어떤 동선과 삶의 유형으로 만들어 내야 한다는 것. 실험해야 한다는 것. 혜경과 나는 거의 동시에 이 생각에 도달했다. '청년백수들을 길 위로!' 집으로부터 뛰쳐나와 길로 나앉게 해서 우리가 짊어져야 할 짐과 다르게 만나는 방법을 배우자. 그만 투덜거리고 주거·경제 활동·공부… 인간이라면 누구나 평생 동안 해야 하는 이것들을 스스로 책임지고 조율할 수 있도록 만들자. 아직 서툴러서 의존하고 배워야 할 부분은 당당히 의존하고, 자립할 수 있는 부분은 어떻게든 자립적인 형태를 만들자. 이렇게 생각이 뻗어 나가자 역설적으로 길 위가 더 안전할지도 모른다는 생각마저 하게 됐다. 자기 생명력을 온전히 활용할 수 있는 곳, 그곳은 편안한 집이 아니라 길 위이니까.

우리는 또 한 번 계획을 전면 수정하기로 했다. 모두 집을 떠난다는 조건으로 이 프로그램에 접속할 것. 공동주택을 구해서 자율적이고 독립적으로 그곳을 운영할 것. 집으로부터 제공받는 모든 경제적 원조를 끊을 것. 학비에서부터 여행비, 생활비 이 모두를 스스로가 관리할 것. 일하고 돈을 버는 시간을 스스로 기획하고 조율할 것. 일상의 동선을 연구실을 중심으로 재구성할 것. 왜? 동선을 바꾸려면 자신의 존재지반으로부터 떠나는 수밖에 없으니까. 일상을 오직 자신의 힘으로 살아가는 것. 책을 읽고 공부하는 것부터 다시. 이 생각에 이르자 우리는 서둘러 돌아오고 싶었다. 실험해 보고 싶었다. 길 위에서, 길 위로. 또 다른 '여행'이 시작되고 있었다.

연구실과 무리들

잠깐 '연구실' 이야기를 좀 해야겠다. 우리가 얼토당토않은 계획들을 종횡무진으로 세울 수 있었던 원동력. 그것은 연구실이라는 토대가 있었기에 가능했다. 연구실은 감이당과 남산강학원에서 공부하며 살아가는 백수들이 두 공간을 아울러 지칭하는 말이다. 감이당이 몸을 중심으로 동서양의 고전들을 새롭게 읽어 내는 작업을 한다면, 남산강학원은 철학·문학·과학을 비롯해 온갖 영역들을 가로지르는 공부를 한다. 뭐가 다르냐고 물어보면 나도 잘 모르겠다.^^ 하지만 공통적인 건 잡다하게 뭐든 한다는 것. 그래서인지 온갖 세대들이 이 공간에 접속해서 공부하며 살아간다. 10대의 탈학교 청소년부터 70대에 이르는 고령의 학인들까지. 거기다 백수뿐만 아니라 은행원, 시나리오 작가, 동화작가 등등 온갖 분야에 몸담고 있는 사람들이 모여서 공부한다. 이는 우리들의 정체성이 잡스럽기에 가능한 것이기도 하다.

연구실은 공간적으로는 충무로 뒤편의 아주 오래된 동네인 필동筆洞에 위치해 있다. 예전엔 이곳이 붓을 만들던 곳이라고 해서 필동이라고 불렸다는데 지금은 인쇄소들이 엄청나게 밀집해 있다. 거기다 책을 읽고 글을 쓰며 살아가는 우리들의 연구실까지. 어찌 보면 '문자골목'처럼 느껴지기도 한다. 문자와 관계된 일로 먹고사는 동네. 연구실은 이 필동에서도 가장 깊숙한 곳에 있다. 충무로역에서 10~15분쯤 걸어서 올라오다가 '너무 올라온 거 아니야?'라는 생각이 드는 지점에서 좀더 올라와야 할 정도로 오지(?)에 있다. 심지어 이곳에서 가장 가까운 슈퍼이름도 올라슈퍼다.^^ 그래서 연구실에 처음 온 사람들은 서울 중심에 이런 동네가 있었냐며 놀라기도 한다.

연구실에서 조금만 올라가면 남산산책로가 펼쳐져 있고, 조금만 내려가면 서울의 중심인 충무로다. 하여, 나처럼 연구실에만 콕 박혀 사는 백수들은 충무로를 읍내라고 부를 정도다.

연구실에서 공부 중인 많은 사람들은 이곳을 중심으로 마을의 형태를 이루며 살아간다. 연구실 주변에 있는 건물에 세를 들어서 사는 것이다. 그래서 동네투어를 하다 보면 이 집은 누가 사는 집이고, 저 집은 누가 사는 집이고… 이런 이야기들을 자연스럽게 하게 된다. 사는 형태들도 아주 다양하다. 남자들만 모여서 사는 집, 여자들의 기숙사, 1층은 수업을 할 수 있는 강의 공간이고 2층은 주거 공간 및 게스트하우스로 운영되는 곳, 한 사람이 보증금을 내고 다른 백수들이 그 집에 달라붙어서 함께 월세를 부담하면서 사는 집이 있는가 하면 최근엔 일명 '무릉도원'이라고 불리는 오지 중의 오지까지 접수해서 살고 있다. 그곳엔 '정말 이런 곳이 있어?'라고 할 정도로 주변에 밭과 숲밖에 없다.(힐!) 그러다 보니 동네주민들도 연구실에 대해서 빠삭하다. 가끔은 너무 시끄럽게 웃고 떠들어서 주의를 받기도 하지만 말이다.

연구실에서 공부하는 대부분의 백수들은 이 반경을 중심으로 생활한다. 여기서 공부하고, 산책하고, 글을 쓰고, 밥 먹는 것까지 다 해결하기 때문이다. 그래서 사실 집에 있을 시간이 별로 없다. 집은 주로 잠자고 휴식을 취하는 용도로 이용될 뿐. 집을 구할 때도 거실이 넓은 집보다 방이 많은 집을 구하는 것도 우리 연구실의 풍토라면 풍토다. 이런 집을 구해서 대개 각자 월세 20만원 정도를 내면서 산다. 보통은 3~5명씩 무리 지어서 사는데 그러면 월세를 혼자 감당하기 어려운 집에서 여럿이 살아갈 수 있다. 최근엔 우리 같은 청년백수들이 많다는 걸 감지한 부동산 주인할머니가 월세를 깎아서 방을 주시기도 할 정도. 그렇기에 백수들을 길바닥에 나앉게 해도 충분히 살 길이 있다고 생각하게 된 것이다. 실제로 나 또한 이런 공동주택에서 살다가 결혼하고 독립한 케이스에 해당한다.

집이 이렇다면 먹는 것은? 주로 연구실에서 해결한다. 밥값은 최근(2016년 입춘) 2,500원으로 인상되었는데 얼마 전까지만 해도 2,000원이면 한 끼 식사를 해결할 수 있었다. 밥은 공식적으론 점심, 저녁 두 끼를 같이 먹는다. 아침은 집에서 해결하거나 가까운 곳에 사는 친구들은 연구실에서 챙겨 먹는다. 이렇게 한 달 식비로 들어가는 돈은 대략 15~20만원 정도. 그러니까 집과 먹을 것을 해결하는 데 최대 40만원이면 충분하다는 뜻이다. 여기다 책을 사거나 수강회비 등을 합쳐도 50~60만원이면 충분히 살 수 있다. 그러면 아주 빈곤하고 지질한 상태로 살아가는 게 아니냐는 생각이 들겠지만 전혀 아니다. 늘 먹을 것으로 넘쳐나는 공간이 연구실이고, 배우려고만 하면 어떤 방식으로든 길이 만들어지는 곳이 또한 연구실이다.

그래서일까. 연구실에서 살아가는 백수들은 돈을 버는 시간은 최소화하고 나머지는 공부하는 데 시간을 할애한다. 그리고 늘 뭔가 활동들이 끊임없이 벌어지고 있기 때문에 이곳저곳에 가서 구경하고, 무료강좌들을 듣고, 간식을 (훔쳐) 먹느라 정신이 없다. 돈이 많고 적은가가 문제가 아니라 삶에 대한 상상력의 빈곤을 문제 삼아야 한다고 생각하게 된 것도 다 이런 지반이 있기에 가능했던 것이다. 그럼 이 공간은 어떻게 유지가 되느냐고? 전적으로 공부하러 오는 학인들의 회비로 운영된다. 일주일에 보통 연구실에 공부하러 오는 인원은 500명 이상이다. 그 가운데 '감이당 대중지성'처럼 1년짜리 프로그램에 참여하고 있는 사람들은 200명가량. 이분들이 내는 회비를 통해서 강사비와 매니저비를 주고, 남는 돈은 공간을 운영하는 비용으로 들어간다. 여기에도 원칙이 있다. 공간운영비를 충당하고도 돈이 남으면 청년들의 자립을 위한 공간을 마련하거나 연구실 차원에서 비전을 탐구하는 곳으로 돈이 흘러가게 만든다. 해완이가 미국에 가게 된 것도 이런 맥락이고, 내년쯤엔 베이징에도 감이당의 거점을 마련할 생각이다. 연구실 자체가 일종의 매니저 조직이라고 봐도 무방하다. 독점이 아닌 순환의 매개 고리를 만드는 것이 매니저들의 역할이다. 고전과 접속할 수 있게 하는 길라잡이가 되고, 돈이 모이면 그것이 또 다른 실험으로 이어지도록 만들고, 백수들처럼 할 일도 없고 돈도 없는 존재들을 위해 공간을 운영하고. 그래서 연구실에선 어떤 존재들보다도 매니저들의 파워가 세다.

공부의 힘 또한 이 매니징을 근간으로 한다. 지성은 근본적으로 어떤 것의 진리값을 따지는 것이기에 앞서 그것이 관계 맺고 있는 장을 보는 능력이다. 그래서 옳고 그름을 따지는 지식에 머물지 않는다. 각각이 좌충우돌하며 연결-접속할 때 어떤 방식으로 드러나는가를 파악하는 것이 지성이기 때문이다. 책을 읽고 글을 쓰는 일도 마찬가지다. 관계를 파악해야 선악시비로부터 자유로워진다. 그런 점에서 연구실에 오는 사람들 아니 연구실에서 공부하는 사람들의 주요 관심사 또한 관계다. 어떻게 책과 세계, 내 주변 사람들, 혹은 내가 풀고 싶은 고민거리들과 관계 맺을 것인가. 그것이 한 가지의 원칙으로 수렴될 수 없기에 각자의 방식을 찾는 것, 자기만의 용법을 찾는 것, 이것이 우리가 모여서 사는 이유, 함께 공부하는 이유다. 일단 내가 다양한 관계의 장 안에 있어야 지성의 힘을 발휘할 수 있기 때문이다. 집단-지성! 이 힘을 경험하며 살고 있었기에 우리는 한 치의 망설임도 없이 백수들을 길 위로 불러내도 된다고 생각했던 것이다. 그리고 귀국!

우리들의 자화상

우리는 프로그램에 참여 의사를 밝힌 백수들을 직접 만나서 상담을 진행하기로 했다. 우리의 바뀐 취지를 명확하게 설명해야 했고 어떤 마음으로 '백수다'에 참여하는지 알고 싶었기 때문이다. 먼저 취지를 설명하자 천차만별의 반응이 되돌아왔다. "생각했던 것보다 훨씬 더 강도가 세네요." "집에서 다니면 안 될까요?" "당장 내일부터 나와도 될까요?" "뭐든지 하겠습니다." '백수다'에 참여하려는 동기 또한 다양했다. "더 이상은 이렇게 살고 싶지 않아요." "집에서 나와서 살고 싶습니다." "자유롭게 살고 싶어요." 그러면서 울음을 터트리고, 웃고… 이 장면들만 모아 놔도 시트콤이 몇 편은 만들어졌을 거다. 한편, 이 상담 과정은 우리에게 백수라는 존재들 아니 이 땅에 사는 청년들의 속살을 그대로 보여 줬다.

첫번째 타입 : "몸이 아픕니다. 이대로 살다간 죽을 것 같아요."

주로 30대를 넘긴 고령(?)의 백수들이 호소하는 증상이다. 야근과 회식, 거기다 사람의 비위를 맞춰야 하는 직장생활의 번뇌. 이런 삶의 패턴들이 아직은 팔팔해야 할 30대들을 아프게 한다. 뭐, 어느 시절엔 안 그랬나 싶겠지만 몸을 쓰지 않은 채 앉아서 이런 생활을 오래 하다 보면 몸이 버틸 재간이 없다. 하여, 첫 대면부터 심상치 않은 낯빛들을 보여 주더니 허리디스크, 치질, 위장질환 등 각종 병명들을 읊어 댄다. 아니, 이 사람들은 어디서 온 거지?^^ 그런데 최근엔 20대들도 다 이 지경이다. 자칫하면 우리가 백수들 병수발을 하게 될 판. 대체 이 청년 병자들을 어떻게 해야 할까? 결국 우리는 이들을 위해 체력단련 코스를 만들기로 했다. 108배, 매일매일 남산꼭대기 정복하기, 등산반, 요가반, 헬스반 등등. 일단 체력을 기르고 몸을 활동적으로 움직여야 몸 또한 가벼워지기 때문이다. 또 연구실에 제 시간에 나와서 밥을 먹고 운동할 것을 요구했다. 실제로 고시원에서 라면으로 끼니를 때우던 한 청년은 연구실에서 제대로 된 밥을 먹기 시작하자 쾌변의 향연을 펼치기도 했다(고 한다). 쾌변자(?)왈, "과일을 먹을 수 있어서 너무 행복합니다".

두번째 타입 : "마음이 아픕니다. 불안하고 우울해요."

놀랍게도 '백수다'에 온 청년들은 이미 ○○수련원, △△회 등 각각의 종교 단체와 각종 심리상담 등을 두루 경험한 상태였다. 그리고 이런 청년들이 너무 많아서 당황했다. 그렇게 훌륭한 코스들을 비싼 돈까지 들여서 거쳤으면 불안과 우울이 치유되어야 할 텐데 대체 왜 아직도 "우울하다"는 것일까? 사실 이것이 더 놀랄 일이다. 그래서 알게 됐다. 좋은 말을 백 날 듣기만 하는 것은 소용이 없다는 걸. 그것이 자기 삶이 되지 않는 한 그것은 일종의 마약과도 같다. 주기적으로 가서 우울할 때마다 좋은 말을 듣고 돌아와 다시 며칠 지나면 또 예전의 상태로 돌아가는 패턴. 이게 중독이 아니고 무엇인가. 불안과 우울의 인과를 알지 못하면서 그저 단기망각만으로는 결코 거기서 벗어날 수 없다.

한편, 청년들의 정서적 불안이 취업난이나 경쟁 때문에 만들어진 것이 과연 맞는가라는 의문이 들기도 했다. 혹시 몸의 문제는 아닐까? 『동의보감』에 따르면 10대와 20대들의 몸은 그 자체로 높이 뛰거나 앞으로 달리기에 적합한 신체들이다. 그래서 어린아이들은 가까운 거리를 갈 때도 뛰어가고, 20대 청춘들은 클럽이나 콘서트장에 가서 뛰기를 좋아한다. 오행적 속성으로 보자면 10대와 20대들은 목木과 화火에 해당하는 봄과 여름의 기운이다. 봄과 여름의 기운은 기본적으로 기존의 틀을 깨고 새로운 것을 만들고 팽창시키는 기운이다. 그렇기 때문에 신선하다는 느낌을 준다. 반대로 가을과 겨울, 중년과 노년은 다시 기존의 틀 안으로 봄과 여름의 기운을 수렴한다. 그렇기에 스산하고 쓸쓸한 느낌을 주지만 동시에 확실한 결과물을 얻는다. 그렇다면 청년들의 몸은? 판을 깨고, 틀을 깨려는 기운들로 가득 차 있다. 이런 신체적 기운을 기존의 틀에 맞춰야 한다고 생각하니 활발발한 마음이 부대끼고, 불안해지고 자꾸 울음이 나오는 것이다. "제가 없어지는 느낌이에요." "제가 하고 싶은 걸 해 보고 싶은데 그게 잘 안 되잖아요." 특히 몸이 건장한 청년들일수록 이런 상태를 자주 호소한다. 넘쳐나는 기운을 주체할 수 없기 때문이다.

그런 점에서 우리 시대의 청년 담론 자체가 좀 고루하다는 생각도 든다. 청년 담론을 계속해서 일자리나 경제적 문제로만 환원하려는 신문기사들이 대부분이기 때문이다. 정말 이 땅의 청년들이라면 바로 이런 것에 분개해야 한다. 하나의 통념으로만 삶을 평가하고 있는 데도 저항하거나 의심하지는 않는 것, 이보다 더 큰 문제는 이런 담론들이 계속해서 경제적 부를 최상의 가치로 각인시키고, 그쪽을 향하도록 욕망을 추동한다는 데 있다. 그래서 새로운 청년 담론을 만들려면 먼저 이 전제들부터 의심해야 한다. 경제적인 것이 중요하지 않다는 뜻이 아니라 그것이 삶의 가치를 독점하는 것에 저항해야 한다는 뜻이다.

세번째 타입 : "빚이 있어요. 하지만 대수롭지 않아요."
빚이 있는 것이 얼마나 고통스러운 일인데 저런 말을 할까? 하지만 정말 그렇게 생각하는 청년들이 태반이다. 더구나 국가로부터 빌린 것은 더 천천히 갚아도 된다고 확신한다. 사실 이 부분에서 정말 깜짝 놀랐다. 빚을 내면서 살아도 된다는 감각 자체를 한 번도 의심해보지 않은 듯한 태도. 또 채권자가 구체적인 인물이 아니라면 더더욱

상관없다는 마음. 이것이 삶의 거품이다. 빚을 내서 폼 나게 사는 게 뭐 어때서? 이것은 이중의 예속이다. 빚쟁이에게 붙잡혀 있으면서 동시에 찬란할 것이라 믿어 의심치 않는 미래에도 예속된 상태. 그런데 이것이 요새 청년들의 자연스러운 삶이라니! 그럼 계속해서 빚을 안고 살아도 좋다는 뜻인가? 이 예속 상태가 아무렇지도 않다는 것인가? 이 부분에 대해 우리(튜터)가 너무 고루한 것인가라고 자문까지 하게 됐다. 이 상태, 이 마음이라면 자립은 불가능하다. 어떻게 그런 상태를 내버려 두고 다른 삶이 가능한가. 그래서 우리는 매달 수입과 지출을 명확히 해서 자신의 경제적 환경을 모두에게 공유하기로 했다. 이른바 가계부-프로젝트! 빚이 있는 사람들은 그것을 어떻게 갚을지까지 명확히 하는 것. 그것을 갚아 나가겠다는 마음이 없다면 프로그램에 참여할 필요가 없다고 선을 그었다.

이런 상담 과정을 거친 백수들이 한자리에 모여서 진행한 오리엔테이션은 정말 가관이었다. 온갖 질병 전력을 말하고, 경제적 빈털터리임을 고백하고, 이런 상황으로부터 벗어나려고 공부하러 왔다고 자기를 소개하는 백수들. 어쩌면 우리들이 알아야 할 것은 좀더 나은 미래가 아니라 지금 현실 속의 우리들일지도 모른다는 생각이 들 정도였다. 이 자화상을 제대로 볼 수 있어야 우리 또한 이 땅의 청년으로 어떻게 살아갈지를 가늠할 수 있다. 그건 부끄러운 일이 아니라 떳떳한 것 그리고 마주해야 하는 일이다. 실제로 이렇게 서로 속살을 까발리자 금세 거리감이 지워진다. 너도 그러니? 나도 그래.^^

백수들의 생태학 — 1년 그리고 하루

8시 중구난방 어학당*

9시 Tg스쿨 건물** 청소

9시 30분 정화스님*** 말씀 낭송

10시 각자의 공부

12시 점심 & 산책 & 명상

13시 30분 공부

17시 30분 저녁 & 산책 & 필사

19시 공부

20시 집으로 돌아감 & 각자의 체력 단련

백수들의 일과표다. 어찌 보면 정규직보다 훨씬 빡빡한 일정이다. 아침 8시부터 저녁 10시까지 연구실에 죽치고 있어야 한다니! 물론 다 똑같은 건 아니다. 일을 하러 나가거나 개인적인 사정이 있을 때는 이 리듬을 자기에게 맞도록 변주한다. 하지만 큰 틀은 이 리듬을 따라간다. 처음엔 다들 버거워 한다. 책상에 앉아 있기조차 힘들다. 책

----

* 연구실의 외국어 공부 세미나. 영어·일본어·중국어를 공부한다. 외국어 실력 증진보다 아침잠을 깨는 데 그 목적이 있다고도 한다.
** Tg는 Trans generation의 약자로, 감이당에 속해 있는 연구실의 공부 공간이다. 우리 '백수다'의 주 근거지이기도 하다.
*** 두 달에 한 번, 연구실에서는 정화스님을 모시고 강의를 듣고 난 후 차담을 나누며 각자의 고민을 풀어 놓는다.

을 30분 보다가 1~2시간은 잔다. 당연히 밥을 먹을 때는 다시 생생해졌다가 다시 잠들고 잠결에 책을 보는 일상이 반복된다. 이 시간이 지나야 조금씩 집중하는 시간이 늘어나고 앉아 있을 수 있는 시간들도 늘어난다.

한편으론 별게 없는 일상이다. 공부하고, 밥 먹고, 산책하고, 다시 공부하고, 집에 들어가서 자고 나오는 것. 이렇게 일상이 평이하고 밋밋하기 때문에 백수들은 늘 좀이 쑤시고 뭔가 새로운 일이 없나를 찾게 된다. 그래서 자다 깨다를 반복하던 시간이 지나면 이제 한없이 두리번거리는 증상이 찾아온다. 조금이라도 밖에서 무슨 소리가 나면 밖으로 나가서 수다에 동참한다. 어떤 친구들은 가방만 던져 놓고 남산으로 출근도장을 찍으러 가기도 한다. 그들에게는 '여기 앉아 있는 것만으로도 공부'라는 처방이 내려진다. 그렇다. 공부는 밋밋하다. 뭔가 특별한 것을 주지 않는다. 그렇기에 그것과 접속하려면 먼저 삶의 동선 자체가 밋밋해져야 한다.

이렇게 일상의 리듬이 바뀌고, 주거가 바뀌고, 생판 처음 보는 인간들과 함께 살아야 하고, 졸린 눈을 비비고 나와야 하고, 거기다 어려운 책을 읽고, 글을 쓰고, 팀별 활동을 하고, 밥을 하고… 그런데 밖은 개나리가 피고, 진달래가 한창이고, 햇살도 따사롭고 하면 갑자기 '내가 왜 여기서 이러고 있지?'라는 마음들이 올라온다. 그 순간 여기가 어째서 불편하고, 어째서 힘들고… 그러니까 자기와 맞는지 고민해 봐야겠다는 말들이 쏟아져 나온다. 실제로 꽃이 피고 본격적으로 봄이 되는 4월부터 이런 말들이 수시로 반복된다. 그래서 매년 이

때 큰소리들이 오간다. "본인들이 왜 공부하고 싶어 했는지를 까먹고 어떻게든 공부하면 안 되는 이유만을 찾고 있는 모습들을 보라. 이게 본인들의 꼬라지다."

이 고비를 넘기면 이번엔 이런 백수들이 상담을 요청해 온다. "쌤—, 몸이 아파요." 그러면 "네. 정상입니다"라고 답해 준다. 마음은 무형이기에 변화를 감지하는 속도가 빠르다. 반대로 몸은 유형이기에 그 속도가 좀 느리다. 대부분 마음이 뒤숭숭해진 다음엔 몸이 자기 목소리를 내기 시작한다. 그럴 때마다 우리는 정상이라는 진단을 내린다. 처음엔 진짜로 이 공간과 맞지 않아서 생기는 현상이라고 생각해서 심각하게 고민하기도 했다. 그런데 몇 번 반복되다 보니 이것이 일종의 명현현상이란 걸 알게 됐다. 즉, 몸이 공간에 적응하기 시작했다는 신호다. 이 증상들은 프로그램이 시작된 후 약 두세 달, 그러니까 60~90일 사이에 많이 발생한다. 예전의 습관들이 새로운 리듬과 충돌하면서 '너 그렇게 살면 아프다'라는 목소리를 낸다. 옛것과 새로운 것의 한판승부! 우리의 처방은 이렇다. "잘 아프세요!" 몸 자체가 그렇다. 어떤 다른 것들이 몸 안으로 들어와 기존의 체계와 상충될 때, 기존의 체계가 새로 들어온 것과 함께 사는 지혜를 터득하는 시간이 바로 아프다는 시간이다. 이를 잘 겪어야 비로소 공간과 동선에 몸이 거부반응을 일으키지 않는다. 정말? 정말이다. 이렇게 한번 앓고 나면 얼굴부터 편해진다.

봄에는 몸과 마음이 이렇게 요동친다면 여름에는 또다른 전염병(?), 졸음병이 찾아온다. 이제 공간과도 익숙해지고, 일하는 것도 익숙하다. 공부하는 것은 늘지도 않고, 청소는 매일 해도 티도 안 나고, 날은 덥고 졸음은 몰려온다. 그래서 하나둘씩 Tg스쿨 2층으로 올라가서 잠을 자기 시작한다. 물론 우리 연구실의 오랜 전통 가운데 하나는 잘 먹고, 잘 자면서 공부하자는 것이다. 하지만 이건 너무 심하다. 무슨 집단수면실도 아니고. 그래서 특단의 조치가 취해졌다. Tg스쿨에선 눕지 말 것!

　문제는 몸도 지치고, 마음도 지칠 즈음 여기저기서 감정들이 폭발한다는 것이다. "네가 잘했네, 내가 잘했네." "넌 왜 약속을 지키지 않는데?" "네가 뭔데? 너나 잘 하시지?" 대개는 이런 내용의 말들을 곡진한 버전으로 주고받지만 핵심은 동일하다. 그러면서 마음에 들지 않았던 예전 행동의 패턴들, 마음씀씀이들이 다시 올라온다. 그래서 여름은 푸닥거리의 계절이기도 하다. 연구실에서의 '푸닥거리'는 같이 살거나 같은 공간에서 공부하면서 서로 불편했던 것을 툭 까놓고 이야기하는 장이다. 여자들이 모여 사는 공Two(이 책 3부의 「공Two 이야기: 공동주거 프로젝트」를 보라)에서는 거의 매주 푸닥거리를 했을 정도. 그런데 푸닥거리가 그저 개인의 감정을 발산하기만 하는 장이 되어 버리면 곤란하다. 또 시비를 계속해서 따지려고만 들면 절대로 해결의 실마리가 보이지 않는다. 제 입장에서 보면 그렇게 생각할 수도 있고, 저쪽 입장을 들어 보면 또 저쪽 입장이 맞다. 결국 서로가 왜 이런 불편함을 가지게 되었는지를 명확하게 들여다보는 연습이 필요하다.

　앞서 일과표에 보았듯 아침마다 정화스님과 학인들이 나눈 차담 내용을 소리 내어 읽는 전통이 생긴 것도 이 때문이다. 다른 사람과 감정적 트러블이 있을 때 어떻게 해야 하느냐고 묻자 스님은 이렇게 해보라고 조언해 주셨다.

1. 바둑을 복기하듯이 그 사람과의 일을 복기해 보라.
2. 그런 사건 혹은 감정이 일어났을 때 내가 어떤 상황이었는가를 상세히 적는다.
3. 그때 내 마음 상태가 어떠했는지 솔직하게 적고 왜 그때 그렇게 했는지 스스로에게 진솔하게 묻고 답해 본다(이때 중요한 것은 절대 남 탓을 하지 않고 내 마음을 들여다보는 것).
4. 그 사람은 어떤 상황이고 어떤 마음이었을까를 생각해 보고 적어 본다.
5. 풀리지 않은 것들은 당사자와 직접 대면해서 묻고 경청한다.
6. 이 사건을 통해서 무엇을 배우게 되었는가를 적어 본다.

놀라운 것은 이런 순서를 따라서 사건들을 쭉 적다 보면 어느 순간 자기 마음을 들여다보게 되고 상대방의 마음도 이해하게 된다. 자신이 어떤 상황이 되면 이런 감정들을 가지게 되는가도 알게 된다. 그런 점에서 싸움은 없애야 하는 것이 아니라 그 안에서 무엇을 보고, 무엇을 배울 것인가가 핵심이다. 나 역시 어떤 사건이 있으면 이런 순서대로 적어 본다. 그러면 상대방과 이야기할 때 감정을 가라앉히고 듣게 되고, 그의 말이 귀에 들어온다. 문제는 네가 잘했니, 내가 잘했니가 아니라 지금 왜 이렇게 소통이 되지 않을까에 있다. 싸움은 제대로 소통되지 않고 있다는 신호인 것이다. 그래서 생긴 연구실만의 모토가 하나 있다. 싸움이 없기를 바라지 말고, 잘 싸우는 법을 배우자! 어쩌면 함께 산다는 건 이 과정을 함께 겪겠다는 선언이기도 하다.

그렇게 잠과 싸우고, 다른 백수들과 싸우다 보면 어느새 가을이 된다. 가을은 우주가 결과물을 내는 시절이다. 찬바람이 부는 것과 동시에 허황된 것들이 힘없이 사라진다. 그래서일까? 백수들의 눈빛도 차츰 돌아온다. 싸움도 잦아든다. 이제 싸움의 기술들을 터득한 것이다. 서로가 서로를 어떻게 대해야 하는지를 알게 된 것. 이건 함께 모여 사는 우리에게 아주 훌륭한 결과물이다. 한편으로는 이때부터 마음이 확연히 갈린다. 보통 이쯤부터 계속 공부를 할 것인지, 겨울이 지나면 떠날 것인지를 마음속으로 결정한다. 그래서 가을은 봄의 생기와는 또 다른 생기가 넘쳐나는 시기이자 1년 가운데 백수들이 가장 차분해지는 시간이기도 하다.

이 풍요로운 시절이 가고 나면 다들 체력이 바닥을 친다. 1년 동안 쉼 없이 달려온 프로그램, 연말 분위기, 거기다 연구실의 중요한 축제 가운데 하나인 학술제를 거치고 나면 다들 무표정, 무기력에 모든 것을 놓아 버린 듯한 눈빛으로 돌아다닌다. 그래서 무기력으로부터 어떻게 벗어날 것인가가 이 시기의 아주 중요한 숙제이기도 하다. 방법은 없다. 빨리 방학이 오기만을 기다릴 뿐.^^ 그러고 보면 1년 안에 희로애락이 모두 담겨 있다. 공부를 한다는 것은 이런 시간 속에서 펼쳐지는 사건들을 온전히 겪는다는 의미인지도 모르겠다. 1년 그리고 하루. 이것이 우리들의 백수-생태학이다.

놈놈놈 ─ 노는 놈들의 이야기

"아이고, 이 집 청년들은 부지런도 해. 맨날 쓸고 닦네."(옆집 할머니)
"야, '백수다'가 출동하면 어디든 깔끔해져^^"(연구실 사람들) "청년
들이 조용하고 청소 잘하고 집을 깨끗하게 써서 집주인들도 좋아합
니다."(부동산 사장님) 그렇다. 연구실 안팎에서 백수들은 청소하는
인간들로 통한다. 매일 아침부터 쓸고 닦는 것으로 시작해서 인원이
많을 때는 다른 공간으로 원정 청소를 하러 가기도 한다. 왜 이렇게
청소를 좋아하느냐고? 일단 청소를 해야 그 공간의 지형지물을 확실
히 익힐 수 있다. 그래서 어딜 가든 청소만큼 확실하게 그 공간과 접
속시켜 주는 활동도 드물다.

연구실 초짜 시절 구로에 있는 공간을 운영하게 된 적이 있었다.
그때 고미숙 선생님은 멤버들을 모두 모아 놓고 이런 말씀을 하셨다.

"너희가 할 수 있는 게 뭐냐? 강의를 할 수 있냐? 아니면 글을 쓸 수
있냐? 너희가 제일 잘하는 일이 뭐냐? 청소? 그럼 청소로 이 공간과
100% 만나는 거다. 다른 사람은 강의를 해서 이 공간과 100% 만나
고, 어떤 사람은 글을 써서 그렇게 한다. 청소하는 인간은 청소로써
세계와 만나고, 강의하는 인간은 강의하는 것으로 세계를 만난다.
이 안에 위계 같은 건 없다. 자신이 가장 잘하는 것으로 이 공간과

만나면 된다."

아마도 이때부터 매일 공간을 청소하는 것이 나의 일상으로 자리잡았던 것 같다. 나뿐만이 아니다. 연구실에 있는 사람들 모두 이 과정을 거쳤다. 청소하고, 밥하고, 그러다가 능력이 커지면 강의와 글로 공간과 접속한다. 세계엔 위계적 방식이 있는 것이 아니라 접속하는 질적 차이들만 있다. 우리 시대엔 이것이 거꾸로다. 위계들만 설정하고 더 나은 것과 못한 것을 구별하려고만 한다. 청소는 그런 위계를 넘어서는 가장 훌륭한 활동이다. 청소하는 인간은 청소로서 세계와 온전히 만난다. 그리고 이건 비단 연구실에서만 통용되는 윤리도 아니다.

최근에 들은 이야기 하나. 지금 미국에 가 있는 해완이가 집을 옮기면서 벌어진 일이다. 뉴욕에서는 공간에 세 들어 사는 사람들이 어지간히 청소를 하지 않는 모양이다. 집을 옮길 때 전에 살던 집주인에게 추천서를 받는데 해완이 살던 집주인 왈. "이 청년은 청소를 너무 열심히 해서 공간을 정말 깨끗이 쓴다는 것을 보증함." 곧 청소를 잘한다는 것 하나만으로 집을 내줘도 된다는 보증을 받았다는 것이다. 청소가 그야말로 글로벌한 윤리가 된 셈이다. 실제로 우리도 여행하는 동안 곳곳에서 우리 '백수다'처럼 청소 잘하는 청년들 어디 없냐는 소리를 곧잘 듣곤 했다. 그래서 알게 됐다. 우리 청년들에게 최우선적으로 필요한 것은 IQ도 스펙도 아닌 기본기라는 것을.

"'백수다'는 식사시간 10분 뒤에 오도록 해!" "'백수다'는 인원

수에 2를 곱해야 해요." "야, 간식이 많이 남았네. '백수다' 애들 주면 되겠다." "쟤네들이 뭔가를 한다. 저기로 돈을 보내면 되겠는데?" 연구실의 모든 복지와 잉여는 '백수다'로.^^ 보다시피 '백수다'는 연구실에서 두려운 존재들이자 뭐든 퍼주고 싶은 존재들이다. 일단 그들이 휩쓸고 간 자리는 깨끗하게 비워진다. 많이 먹다 보니 힘을 쓸 곳도 많다. "야, 여기 버려진 가구가 있다! '백수다' 애들을 출동시켜." (우르르) 이렇게 힘을 써야 하는 곳이나 먹어야 하는 곳엔 늘 백수들이 있다. 잘 먹는 놈, 힘쓰는 놈, 좌충우돌하고 있는 놈들이 모인 곳. 돈과 사람은 당연히 이렇게 생기가 넘치는 곳으로 모인다. 지성은 일단 차후의 문제다. 너무 똑똑하면 사람들이 겁을 낸다. '백수다'의 백수들은 딱 이런 수준. "『논어』는 맹자가 지은 거죠?" 이러니 이들에 대한 경계심 자체가 없다.

이건 실로 중대한 문제다. 존재에 대한 경계심을 없애는 건 누구도 해내기 어려운 문제니까. 그래서일까. 늘 백수들에겐 여기저기서 온갖 제안들이 들어온다. 심지어는 정규직 제안까지 들어왔다. 이 책을 내고 있는 북드라망 출판사에서는 정규직을 제안하기도 했고, 심지어 중국에서도 식당을 맡아 보지 않겠느냐, 게스트하우스를 맡아서 운영해 보지 않겠느냐는 제안까지 들어오기도 했다. 그렇다. 가진 것이 없다는 것이 무언가를 할 수 없다는 뜻은 아니다. 어떤 것도 가뿐하게 시작할 수 있고 실패해도 손해가 아니라는 존재의 표현 양식이다. 그런 존재가 되려면 먼저 존재를 무겁게 하는 것들을 버려야 한다. 나는 이것이 우리 백수들의 신체성이라고 생각한다. 한없이 가볍고 경쾌한.

　이 책은 그런 우리들의 좌충우돌 실험보고서다. 이 땅의 청년으로서 다른 삶의 길을 모색해 보고자 하는 실험, 공부하면서 살아가려는 우리들의 이야기다.

청년백수 13인의 프로필

강진미 (1985년생 / 풀집 거주)
- 백수다 접속 계기: 살려고.
- 주요 수입원 및 재정 상태: 사무보조. 1,000만원 빚도 있고 250만원 있는 통장도 있다.
- 질병: (대장암인 줄 알았던) 치질, 우렁찬 목소리, 없는 것도 아니고 있는 것도 아닌 비밀.
- 이것만은 자신 있다! : 목소리 크게 내기, 일 벌리기, 몸 쓰는 일, 음주가무, 욕먹기.

고주예 (1989년생 / 백수다 당시 곰two에 거주)
- 백수다 접속 계기: 『사랑과 연애의 달인 호모 에로스』를 읽고 두근거림을 느낌. 백수다의 '자립'이란 키워드에 꽂혀 무작정 상경.
- 주요 수입원 및 재정 상태: 현재는 극단이 운영하는 카페 알바. '백수다' 당시는 활보. 활보 알바로는 월수 100, 현재는 월수 90.
- 이것만은 자신 있다! : 고집대로 사는 것!

김기랑 (1982년생 / 곰two 거주)
- 백수다 접속 계기: 작년 초 점을 보고 사주에 급관심. 사주 공부를 알아보다가 강이당의 왕초보의역학 수강. 그러던 중 강이당에서 '백수', '백수' 하는 소리에 백수가 되고 싶어 왔음.
- 주요 수입원 및 재정 상태: 게스트하우스 알바. 먹고살 만함.
- 질병: 요추 5번 디스크, 부종, 그리고 심한 멍 때림.
- 이것만은 자신 있다! : 되는 대로 살기.

김진철 (1997년생/서울 마포구 망원동 거주)

● 백수다 접속 계기: 고등학교 졸업 후 마을공동체에서 농사 지으며 살려고 했지만 국어 선생님의 조언으로 상경을 결심. 선생님이 가르쳐 주신 여러 공동체 중 잘 곳을 마련할 수 있다는 이유 하나만으로 감이당 백수다를 선택.

● 주요 수입원 및 재정 상태: 황보. 백수다 여행 다녀온 뒤 무일푼.

● 질병: 아무리 먹어도 살이 안 찌는 마른 체형. 선천적으로 몸이 약함.

● 특이사항: 정화(丁火) 삼단 콤보, 丁丁丁사주의 소유자. 화기 충만.

● 이것만은 자신 있다! : 잡초 뽑기(잡초만 보면 뽑고 싶다!).

김한라 (1995년생/풀집 거주)

● 백수다 접속 계기: 대학 입학 대신 어디서 무엇을 할까 고민하다 '감이당'을 알게 됨. 여기에 오면 어떻게 살아야 할지 알 것 같아 무작정 상경.

● 주요 수입원 및 재정 상태: 무려 현금 2,00만원 보유(황보 알바 2년 퇴직금). 평소 월수는 80~90. 어낭스 보조 강사. 매달 5~10만원은 적금(현재 2,50만원이 됐음)은 자립 자금으로 쓸 계획.

● 질병: 주부습진과 자고 일어나면 붓는 얼굴.

● 이것만은 자신 있다! : 걷기와 무조건 들이미는 히치하이킹. 무식하게 말하기. 잘 잊어버리기.

문선자 (1995년생/ZONE 거주)

● 백수다 접속 계기: 고등학교와 대안학교 자퇴 뒤 떠돌아다니다 공부로 내실을 다지고 싶어서.

● 주요 수입원 및 재정 상태: 키즈카페 알바와 어낭스(어린이낭송스쿨의 줄임말로 감이당의 어린이 대상 한문 프로그램) 및 용감한문학교(감이당의 기초한문 프로그램) 보조강사로 월수 80 정도.

● 질병: 사지육신 건강해 보이나 총체적으로 조금씩 모자란 편. 아직 특별히 아픈 곳은 없다.

● 이것만은 자신 있다! : 끝이 없는 단순노동, 미취학 아동·초딩들과 놀기

백소현 (1988년생/엄마 집 거주)

- 백수다 접속 계기: 고미숙 샘의 『청년백수를 위한 길 위의 인문학』을 읽었음. 백수로 '잘'사는 방법을 배우고 대학 졸업 후 늘어진 몸과 마음에 긴장을 주고 싶어서.
- 주요 수입원 및 재정 상태: 포장 아르바이트로 월수 70. 대학 두 번 다니면서 쌓인 학자금 대출 천만 원. 2016년부터 대출 빚도 상환 중.
- 질병: 포장 알바로 아침마다 허리가 아따 끔끔 않고 있음.
- 이것만은 자신 있다!: 상자 테이핑. 사랑하는 아이돌의 미래를 점치는 일(덕분에 일본어능력 2급)

서희정 (1989년생/서울 중구 필동)

- 백수다 접속 계기: 대학 졸업 후 되고 싶은 건 없지만 공부는 하고 싶어서.
- 주요 수입원 및 재정 상태: 알바와 낭송 등이 수입원. 적금 160만원. 엄마론(loan) 80만원.
- 질병: 일기예보형 허리디스크. 귀가 자주 안 들림('뭐라고?'를 달고 삶). (중국어 발음을 잘하는 것처럼 들리게 하는) 비염. 과한 소녀 감성.
- 이것만은 자신 있다!: "워야오."(我要: 중국어로 '나는 ~을 원한다'는 뜻) 중국 여행 내내 지나가는 사람을 붙들고 "워야오"를 외침. 물어보는 것 하나만큼은 자신 있음.

최원미 (1987년생/분요닝댁 거주)

- 백수다 접속 계기: 학창 시절의 관성과 다의 숨이 직장생활에서도 이어져 나대는 버릇을 버리지 못하다 마음이 지쳐 나가떨어지고 맘. 숨구멍을 찾기 위해 여기저기 헤매다 백수다에 접속.
- 주요 수입원 및 재정 상태: 남은 퇴직금과 수학 과외.
- 이것만은 자신 있다!: 소맥(소주+맥주) 제조. 목소리 크게 내기.

우보름 (1991년생/백수다 당시 공time에 거주)

- 백수다 접속 계기: 고등학교를 뛰쳐나왔다가 아이들을 가르치는 선생님이 되었고, 교사라는 갑투가 무겁게 느껴졌던 어느 날 퇴직을 결심. 덜컥 백수다에 접속.
- 주요 수입원 및 재정 상태: 어린이집 월급.
- 질병: 만성 아토피와 소통 불능으로 인한 오해와 답답한 마음에서 생긴 만성 억울함.
- 이것만은 자신 있다!: 몸 쓰는 것.

이병선 (1983년생 / 공one 거주)

- 백수다 접속 계기: 피자헛(배달 알바 11년 경력) 사장님 권유로 백수다 참여.
- 주요 수입원 및 재정 상태: 활보. 한 달 벌어 한 달 먹고 살았음. 저축 잔고는 30~90으로 들쭉날쭉. 어쩌다 100만원 넘게 있을 때면 난 부자라는 생각도···.
- 이것만은 자신 있다!: 컴퓨터를 조금 다룸. 할 일 없어서 조립도 많이 해봤고 OS도 많이 깔아봄. 그 재능으로 백수친구들 컴퓨터를 관리해 줌. 이제는 하고 싶지 않음.

황나영 (1991년생 / 공two 거주)

- 백수다 접속 계기: 전형적인 모범생으로 살았으나 삶이 모범적 이상으로만 흘러가지 않는다는 것을 깨달음. 맘대로 살기로 결심. 책 읽기와 산책하는 걸 좋아했는데 혼자 하나까 외로웠음. 같이 공부하고 싶어서 백수다에 참여.
- 주요 수입원 및 재정 상태: 활보로 월수 60. 공two 보증금을 위한 엄마론 200만원.
- 질병: 허리디스크 판정을 받았으나 허리는 안 아픔. (안 씻는 건 아닌데) 비듬, 빵 중독, 말단 피부병(발 아토피).
- 이것만은 자신 있다!: 벌금 뜯어내기. 일수 봉투가 채워질 때 행복하다.

황범석 (1991년생 / 공one 거주)

- 백수다 접속 계기: 애초에 취업엔 관심이 없어서 창업을 모색. 그마저도 쉽지 않다는 것을 깨닫고 방황 중에 백수다에 접속.
- 주요 수입원 및 재정 상태: 백수다에 처음 올 당시, 한 달 생활비도 안 되는 돈을 가지고 있었음. 그 후 알바와 활보를 통해 생활비, 학비, 여행 경비도 다 마련함. 현재 공one에서 독립하기 위해 여러 가지 일을 함.
- 질병: 백수다에 오기 전 잦은 금식과 음주로 배설 작용 및 생식(?) 능력이 원활하지 못했음. 현재는 백수다에서 익힌 양생법 덕분에 별 하자 없음.
- 이것만은 자신 있다!: 무응답.

1. 백수의 존재론

왜 우리는 백수가 되려고 하는가? 도대체 백수가 뭐기에? 백수白手라는 이름 안에는 우리의 비전이 담겨 있다. 낡은 생각을 지우는[白] 일을 스스로[手] 할 수 있는 존재. 그래서 늘 새로운 존재. 이 의미가 우리가 생각하는 자립이자 자유다. 자유로워지기 위해서는 조건이 필요하지 않다. 좋은 학교, 좋은 직장에 들어가서 돈 많이 벌면 되지 않느냐고? 그러나 들어가 봐야 별것 없다는 게 함정. 사실 번번이 태클을 거는 건, 다름 아닌 우리 자신이다.

그러기 위해선 우리 자신의 '꼬라지'부터 봐야 한다. 자유에 대한 환상은 우리에게 번번이 쓴 맛을 안겨 준다. 누구나 겪었을 이 한계와 충격이 우리의 출발점이다. 이제는 피할 수 없다. 피하고 싶지 않다. 우릴 넘어뜨렸던 낡은 생각과의 대결! 이 싸움을 마다하지 않는 자. 이것이 우리가 되고 싶은 존재, 백수다!

다음과 같은 사실을 우리는 절대로 과소평가해서는 안 된다. 우리 **자신**, 우리 자유로운 정신이 이미 '모든 가치의 재평가를 수행하는 자'이며 '진리'와 '비진리'에 관한 모든 낡은 개념에 대한 선전포고와 승전 선포의 **육화**肉化라는 사실을. (프리드리히 니체, 『안티크리스트』, 박찬국 옮김, 아카넷, 2013, 38쪽, 강조는 원작자)

Tg스쿨에 처음 모인 백수다의 어색한 첫 만남. 기상천외한 자기소개 자리였다. 처음 보는 사람들에게 수입 액수와 빚의 여부와 그 금액, 앓고 있는 질병까지 낱낱이 공개했다.

백수다 첫 오리엔테이션이 있던 날. 백수들에게 감이당 공동체 윤리를 설명하고 있는 튜터 류시성. 감이당 윤리는 단 두 가지다. ①흔적을 남기지 않는다! ②약속을 지킨다!

우리의 첫 고비, 니체의 『안티크리스트』 세미나 중. 백수다 강독1 시즌 내내 니체는 우리에게는 높은 산봉우리였다. 이 높은 산을 등반하는 건 고난과 실패의 연속이었지만, 이상하게도 우리는 니체를 사랑하게 되었다. 세미나 마지막 날, 서문을 함께 낭송하던 감동이 아직도 남아 있다.

백수다 세미나는 항상 간식과 함께 진행된다. 세미나를 위해 먹는 것인지, 먹기 위해 세미나를 하는 것인지 가끔 헷갈린다. 우리의 먹성은 연구실 내에서 유명하다. 하여 연구실의 온갖 남는 간식은 백수다의 수중에 떨어진다.^^

한 시즌을 마무리하는 가장 중요한 과정은 에세이 발표다. 한 시즌 동안의 고민을 글로 적어와 사람들과 나눈다. 에세이 발표는 마치 이니시에이션(통과의례) 같다. 자신의 한계를 직면하는 일은 어렵고도 고귀하다. 이날 우리는 쏟아지는 코멘트를 받고 장렬히 전사하여, 새로 태어나길 간절히 바란다.

작은 일상이 백수의 공부

문선재

나, 그런 사람 아니야!

내 소개를 하자면 이렇다. 먼저 우리 부모님은 내가 열 살 때 '마을공동체 만들기' 프로젝트를 위해 귀농하신 분들이다. 귀농자 마을에는 내 또래 친구들이 많았고 산골이라 뛰어놀기에도 딱 좋은 환경이었다. 중학교까지는 동네에서 다녔다. 고등학교 진학을 할 땐 조금 고민이 됐는데, 결국 근처 공업고등학교에 입학했다가 자퇴하고, 어느 대안학교를 찾아갔다가 또 자퇴했다. 대학에 진학하지는 않았고 홀로 서울에 올라와 여러 시위와 각종 뒤풀이 현장을 전전하다 지금은 감이당에서 공부하는 백수로 살고 있다.

사람들은 나의 이력을 들으면 대체로 나를 자유로운 영혼의 소유자라며 부러워한다. 공동체와 대안학교라는 배움터를 거쳤고, 어린 나이답지 않게 사회 참여적인 데다가 인문학 공부까지 한다니, 그분들 눈에 나는 참으로 기특한 청년이다. 물론 취업 준비도 안 하고 너무 생각 없이 사는 거 아니냐며 걱정해 주는 사람들도 있다. 그러나 모두 오해다! 일단 자유로운 영혼, 그게 뭔지는 모르겠지만 어쨌든 난 그거 아니다.(ᄉᄉ) 생각은 있느냐고 묻는다면 할 말이 없긴 하지만… 그렇다고 아예 넋을 놓고 다니는 건 아니다. 먼저 이 오해를 풀어야 내가 '백수'가 된 이유를 말할 수 있을 것 같다.

잘나고 성공하고파

내가 유별나게 자유로워서 백수가 된 건 아니었다. 실은 성공하고 싶었을 뿐이었다. 부모님을 따라 귀농하고, 마을 공동체에서 자란 것과는 무관하게 말이다. 실제로 나는 시골을 아주 싫어했다. 나는 보란 듯이 성공해서 돈도 잘 벌고 인망도 두터운 사람이 되고 싶었다. 말하자면 이 시대의 멘토가 되고 싶었다고나 할까! 이것이 내가 집 근처의 공업고등학교에 진학한 이유이다. 사실 초, 중학교를 같은 동네에서 나온 나에게 다른 지역의 공업고등학교는 무서운 형들이 다니는 마왕의 성 같은 곳이었다. 그런데 내가 진로를 고민할 즈음 열정 있는 교장선생님께서 새로 부임하셔서 공고 분위기가 많이 변했다는 소문이 들려왔다. 거기다 공교롭게도(?) 새로 오신 교장선생님과 대학 선후배 사이였던 부모님의 인연 덕에 입학 전부터 교장선생님을 뵐 일이 자주 있었다. 선생님은 만날 때마다 학교에 새로 생긴 3D 모델링과의 비전을 설파하셨다. 기능대회에 나가고, 메달을 따고, 군대도 기능으로 해결하고, 프리랜서처럼 여러 프로젝트에 참여하며 뭐든 하고 싶은 걸 하며 잘 먹고 잘살기. 달콤한 부와 명예, 그리고 내가 두려워하던 군대 문제까지 해결된다니! 족족 내가 원하는 미끼였고 나는 부푼 꿈을 안은 채 고등학교에 진학했다.

입학 후 나는 기능대회를 준비하는 반에 들어가 훈련했다. 훈련이라 함은 규격에 따라 다양한 종류의 기계부품을 반복해서 제도하는 일이었다. 나는 곧 학교 기숙사에 들어갔다. 본격적으로 도전을 해보려고 마음을 낸 것이다. 그런데, 갈수록 태산이다. 곧바로 그럴싸한 완성품을 만들 것이라 생각한 건 아니었다. 그렇다 해도 나사 하나에 뭔 규격이 그리 많은지! 배우면 배울수록 외워서 하는 단순 작업만 많아지는 기분이었다. 나는 그런 것을 잘 견디지 못했다. 몸은 근질근질해지고 거의 대부분을 딴짓과 딴생각을 하며 시간만 보내게 된 것이다. 그런 한편, 성공하기 위해서 성실하게 생활해야 한다는 압박감에 시달렸다. "아, 이렇게 살면 안 되는데! 난 왜 이러는 걸까" 매번 성실함을 다짐하면서도 작심 3시간을 못 가는 내 마음은 항상 요동쳤다. 뭐가 문제였을까? 내 생각에는 스스로가 '열심히' 안 한 게 문제였고, 나를 더 열심히 살게 만들어 줄 계기가 필요했다. 그렇게 입학한 지 1년 만에 저절로 눈길이 다른 곳으로 향했고 그때 우연히 충청도의 어느 대안학교를 알게 되었다. 그 학교는 더 열정적이고 더 멋진 성공비전이 있는 것만 같았고, 그곳에만 가면 게으른 내 모습이 싹 바뀔 것만 같았다.

나는 공고를 그만두고 충청도의 학교로 전학을 갔다. 내가 푹 빠진 것은 "지력, 심력, 그리고 체력을 단련하여 무지와 가난과 허약에서 탈출하자"라는 학교 슬로건이었다. 나는 이 슬로건을 '훌륭한 사람이 되려면 총체적으로 단련해야만 한다'는 대단히 당연한(?) 이치로 받아들였고, 지난날의 실패를 반추하며 비장한 자세로 입학식에 임했다. 학교의 모든 활동은 커리큘럼화되어 있었다. 학교수업, 자율학습, 수학·영어·독서 캠프, 외부인사(멘토) 초청강연, 풍물수업, 국토순례, 마라톤, 동아리, 이야기 발표, 모의연설, 학생회의, 기숙사 방회의 등등…. 아무튼, 세 마리 토끼를 모두 잡기 위해서는 아주 바쁜날들을 보내야만 했다. 물론 나의 '작심 3시간'이 어디 가지는 않았고, 학교의 리듬에 거의 질질 끌려다니다시피 하는 처지가 되었다. 아침에는 제일 늦게 일어나고, 수업시간에는 제일 많이 졸고, 숙제는 가장 많이 밀리고.

내 모습은 빛나는 멘토에 가까워지기는커녕 점점 고통과 번뇌에 몸부림치는 패잔병에 가까워지고 있었다. "아! 이렇게 살면 안 되는데!"라는 자책과 우울감, 무기력감은 여전히 나를 덮쳤다. 그런데 공고를 그만둔 이유도 사실은 이것 때문이 아니었던가! 문제는 반복되고 있었다. 나는 스스로 온갖 다짐과 약속을 해놓고는 무책임하게 등 돌리기 일쑤였던 것이다. 학교의 비전은 더 크고 화려해졌는데 나는 오히려 더 약해지고 괴로웠다. 공고를 다니던 시절에 대한 내 나름의 '대안'은 내게 대안이 되어 주지 못했던 것이다. 결국, 입학한 지 1년쯤 되던 그 여름에 나는 다시 학교를 나왔다.

다시 한번 짚어 보자. 뭐가 문제였던 걸까? 내 괴로움의 원인은 사실 '현재의 내 모습'을 부정하는 데 있었다. '늦잠을 자고' '딴짓을 하는 나'를 그대로 인정하지 못한 게 문제였다. 기준에 부합되지 못한 모습들은 부족하고 불안하고 초조하게 보였다. 이는 일본의 무도가武道家이자 학자인 우치다 타츠루의 말처럼 '단련하려는 태도' 때문일 것이다. 단련이란 어떤 완벽한 상태를 상정하고 그것을 좇을 수밖에 없는 것이라는 건데, 그 태도는 완벽함에 부합하지 못하는 현재를 언제나 '~하지 못한 상태'로 만들어 버린다. 스스로가 수동형이 되는 것이다. 이렇게 되면 자기 상태에 대해 무책임하게 돼 버린다. 나를 덮치는 무기력감이 바로 그것이었다. 나에게 필요한 진짜 대안은 '위대한 무엇이 되어야 하는 문선재'에 있지 않았다. 작지도 크지도 않은 나에 대한 소소한 긍정이 필요했다.

나의 공부는 약속 지키기

자유로워지고 싶었다. 그러나 돌이켜 보면, 나의 학창 시절은 자유롭다기보다는 오히려 스스로 억압적이었다. 하지만 자신을 완전히 놓아 버려야 자유는 아닐 것이다.

학교를 나온 나는 곧 스무 살이 되었다. 그리고 2014년 봄, 세월호 참사가 일어났다. 그날 알바를 하다가 식당에서 점심을 먹으며 뉴스를 본 기억이 난다. 처음에는 별로 대수롭지 않게 여기고 넘어갔다. 그후 며칠이 지나 어느 팟캐스트 방송을 봤는데, 어딘가 비상식적인 상황이 펼쳐지고 있으며 내가 함께해 주길 바라는 사람들이 저기에 있다는 생각이 강하게 들었다. 팽목항에 일손이 부족하다고, 매일 안산에서 버스가 출발하니 함께 해달라는 공고도 보았다. 그때 나는 집에서 뒹굴뒹굴한 지 반 년이 넘은 때였다. '집에서 잉여로 있느니 저기에 가야겠다. 남들은 바빠서 못 간다는데, 할 일 없는 사람이 이렇게 좋구나!'라고 생각했다. 그 길로 알바 월급을 모아 둔 체크카드와 옷가지 몇 벌을 챙겼다. 그렇게 본의 아니게 나는 집에서 나오게 되었다.

팽목항에서 며칠이 지나자 그곳에는 내가 할 수 있는 일이 별로 없어 보였다. 그래서 집회에 참여하기 위해 서울로 올라갔고 새로운 생활을 시작했다. 팽목항의 인연이 이어져 어느 청년회와 함께 주말마다 집회를 기획했다. 운동권 선배(?)들과 친구들도 많이 사귀었다. 집회 뒤풀이 자리에서 묵을 집도 마련했다. 부산에서 올라온 지 10년이 넘었다는 어느 누님이, "니 시골서 왔나? 내가 혼자 사는 착한 형아 소개시키 주까? 니 서울은 겨울에 춥데이." 하시기에 기회를 덥석 물었다. 집회를 기획하는 일도 흥미진진했다. 우리는 매주 토요일마다 모여 행진을 하거나 스톱모션 같은 퍼포먼스를 했다. 여느 대학 새내기 못지않게 많은 술자리에 참석한 것은 물론이다.

거기까지는 좋았는데, 몇 달이 지나자 또다시 삐거덕거림이 시작됐다. 어느 날부터 내가 약속들을 깨기 시작한 것이다. 지각은 기본이고, 어느 농성장에 같이 가기로 해놓고 당일에 귀찮다고 취소한다든지, 세미나 발제를 맡아 놓고 잠수를 탄다든지 그랬다. 기타 온갖 추태를 부리면서 나 자신도 너무나 혼란스러웠던 것 같다. 이건 학교에서처럼 누가 시켜서 하는 일도 아니고, 분명히 스스로 옳다고 생각하며 선택한 일인데, 도대체 내가 왜 이러는지 알 수 없었다. 어쨌든 사람들과의 신뢰가 무너지면서 스스로에 대한 신뢰도 바닥을 찍었다. 나는 그대로 잠적할 수밖에 없었다. 뭔가를 더 하겠다는 말조차 민망해졌고, 관계를 수습할 자신이 없었다. 그해 겨울 나는 회비를 자동납부하던 통장에 잔액을 남기지 않는, 다소 쪼잔한 방식을 동원하며 갖은 집회들을 전전하던 생활을 정리했다.

죄다 귀찮고 아무것도 하기 싫다며 겨우겨우 알바만 하면서 또 몇 달이 지났다. 하지만 마음 한구석에는 사람들과 일을 벌이고 활동을 함께하고 싶다는 열망이 여전했다. 그래서 몇 번을 망설이다가 감이당의 '백수다' 프로그램을 신청했다. 감이당이나 고미숙 선생님에 대해서는 거의 몰랐지만, 오랫동안 이어져 왔다는 공동체에 접속해 보고 싶은 마음이었다. 연락처를 남기고 튜터 선생님들과 면담할 일정을 잡았다. 그런데 첫 만남부터 지각을 해버렸다. 늦잠 때문에, 그것도 아주 당당하게! 나는 아무렇지도 않게 약속을 어겼고 선생님들은 그런 나를 어이없어 하셨다.

그렇다. 이게 바로 나의 패턴이었다. 금세 식어 버리는 열정과 지키지 못할 다짐과 약속, 반복되는 중도하차, 5일을 넘기지 못했던 일기 쓰기부터 언제나 밀려서 하는 숙제, 심지어 엄마 뱃속에서도 며칠이나 늦게 나오며 시작된 지각의 역사까지, 나는 약속을 잘 지키지 못하는 사람이었다! 이것이 나의 오래된 습관이면서 매번 부딪칠 수밖에 없는 나의 한계였던 거다.

공부하러 오겠다는 나에게 선생님들은 공부에 대해 이렇게 말씀하셨다. "다른 게 아니에요. 약속 잘 지키고, 뒷정리 잘하는 게 공부예요. 책이나 다른 건 다 부차적인 거예요." 이 말이 내가 '백수다' 멤버가 된 이유였다. 면담 뒤 '백수다'에서 공동주거도 하게 되고, 또 1년간 많은 일이 있었다. 그러나 나는 여전히 물건을 흘리면서 다니고, 지각을 해서 세미나마다 벌금을 달아 놓고 산다. 그럴 때마다 튜터 선생님들뿐 아니라 같이 공부하는 백수들에게 타박을 맞는다. 여기서는 아주 작은 일들조차 지키지 못하는 나의 꼬라지를 직면할 수밖에 없다. 그간 원대한 꿈만 좇느라 하찮게 봤던 문제들이 내 삶을 하찮게 만들고 있었다는 사실을 실감하고 있다. 이런 것조차 지키지 않는 멘토의 말을 누가 들어준단 말인가. 이제 이것을 인정하고 씨름해 보는 것이 나에게 중요한 문제가 되었다. 작은 일상부터 성실하게 지켜내는 것, 또한 그것이 관계를 맺으며 같이 살아가기 위한 기본이라는 것을 알게 되었다.

그럼 이걸 어떻게 공부하는지 궁금하실 거다. 사실 연구실 백수들은 매우 바쁘다. 정신을 차리지 않으면 스케줄을 놓치기 쉽다. 그래서 매일 내가 정한 연구실 밥 당번 시간을 잘 맞춰서 가는지, 청소는 꼬박꼬박 하는지, 세미나에 지각하지는 않는지, 글은 제시간에 마감하는지 스스로 체크해야 한다. 이러한 까닭에 연구실의 일상, 이것이 나의 공부 수련장이 된다.

주변 정리에 힘쓰는 나

2016년 7월. 이 글을 쓰고 있는 지금, '백수다'에서 공부한 지 이제 1년 반이 되어 간다. 작년과 마찬가지로 올해도 '백수다'를 중심으로 공부하고, 공 ONE'백수다' 남자 백수들의 공동주거지에서 계속 살고 있다. 작년과 마찬가지로 여전히 뒷정리, 지각과 싸우고 있지만 조금씩 이전의 나를 이겨 가고 있다고 느끼고 있다. ^^

작년 겨울에 '죽마고우'죽치고 마주앉아 고전을 공부하는 친구[友]라는 뜻라는 한문 세미나에서, 『대학』을 공부한 게 재미있었다. 올해도 한문 공부를 계속하고 있는데, 이 공부를 하게 되면서 드디어 공부로 밥벌이를 하고 있다! 『천자문』을 매주 한 문장씩 초등학생들과 함께 공부하는 프로그램인 '어린이 낭송 스쿨'(일명 '어낭스')에서 문장에 담긴 이야기와 각각 글자들의 형성원리를 가르치고 있다. 그렇게 아이들과 수업을 하니 어른들 프로그램에도 함께하게 되었다. 일명 '용감한 학교'다. 한문을 써[用] 보고 느껴[感] 보는 한자 기초 프로그램이다. 어낭스와 마찬가지로 『천자문』을 12주 동안 공부하고 있다. 일자무식이었던 내가 한자를 가르치려다 보니, 여러 보조 세미나에 참여하면서 작년보다 바쁘게 생활하고 있다. 올해는 1년 단위의 이 프로그램 리듬에 맞춰 내 스케줄을 잘 관리하는 것이 목표다.

공부하게 되면서 무엇보다 나에 대한 자괴감에서 벗어났다. 처음엔 뭐든 할 것처럼 달려들다가도 금세 무기력증에 허우적대던 나. 이번에 사주명리학을 공부하면서 알게 되었는데, 나는 금金 기운이 부족한 사주다. 이 금기金氣는 칼로 자르는 듯한 날카로운 판단력과 결단력을 의미한다. 그리고 필요한 것과 필요 없는 것을 잘 판단하여 과감하게 버리고 취한다는 의미에서 정리정돈으로 의미가 확장된다. 이 단어들이 연결되는 것을 보고 나는 옳다구나 했다. 끝마무리가 부실하고 중도 포기하는 것, 우유부단한 점, 그리고 정리정돈을 잘 못한다는 것이 모두 하나의 기운으로 설명이 되는 것이 놀라웠다. 내 행동이 이해가 되니, 나를 미워하기보다 방법을 구하게 되었다. 일단 주변 정리를 잘하는 연습을 해보고 있다. 문제는 스스로가 뭘 치워야 하는지, 내가 어떤 흔적을 남겼는지도 모를 때인데, 하여간 아직도 정리를 잘하는 축에 들지는 못하고 있다(사실 글을 쓰고 있는 지금도 내 옷장에는 개이지 못한 옷들이 너저분하게 널려있기는 하다. ^^).

또 하나는 스케줄 관리다. 사실 나는 태어나서 단 한 번도 다이어리를 써 본 적이 없을 정도로 시간 관리에 취약하다. 눈앞에 닥쳐온 일들을 하나씩 정신없이 해치워 넘기면 제대로 손써 보지도 못하고 시간이 지나가 버리곤 했다. 그럴 때 스케줄을 관리하는 것 자체가 내가 시간을 어떻게 썼는지를 볼 수 있게 해주는 것 같다. 스케줄 관리가 나와의 약속을 어떻게 지켜 나갈지 계획하고 얼마만큼 지켜 왔는지 점검할 수 있다는 면에서 더욱 나에게 필요하다고 여겨졌다. 스케줄표를 만들어 놓고도 여전히 하나도 지키지 못하는 일이 부지기수지만, 그래도 조금씩 조금씩 관리하는 법을 배워 가고 있다. 따지고 보면 스케줄 관리하는 것도 금金이니, 올해의 목표는 금 기운을 잘 쓰는 것이라고도 할 수 있겠다.

난 올해 내가 이런 공부를 하면서 살 거라고 상상도 못 했었다. 내년에는 내가 과연 어떤 활동들을 하고 있을지… 가끔 불안한 때도 잦지만, 너무 초조해하지는 않기로 했다. 어떻게 될지는 아무도 모르는 거니까!

잘 살아보세!

백소현

내가 나를 모르면 생기는 병

초등학생 때부터 학교에서는 '장래희망 조사'라는 것을 했다. 참으로 애매한 이름(장래의 희망들을 적기엔 그 칸은 너무 좁지 않은가)의 조사였지만 우리는 찰떡같이 알아듣고 선생님, 한의사, 치과의사 등 그 당시 가장 트렌디한 직업을 적어 냈다. 그런 직업들을 가지면 잘살 수 있을 것 같기도 했지만, 사실 그 외에 어떤 직업들이 있는지 모르기도 했다. 그리고 고3. 수능 성적표를 받아들고 나는 고뇌했다. 앞으로 어디에 내 미래를 맡겨야 평탄한 인생을 살 수 있을까?(물론, 시원찮은 점수도 한몫했다.) 그때 나의 진로상담사였던 엄마는 전문직이어야 사회에서 오래 먹고살 수 있다고 하시면서, 졸업 전부터 취업이 아주 잘 된다는 한 전문대학의 물리치료과를 권했다. 나는 덥석 물었고, 덜컥 합격했다. 그때 내가 물리치료사에 대해 아는 것이라곤 월급이 250만 원 정도 되고 병원 간의 이직이 쉽다 '카더라'였다.

학교에는 정문부터 후문까지 "취업률 90% 달성!"이라는 현수막이 걸려 있었다. '이런 취업난에 90%씩이나!'라며 감탄했지만, 곧 그 90%가 되기 위해선 '빡센' 과정을 거쳐야 한다는 것을 알게 되었다. 학교의 목표는 입학한 모든 학생을 관련 업종에 취직시키는 것이었고, 전 학년의 스케줄이 그 목표를 달성하도록 짜여 있었다. 월요일에서 금요일, 아침 9시부터 밤 9시까지 학교에서 짜 준 시간표에 따라 수업을 들었다. 학생들이 선택할 수 있는 것은 같은 시간에 '토익 1'을 들을 것이냐 '엑셀 활용 1'을 들을 것이냐 하는 정도였다. 선생님들은 이렇게 취업 잘 되는 곳도 없다고 매일 우리를 꼬드겼지만, 흥미도 없는 걸 외우려고 온종일 앉아 있는 게 보통 괴로운 일이 아니었다. 저절로 몸은 배배 꼬이고, 자리에 앉아서도 멍 때리는 시간이 많아졌다. 그리고 하나둘, 수업시간에 나타나지 않는 애들이 생겼다.

나는 아침마다 지하철 계단에 서서 다리를 삐게 해달라고 빌었다. 하기는 싫은데 다른 방법은 모르겠고 어디라도 아파야 좀 살 것 같았다. 매일 밤, 이걸 계속했을 때 얻어지리라 믿는 이익(취업과 부모님의 인정)과 손해(하기 싫어 죽겠는 마음)를 저울질하며 뒤척였다. 그렇게 석 달 정도 지났을까? 정말 몸이 시름시름 아프기 시작했다. 밥을 먹으면 토했고, 그렇지 않으면 설사를 했다. 만사가 귀찮고 뭘 하든 심드렁했다. 친구들과 연락하는 것조차 귀찮아 잠수를 탔다. 결국 요즘 청춘이면 한 번씩은 앓는다는 '무기력증'에 걸린 것이다. 그러나 방구석에 누워 있다 보니 점점 울분이 차올랐다. 억울해! 내가 왜 이러고 있어야 해? 그 거칠 것 없다는, 뭐든 할 수 있다는, 청춘은 도대체 어디 있는 거야!

돌아보면 나에 대해 얼마나 무지한 채 살아왔던가. 학교 갈 나이가 되니 입학통지서가 날아왔고 그 길로 초·중·고등학교 12년을 학교 시스템 안에서 살았다. 그동안 내가 나에게 한 질문이라곤 문과냐, 이과냐였을 뿐. 한 번도 내가 왜 공부하는지, 어떻게 삶을 꾸려 나가고 싶은지는 고민해 본 적이 없었다. 나는 나에 대해 정말 아는 게 없었다. "넌 무얼 하면 즐겁니?" 이 질문에 마음은 침묵했다. 이런 고민을 어릴 때는 미처 못 했더라도 스물이 되어서는 할 수 있었어야 할 텐데 대학에 가도 달라진 건 없었다. 수능이 취업고시가 되고, 나이만 더 먹어 20대가 되었을 뿐. 그래도 고등학생 때야 대학 가면 인생이 더 행복해질 거라는 믿음이 있어 그럭저럭 버틸 수 있었지만, 막상 대학 가서 행복하지 않으니 눈앞이 캄캄했다. 그렇다. 내가 앓았던 무기력증은 마음이 싫어하는 것을 몸이 억지로 해내고 있으니, 버티다 못한 몸이 선택한 최고의 회피 수단이었던 것이다. 생각이 여기에 이르자, 나는 자리에서 벌떡 일어나 자퇴서를 냈다. "네가 특출난 재능이 있는 것도 아니고, 보장된 직업이 있다는데 그걸 네 발로 차겠다는 거야?" 부모님의 성화가 이어졌지만 난 불효자식들의 전용 멘트로 버티고 말았다. "내 인생 대신 살아줄 거 아니잖아요!"

기세 좋게 내지르고 6개월을 놀았다. 하지만 몸이 편한 것도 잠시, 이젠 막막함에 밤마다 뒤척이는 신세가 되었다. 단지 구속에서 벗어났다고 해서 저절로 미래에 대한 비전이 생기는 건 아니었다. 앞날에 대한 확신은커녕 눈앞은 뿌옇기만 했다. 몸은 편하지만 마음은 불편한 부조화 상태만 계속될 뿐. 비전이 생기려면 그냥 노는 게 아니라 '다른 게' 필요하지 않을까? 점점 대학 생활과 졸업장이 모두 아쉬워진 나는 다시 수능을 봤고, 두번째 대학에 갔다.

공부로 몸이 달라졌어요

취업을 위한 공부는 하지 않는다! 듣고 싶은 수업은 몽땅 다 듣는다! 두번째로 대학에 가면서 굳게 결심했다. 첫번째 대학에 다니면서 취업공부에는 완전 정나미가 떨어졌다. 취업 공부를 해보니(특히 전문대학은 모든 공부가 취업 공부이다) 직업의 안정성이나 연봉보다 내가 그 일을 하고자 하는 마음이 훨씬 중요했다. 게다가, 요새는 전문직어도 먹고살기 힘들다는데 뭐하려고 그런 공부에 인생을 갖다 바쳐? 기왕 대학에 왔으니 나 하고 싶은 공부나 하자! 나는 치밀하게 전략을 세웠다. 졸업 요건을 면밀하게 살펴보고 최소한의 커트라인만 지키기로 했다. 그리고 소수의 전공학과생만 있는 수업이 아니면 학과를 가리지 않고 구미가 당기는 대로 들어갔다. 종종 선생님들이 추천하는 외부 세미나가 열릴 때도 있었는데 전공 수업이랑 겹치면 수업을 젖혀 놓고 세미나에 갔다. 출석 따위에 목숨 걸면 공부를 제대로 즐길 수 없다!

생각을 바꾸니 학교 생활이 달라졌다. 의자에 3시간 동안 앉아 있어도 고통스럽지가 않았다. 미디어론, 일본지방경제, 중동정치, 신학, 서양철학 등 알고 싶고 배우고 싶은 것이 담쟁이처럼 뻗어 나갔다. 지식욕도 왕성해져서 대학 도서관에 있는 모든 책이 탐났다. 특히 학과를 넘나들며 공부하니 각 과의 보석 같은 선생님들을 만날 수 있어서 좋았다. 이런 선생님들은 내가 생각해 보지도 못한 시각을 제시해 주었는데 그때마다 눈이 새로 떠지는 기분이었다. 더불어 구토하던 시절은 기억도 안 날 만큼 몸이 건강해졌다. 몸에 활력이 생기고 따로 운동한 게 아닌데도 체력이 좋아졌다. 생각해 보면 그럴 만도 하다. 이제까지 초·중·고 12년을 점수에 매달리는 공부에 쏟아붓고, 그보다 더한 취업 공부를 했으니, 몸에 독소가 차곡차곡 쌓여 왔을 것이다. 그러다 새로운 관점을 가진 선생님들이 막혔던 곳을 시원하게 뚫어 주니 막혀 있던 기가 뻥 뚫린 게 아닐까?^^

예전에는 대학이란 결국 취업 학원이 될 수밖에 없다고 생각했었다. 역사를 봐도 동아시아 전통이 그런 것 같았다. 선비들의 인생 최대 목표는 입신양명이 아니던가? 공부하고 과거시험에 합격해 관리가 되어 가문을 드높이는 것. 아하, 그 시절부터 공부는 출세의 도구였구만. 그러나 이런 냉소적인 생각은 좁은 견해임이 밝혀졌다. 옛날 선비들이 입신양명만을 위해 공부한 게 아니라는 것을 나중에 동양고전을 읽다 보니 알게 된 것이다. 그렇다. 나의 이 편협한 지식을 한 방 먹인 전통이 있었으니 바로 수신修身! 수신은 마음과 몸을 바르게 닦는다는 뜻이다. "우리가 오늘날 공부를 하는 이유는 단지 선을 행하는 마음이 참되고 절실하도록 만드는 데 있다."(왕양명,『전습록』) 이는 명나라 유학자인 왕양명王陽明이 한 말이다. 아니, 공부하는 이유가 마음을 참되게 만들기 위해서라고? 나는 이제껏 부모님으로부터 혹은 학교에서 마음을 참되게 하기 위해 공부하라는 가르침은 단 한 번도 들어 본 적이 없었다. 출세하려면 공부를 열심히 해서 돈을 많이 벌어야 한다는 소리는 많이 들었지만. 쩝! 하지만 왕양명의『전습록』뿐만 아니라 공자의『논어』등에서도 공부는 사욕을 없애고 참된 자기를 위한 것이라는 말이 끝도 없이 나왔다. 나를 건강하게 만들었던 공부가 바로 이거였던 거다! 나 혼자 특이하게 공부한 줄 알았는데, 이렇게 오래전부터 내려오는 가르침이 있었다니.^^ 그런데 이 전통은 어디로 사라졌을까?

공부를 하면서 점점 정규직으로 취업하는 것만이 인생의 목표인 삶 말고, 다른 삶은 없을까 하는 생각이 커졌다. 내가 만난 그 어떤 사상가도 취업만이 인생이 활짝 피는 길이라고 말해 주지 않았다. 오히려 그런 노예의 삶을 살지 말라고 외치고 있었다. 그래, 나도 그렇게 살기는 싫어. 난 잘 살고 싶다고! 그런데 잘 산다는 건 어떤 거지?

너 자신이나 먼저 구원해!

어렸을 때부터 잘 살려면 돈이 어마어마하게 많아야 한다는 생각이 있었다. 그때 잘 산다는 건 나도 행복하고 너도 행복하고 온 지구가 평화롭게 사는 것이었다. 꽃 정원 딸린 이층집이나 고급 자동차는 너무 당연해서 상상 축에도 들지 못했다. 핵무기도 막아낼 수 있는 원형 막을 개발해서 사랑하는 사람들 다 지켜 줘야지, 다툼 따윈 전혀 없는 마을을 만들면 행복하지 않을까? 지구를 조금도 해치지 않는

에너지가 모두에게 있다면 전쟁 따윈 없을 텐데! 참 야무진 꿈이었다. "그게 어떻게 가능해?" 친구들이 물으면 나는 진지하게 대답했다. "당연히 돈이지. 야, 한 조나 경쯤 벌면 이게 되지 않을까?" 돈은 이 험난한 세상을 살아가는 데 모든 어려움을 해결해 줄 것이라 믿어 의심치 않았다. 돈이 나를 구원하리니! 커 가면서도 이 꿈과 생각은 별로 바뀌지 않았다. 돈 말고 이런 세상을 만들 수 있는 다른 방법은 도무지 떠오르지 않았던 것이다.

그후 대학을 졸업할 무렵, 30대에도 퇴직한다는 말이 돌았다. "정말 길어야 7년 정도 일하고 짤린대!" 매일 뉴스에서는 취업이 안 되고 있거나 조기 퇴직으로 망연자실한 사람들이 나왔다. 다들 백수 가 되는 것을 두려워했다. 그러던 중, 나는 고미숙 선생님의 책을 읽게 되었다. "이제 백수는 더 이상 특별한 존재조건이 아니다. 인간 이 밟아야 할 자연스러운 스텝 중의 하나다. …… 결국, 백수로 태어나 백수로 가는 것, 그게 인생 아니던가. 그걸 깨우치는 순간, 백수는 자유인이 된다."(고미숙, 『청년백수를 위한 길 위의 인문학』, 북드라망, 2014) 그래, 생각해 보면 어찌어찌하여 정년퇴직을 육십에 하더라도 남은 20년은 백수로 살아야 하잖아. 오히려 그때 백수가 되면 노년에 뭘 해야 할지 몰라 삶이 우울하지 않을까? 방황하는 노년이라니. 그렇다면 그냥 지금부터 백수로 잘 사는 게 더 나은 거 아닌가? 그냥 젊을 때부터 백수로 잘 살면 되잖아!

나는 먼저 백수 선배이신 고미숙 선생님이 꾸려가는 감이당에 가서 백수에게 필요한 삶의 기예를 익혀야겠다고 생각했다. 그곳에서 공부하면 지질하게, 어쩔 수 없이 백수로 사는 게 아니라 즐겁게 사는 방법을 알 수 있을 것 같았다. 게다가 대학을 관두고 나서 얻었던 깨달음도 한몫했다. 속박의 상태가 아니라고 해서 비전이 저절로 보이는 게 아니라는 것을 알게 되었기 때문이다. 그러나 마음 한편에는 꿍꿍이가 있었으니, 백수는 내 삶의 비전을 가장 잘 실현할 수 있는 최적화된 조건이라고 생각했다. 즉 내 목적은 돈 많이 벌어 행복하게 사는 것이니, 백수가 되어 돈을 많이 벌게 되면, 정규직이라는 목줄을 차지 않으면서 꿈을 실현할 수 있게 되는 것이다. 그렇다. 나에게 '백수'란 곧 돈 잘 버는 프리랜서였던 것이다.

그런데 그 기예를 익히고자 한 첫 관문에서부터 문제가 생겼다. 당시 감이당의 '백수다' 프로그램의 첫 시즌 회비는 25만 원. 나는 엄마한테서 용돈으로 매달 10일에 25만 원씩을 받고 있었는데, 회비로 그 돈을 모두 써 버리면 차비조차 남지 않았다. 그렇다고 엄마한테 용돈을 더 달라고 말하는 것은 싫었다. 선생님들과 협상하기로 마음을 먹었다. 튜터들과 처음 만나 상담하는 날, 구구절절하게 그동안 살아온 인생을 말한 뒤 "공부는 하고 싶은데 돈이 없는 게 문제예요"라고 덧붙였다. 그때, 미역 머리를 한 선생님의 대답은 정말 쿨했다. "그럼 저한테서 돈을 빌리세요." 엉? 아무리 공부하기로 마음먹었다고는 하나 그날 처음 본 사람한테 이렇게 돈을 막 빌려 줘도 되나? 이런 게 공부의 힘인가? 감탄이 절로 나왔다.

다음 날 바로 '백수다'에 등록하고 알바를 찾기 시작했다. 그러나 '백수다'에서 공부하고 활동하는 시간을 확보할 수 있는 일을 찾기란 쉽지 않았다. 정규 수업인 목요일과 일요일 말고도 '백수다' 내에 여러 팀 활동 일정이 늘 있었기 때문에 평일 알바도, 주말 알바도 조건이 딱딱 맞는 것이 없었다. 그래도 죽으라는 법은 없나 보다. '백수다' 친구의 소개로 단기 장애인활동보조와 호텔 주방보조로 안정적인 알바를 구할 때까지 버틸 수 있었다. 그리고 덕분에 첫 달 알바비로 강의비도 갚을 수 있었다.

하지만 진짜 문제는 이제부터 시작이었다. 저축은 해본 적도 없거니와 버는 족족 다 써 버리는 습관 탓에 돈을 운용하는 방법이 엉망진창이었다. '백수다'에서 매달 함께 모으기로 약속한 여행비와 다음 시즌 강의비도 제때 마련하지 못해 빚은 점점 늘어났고 마음은 초조해져만 갔다. 점점 나의 '그레이트한' 비전과 멀어져 가고 있는 것만 같아 착잡했다. 반면 다른 '백수다' 멤버들은 스스로 번 돈으로 공동주거 집세와 생활비를 내고, 다음 시즌 학비, 여행비까지 저축했다. 자립한 멤버들에게서는 어떡하든 자기 손으로 삶을 꾸려 가고 있다는 데서 오는 자존감이 느껴졌다. 아니, 그래 봤자 돈도 별로 없는데, 얘네들은 왜 이렇게 당당한 거야?

이것도 공부라는 것을, '백수다'에 오기 전에는 상상조차 못했었다. 대학에서 공부의 맛을 알았다고 느꼈기 때문에 책으로 하는 공부에는 자신이 있었다. 그러나 습관이나 생활을 돌아보고, 하나라도 바꾸기 위해 애쓰는 것은 정말 어려웠다. 이렇게 자기 자신 하나도 어쩌지 못하면서 돈으로 세상을 구원할 수 있다고 믿다니. 돈만 많으면 잘 살 수 있을 거라 철석같이 믿었던 어깨에 선생님의 말씀이 죽비처럼 날아왔다. "너 자신이나 먼저 구원해!" 그래도 이 정도라도 깨달은 게 다 공부 덕이고, 함께하는 멤버들 덕이라는 생각이 든다. 돈에 대한 욕망을 더 잘 조절하기 위해, 삶을 잘 꾸려나갈 수 있는 근육을 단련하기 위해 여전히 나는 공부하는 백수로 살고 있다.

'잘 사는' 길을 찾은 나

1년 동안 강의비는 계속 선생님께, 여행비는 계속 부모님께 빚지는 상황이었다. 알바비를 받아 전에 빌린 돈을 갚고, 다시 새로 빌리는 것이 반복되었다. 돈을 빌려 준 사람에게는 미안한 마음에 주눅이 들고, 생활비 정도도 짜임새 있게 쓰지 못하는 자신이 한심하게 느껴졌다. 이렇게 1년 내내 돈에 시달리다 보니 돈의 많고 적음이 중요한 것이 아니라 규모에 맞게 적절하게 쓸 줄 알고, 쓴 돈에 대해 책임을 지는 것이 백수가 반드시 갖춰야 하는 능력이라는 생각이 절실히 들었다. 그래서 '을미년 백수다'가 끝나고 나면 빚은 절대 지지 말자고 결심했다. 현재 감이당의 한자 교실인 '용감한 학교'에서 수업을 듣고 있는데 이 수업비는 내가 일해서 번 돈으로 냈다. 이젠 용돈도 딱 끊었다. 벌써 어깨가 솟고, 가슴이 쭉 펴진다. 감이당에 오기 전 용돈으로 생활할 때는 민망한 마음도 있었지만, 몸이 편하니 벗어날 생각을 안 했다. 그러면서 막연히 떼돈 벌어 이렇게 살면 좋겠다, 저렇게 살면 좋겠다, 상상만 부풀렸다. 내 삶의 현장을 구체적으로 생각하지 못하니 조나 경이라는 체감할 수 없는 돈을 향해 달려나간 것 같다. 그리고 '백수다'에서는 가계부 쓰는 훈련도 했었는데, 지금도 대략적이나마 매달 가계부를 쓴다. 알바 수입이 어느 정도이고, 반드시 내야 하는 세금이 얼마인지 체크한다. 돈을 쓰는 우선 순위도 정한다. 덕분에 학자금 대출도 조금씩이지만 갚기 시작했다. 작년에는 선생님들이 그렇게 갚으라고 해도 도망만 다녔는데, 돈에 휘둘리지 않기 위해서라도 꼭 해결해야겠다.

무조건 돈이 많은 것이 행복의 밑바탕이자 잘 사는 첫걸음이라고 믿었지만 지금은 시간을 얼마나 충실하게 보냈는가를 좀 더 생각하게 된다. "어떤 결과가 나를 결정하는 것이 아니고, 내가 이 일을 어떤 마음으로 하는가가 자기 삶을 결정해요"라고 하신 정화스님의 말씀처럼 내가 지금, 여기에 집중할수록 마음과 몸이 더 충만해지는 것을 느낀다. 덕분에 공부할 때도 일을 할 때도 성심껏 하려고 하고, 그렇게 해도 전보다 덜 지친다. '돈을 많이 버는 것이 잘 사는 것'이라는 오랜 신조가 무너진 곳에서 '이것이 잘 사는 것이다!' 라고 외칠 수 있는 길을 더듬어 가는 중이다. "이 방 안에서 몸을 돌려 앉으면, 방위가 바뀌고 명암이 달라진 다네. 구도란 생각을 바꾸는 데에 있다네. 생각이 바뀌면 따르지 않는 것이 없다네. 그대가 나를 믿는다면, 그대를 위해 창을 열어 주겠네. 한 번 웃는 사이에 어느새 환하고 툭 트인 경지에 오를 것이네"(이용휴, 「구도란 생각을 바꾸는 것」, 『낭송 18세기 소품문』, 길진숙·오창희 풀어 읽음, 북드라망, 2015)라는 옛글을 낭송하며 그 툭 트인 경지를 보기 위해 계속 공부하고 싶다.

언제나 배우는 자

나는 4개월 전 5년간 몸담았던 직장을 그만뒀다. 4개월밖에 되지 않았다니! 좀 얼떨떨하다. 마음의 시계로는 직장 생활을 한 기간이 4개월이고, 백수 경력은 1~2년이 훌쩍 넘은 느낌이다. 퇴사 결심을 밝혔을 때 직장 상사와 동료들은 이런 말로 나를 만류했다. "노는 것도 한 달이다. 아침에 눈 떠서 갈 곳 없다는 게 서글퍼지는 날이 금방 올 거다." 글쎄, 아직은 해방감이 워낙 커서 그런지 서글픔을 느낄 틈이 없다. 알바, 독서, 운동, 집안일 등 기상에서 취침까지 내가 보내는 모든 시간이 온전히 나의 것이다. 예전에는 시간의 속도에 깜짝 놀라면서 하루 한 번씩은 내 인생이 서러웠다. 회사에 다닐 때는 정신이 또렷한 시간이 하루에 딱 한 번, 점심시간밖에 없었다. 밤낮은커녕, 계절의 변화도 느끼기 어려웠다. 내 삶의 터전이던 태평로빌딩 18층의 조그만 책상에서는 주간업무를 작성할 때가 되어서야 일주일이 지나고 있음을 알 수 있었다. 그때의 일주일은 지금의 하루와 비슷하게 느껴진다. 이젠 직장인으로 살았던 지난날이 까마득할 정도다.

얼마 전, 전 직장 상사의 추천으로 한 화학 회사로부터 입사 제안을 받았다. 임직원 복지가 좋다는 이미지를 적극적으로 홍보하는 기업이었다. 전 직장과 직무, 직급이 같아서 경력을 이어 갈 기회이기도 했다. 갑자기 마음이 불안으로 요동치기 시작했다. 이것이 마지막 기회일 것만 같았다. 만약 거절한다면 '재취업 안 한다더라.' 하는 소문이 나서 좋은 자리가 생겨도 내게 연락이 오지 않을 것 같았다. 지금 하는 알바에서 언제 잘릴지 모른다는 사실이 새삼 우려스러웠다. 재취업하면 기뻐하실 부모님 얼굴도 문득 떠올랐다. 하지만 내가 회사를 그만둔 것은 갑작스러운 결정이 아니었다. 정말이지 늘 '사직서를 가슴에 품고' 다녔다. "헐, 아직도 안 그만뒀어?" 라고 물어보는 친구도 여러 명 있었다. 그랬던 내가 또다시 직장 생활을 '기회'로 인식하다니.

그때 나는 왜 직장을 그만두자고 결심했었나? 엄마 말처럼 '누군 못 들어가서 안달인' 회사를 내 발로 뛰쳐나온 이유는 무엇이었나? 무엇이 그토록 괴롭다고 느꼈는가? 30년 직장 생활을 버텨 내신 아버지에 비하면 나는 너무 엄살이 심한 게 아닐까? '회사 안이 전쟁터라면, 밖은 지옥'이라는데, 내가 누리던 안정을 너무 과소평가했던 것은 아닐까? 4개월 전 이 물음에 모두 대답했다고 생각했는데 입사 면접 (전화도 아니고) 문자 하나에 똑같은 물음들이 돌아왔다. 이러다 평생 '회사원이냐 아니냐'만 고민하다가 허무하게 죽음을 맞이하게 생겼다. 이 문제로 지난 몇 년을 뻉뻉 돌았는데! 이 글을 통해 이번만큼은 이 질문과 이별하자는 결심을 아로새기며 다시 한번 묻는다. 나는 어떤 모습으로 살고 싶었기에 직장을 그만두게 된 걸까?

이건 '진짜' 내가 아니야!

초등학교 5학년 때 〈해바라기〉라는 드라마가 인기 있었다. 안재욱과 김희선 주연의 의학 드라마였는데, 이걸 보면서 의사가 되어야겠다고 마음을 굳게 먹었다. 방영된 지 20년 가까이 지난 지금도 병원비가 없는 외국인 불법 체류자를 살려내던 에피소드가 기억날 정도로 인상적인 드라마다. 그때부터 대학 입학 원서를 내는 당일까지 대략 8년이라는 긴 시간 동안 의사가 되겠다는 결심에 변함이 없었다. 게다가 하늘이 도왔는지 수능에서 찍은 문제가 엄청 많이 적중했다. 의대 간다던 나를 비웃던 담임선생님이 깜짝 놀랄 정도의 점수가 나온 것이다. 그때 나도 "역시 온 우주가 나를 돕는구나! 의대 갈 수 있겠다!"라며 엄청 흥분했었다. 대학은 총 3개까지 지원할 수 있었고, 모두 지방대 의대를 지원하려고 했다. 그러나 부모님과 선생님은 한군데 정도는 서울에 있는 안정권의 대학을 지원하라고 하셨다. 딱 한군데만 전공 상관없이 가장 좋은 이름의 학교를 넣었는데 의대는 다 떨어지고 거기만 붙었다.

이때부터였다. 늘 "여긴 내 자리가 아니야"라고 생각하는 습관이 생긴 건. 진학한 대학은 내 자리 같지 않았다. 내가 있어야 할 곳은 의과 대학이었다. 나중에 의학전문대학원에 진학해야겠다고 어렴풋이 마음을 먹었다(당장 공부하긴 싫었다). 이미 느슨했던 결심은 대학 이름이 주는 우월감으로 서서히 잊혔다. 우주가 도왔다던 수능운은 까맣게 잊었으면서도, 원래 내가 있어야 할 곳보다 못한 자리에 있다는 아쉬움은 떨치지 못했다. 그렇게 나는 어영부영 학교 생활을 하다가 그토록 마음에 안 든다던 전공으로 취업에 성공하고 말았다. 사실, 지금 이 자리가 싫다고만 외쳤을 뿐 분명 어딘가 존재한다던 '내가 있어야 할 자리'를 적극적으로 찾아 나서지도 않았었다. 마치 현실을 부정하기 위해 언젠가는 '진짜 나'를 찾을 수 있을 거란 믿음이 필요했을 뿐이었다. 그럴수록 상상 속의 '진짜 나'는 더욱 완벽하고 거룩한 모습을 갖추어 갔다.

직장은 학교처럼 적당히 때울 수 있는 헐렁한 조직이 아니었다. 게다가 '인사고과'라는 학점보다 훨씬 강한 평가 장치가 등장하자, 스스로에 대한 높은 이상을 가진 사람으로서, 일을 못 한다는 평가를 받는 것은 용납할 수 없었다. 쉽게 말해 언젠가 더 대단한 일을 해야 하므로 이 정도는 거뜬히 해내야 한다는 발상이었던 것 같다. 그래서 직장을 내 삶의 현장으로 인정하지 못하면서도, '참 잘난 나'를 증명하기 위해 누구보다 열심히 일하는 자기모순적인 생활을 했다. 회사를 '진짜 내가 있어야 할 자리'보다 하찮게 설정했으니 함께 소속된 사람들이라고 눈에 찰 리 없었다. 당연히 직장 안에서 제대로 된 관계가 맺어질 리 없었다. 어쩜 상사는 하나같이 무능력한 데다 권위적이고, 후배들은 하나같이 자기중심적이고 게으른지. 상사가 일을 시키면 '이 인간이 이게 얼마나 복잡한 절차를 거쳐 처리해야 하는 일인데 기한을 이것밖에 안 주나' 하고 분노하고, 옆 부서와 협업하다 문제가 생기면 '이 XX가 일하기 싫어서 핑계 대고 나한테 미룬다'면서 노발대발했다. 나만 잘난 인간이고, 나머지는 방해물이었다. 하루하루가 강도 높은 자기 소외의 과정이었다. 나는 원래 일을 참 잘하는 사람인데, 저 인간이 훼방을 놓는다며 격분하는 것은 '진짜 나'를 상상하며 현재를 부정하는 생각의 또 다른 버전이었다.

잘난 나를 방해하는 원인이 있듯이 내가 살아야 할 삶 전체를 가로막는 이유도 필요했다. 그때 내가 지목한 원흉이 바로 엄마였다. 내가 취업했을 때 누구보다 기뻐했던 엄마는 얼마 지나지 않아 갱년기 불면증에 시달렸다. 몇 달 만에 몸무게가 10kg 넘게 빠져 얼굴은 움푹 패고, 숨이 가빠서 가슴을 두드리며 지새우는 밤들이 늘었다. 가족들 모두 엄마의 성공적 수면을 위해 최대한 신경을 건드리지 않으려고 조심하고 또 조심했다. 이때 나는 아픈 엄마를 거스르는 결정(퇴사)을 할 수 없어, 어쩔 수 없이 직장 생활을 유지하는 불쌍한 딸로 나를 설정했다. 얹혀살면서 당연히 내야 할 생활비조차 부모님에게 삥이라도 뜯기는 것처럼 억울해했다. 종종 엄마가 아파서 내가 집안일을 하게 될 땐 회사 때문에 힘든데 왜 이런 일까지 해야 하는지 짜증이 치밀었다. 나의 학창 시절까지도 엄마의 공부 욕심을 채워 주기 위한 희생의 역사로 갑작스레 둔갑했다. 마음이 이렇다 보니 아픈 엄마를 배려한답시고 꾹꾹 원망을 참다가 폭발적으로 화를 쏟아내는 일이 반복되었다. 퇴근해서 너무 피곤한데도 집으로 돌아가는 것이 점점 불편해졌다. 지금 생각해 보면 엄마가 퇴사를 반대했던 이유는

내가 온종일 집에서 화를 내고 있을까 봐 무서워서였을 것 같기도 하다.(^^;)

그렇게 회사에서도, 집에서도 앵그리버드가 되어 버린 나는 필연적으로 외로움에 시달렸다. 이 공허함을 해소하기 위해서라도 지긋지긋한 '진짜 나'라는 녀석을 찾는 일을 더 이상 미룰 수 없었다. 그것만 찾으면 지금의 내가 아닌 삶에서 벗어날 수 있으리라! 나는 사람들이 모인 공간을 찾아다니기 시작했다. 지금 생각해 보면 그때 나를 사로잡은 감정이 외로움이었기 때문에 진짜 나를 찾는다는 명목하에 본능적으로 관계를 갈구했던 것 같다. 오프라인 소셜 모임이나 사회적 기업 등 생각나지도 않을 만큼 다양한 공간을 찾아다녔다. 하지만 모두 오래가질 못 했다. 그러다 문화센터 독서모임에서 고미숙 선생님의 책을 만나면서 감이당에 접속했다. 2014년 첫번째 '나는 백수다—공자 프로젝트'에 참여한 것이다. "취업이 돼도 별 거 없어. 승진·결혼·집 장만 코스가 줄줄이 기다리고 있다고. 40도 못 돼서 암이나 우울증에 걸리는 뻔한 인생"이라는 내 삶에 코웃음을 날리는 발칙한 모집 공고에 마음이 흔들렸다. 이렇게 발을 들인 백수 공부는 지금까지 3년째 이어지고 있다. 다른 공간에서는 한 달을 버티기가 어려웠는데. 무엇이 내가 공부를 계속하도록 만든 걸까?

일상의 새로운 얼굴

'백수다'에 모인 사람들의 스펙은 매우 다채로웠다. 대안학교 졸업생도 꽤 있고, 대학을 두 번 간 사람이 있을 정도로 학력이 다양했다. 나와 같은 직장인도 꽤 있었지만 버스킹을 하는 댄서, 오금희五禽戲: 화타가 창시했다고 전해지는 체조 형식의 운동 지도자 등 직업군의 스펙트럼도 넓었다. 게다가 몸이 아픈 사람, 책 한 권 읽는 것이 힘든 사람, 사는 것 자체가 무기력한 사람 등 각자의 상태도 가지각색이었다. 이들과 2년 동안 매주 목요일과 일요일을 함께 보냈다. 함께 책을 읽고, 글을 써서 공유할 뿐 아니라 종종 감이당 공동체 안에서의 활동 ─ 학술제 연극, 낭송Q페스티벌 ─ 이나 '백수다' 자체 특별활동(?)의 일환인 기자단 활동 등도 함께했다. 그렇다고 내가 2년 동안 온전히 '백수다'에만 충실했던 것은 아니다. 목요일, 일요일에 진행되는 세미나와 더불어 다양한 활동까지 수행하기에는 부담스러웠던 것이 사실이다. 그래서 프로그램 마지막을 장식한 중국 여행 과정에는 참여할 수가 없어서 거의 관찰자 입장에 가까웠다고 해도 무리가 아니다. 그렇게 회사 생활과 병행하기에 체력적으로, 일정상으로 소화하기 버거웠음에도 불구하고, 나는 공부를 그만두는 것이 꺼림칙했다. 뭔지 몰라도 내가 조금씩 변하고 있다는 사실을 분명히 느끼고 있었기 때문이다. 공부한 뒤로 주변의 친구들, 가족들과 특히 남자친구가 "니가 좀 편안해 보인다"고 이야기해 주었다. 실제로 내 스케줄은 전과 비교할 수 없이 더 빡빡해졌는데, 왜 내 마음은 더 편했던 걸까?

처음 '백수다'에서 가장 인상적이었던 배움은 '모든 것이 배울 거리'라는 것이었다. 경제적으로 자립하는 것을 가장 중요한 요건으로 생각하는 '백수다'에서는 돈을 버는 일 자체뿐 아니라 돈을 다루는 방법, 일을 대하는 태도도 중요한 공부다. 이 지점에서 나는 회사를 그만두고자 하는 마음이 대체 어떤 마음인지를 스스로 묻지 않을 수 없었다. 다시 말해 지금 내가 사는 현장을 하찮게 치부해 버리는 이유를 질문할 수밖에 없었다. '백수다'에서 함께 공부하는 친구들이 하는 경제활동은 나만큼이나 쉽지도 않았고, 멋있지도 않았다. 하지만 자신의 생계에 대한 책임은 모두에게 똑같이 주어져 있는 것이었다. 지방에서 가방 두 개만 들고 서울로 올라온, 나보다 10살 가까이 어린 친구도 공부하면서 살 집을 마련하고, 스스로 번 돈으로 먹고 입으며, 심지어 1년 공부의 마무리로 외국으로 여행까지 떠나는 모습을 보면서 지금까지 내 '진짜 삶'을 저해한 장벽이 무엇이었는가를 의심하게 된 것이다. 나는 처음으로 회사를 내 삶터로 인정해야겠다는 생각을 했다. 그래야 거기가 삶의 지혜를 얻는 배움터가 될 수 있기 때문이다. 물론 갑자기 회사 생활이 너무 만족스러워진 건 아니었고, 평가에 신경 쓰고 불쑥 화를 내는 것도 여전했지만, 나로서는 직장을 대하는 태도에 있어 커다란 터닝 포인트가 생겼다고나 할까. 잘해야 한다는 압박이나 분노의 감정의 세기가 약해졌을뿐더러 사람들과의 관계에서도 여유로워진 것이다.

그리고 흥미로운 것은 '백수다'에서 진행하는 특별활동이 회사 일과 매우 비슷했다는 점이다. 팀을 구성해서 이루어지는 일이라는 점, 그 안에서 다양한 갈등——이 일이 누구의 몫인지의 문제, 서로의 의견이 충돌하는 문제 등——이 발생한다는 점, 데드라인의 압박 속에서 일하기 때문에 스케줄 및 프로세스 관리가 중요하다는 점, 자발적으로 일을 만들어 내는 인간이 있다는 점(^^;) 등. 물론 아주 큰 차이점도 있다. 결과 자체가 아니라 일을 하는 과정 속에서 작은 것 하나라도 배울 수 있느냐가 중요하다는 점이다. 그래서 여기서 발생되는 문제들이 모두 공부로 승화(!)된다. 사실 일의 진행 과정에서 애로사항이 생기는 것이 당연한데도 회사에서는 문제에 부딪히면 엄청난 스트레스를 받았다. 이것이 공부가 될 것이라는 생각은 조금도 들지 않고 갈등을 일으킨 저 사람 때문에 짜증이 날 뿐이었다. 결과 지향적인 환경 때문이라고 생각할 수도 있지만, 장기적으로 봤을 때 일을 잘하는 간부의 대부분은 성공 사례만큼이나 다양한 실패의 경험을 가진 사람들이다. 실제로 회사에서도 어려움을 딛는 일이 배움이 된다는 것은 임원님의 지당하신 말씀으로 귀가 닳도록 들었고, 스스로도 잘 알고 있었던 사실이다. 그렇지만 그렇게 마음을 쓰지 않았던 것도 사실이다. 이걸 인정하니 불평불만이 좀 덜해졌다.

또 하나 인상적인 포인트는 감이당에서는 함께 공부하는 공간을 청소하고, 함께 먹을 밥을 짓는 일이 책을 읽고 글 쓰는 일보다 더 큰 공부라는 것이다. 이것이 바로 자립의 시작이다. 나는 외부적인 압력에 휘둘리는 것을 극도로 싫어하고, 누군가에게 의존적인 태도를 혐오했다. 그래서 회사에서도 상사에게 저항하는 모습이 정의롭다고 생각했고, 남자친구에게 지나치게 의지하는 친구들을 흉봤다. 그러나 청소하고, 밥 짓는 일이 자립이라면 난 초등학생 수준의 발달도 이루지 못한 것이나 다름없는 의존적 인간이었다. 피곤하다는 이유로 엄마에게 출퇴근 때에는 지하철역까지 차로 데려다 주고, 데리러 오길 요구하기 일쑤였다. 집에 돌아오면 옷은 아무렇게나 벗어서 던져 두었고, 식사 후에 설거지는커녕 소파에 눕기 바빴다. 엄마는 늘 "너 쫓아다니면서 치우느라 죽겠다"고 하셨는데, 나는 "나중에 내가 할 걸 뭐하러 급하게 굴어서 힘듦을 자처하냐"고 짜증으로 응수할 뿐이었다. 그러다 보니 처음에 감이당에서 밥을 먹고 그릇을 씻어 두거나, 일요일 오전에 공부하는 공간의 청소기를 돌리는 것을 당연한 척 할 때에 스스로가 이중적인 인간이라고 느껴져 마음이 무거웠다.

회사를 그만두고 감이당에서 지내는 시간이 길어지면서야 공간을 정돈하는 일이 자립과 밀접한 연관이 있음을 몸으로 느낄 수 있었다. 2년이나 드나들었지만 낯설고 불편했던 곳이 청소 횟수가 늘고, 밥을 짓는 일에 참여하면서 순식간에 예전보다 훨씬 편해진 것이다. 예전에 세미나 참석을 위해서만 드나들 때는 나도 모르게 당당하지 못하고 위축되어 있었다는 사실을 뒤늦게 인지했다. 생각해 보니, 내가 엄마에게 가사라는 채널을 통해 내 삶에 간섭할 여지를 스스로 활짝 열어 두고 있음을 알게 되었다. "내 나이가 서른인데, 왜 내가 내 인생을 엄마에게 허락받아야 하느냐"고 악을 쓰고 있었는데 이건 마치 가정부를 고용한 듯 "엄마는 내 인생에 간섭하지 말고, 방 정리나 해줘"라고 말하는 것과 다를 바가 없었던 것이다. "왜 내가 하는 일을 믿어 주고 응원해 주진 못할망정 저주를 퍼붓느냐"며 엄마 탓만 할 일이 아니었다. 엉뚱한 데서 독립을 외치던 내가 나빴다. 만약 내가 엄마에게 있어 주변을 제대로 돌볼 줄 아는 딸이었다면 중요한 인생 기로에 선 내게 보였던 엄마의 반응은 분명 지금과 달랐을 것이다.

지금, 여기에 설 수 있게 하는 공부

퇴사의 기회는 예상치 못한 가운데 찾아왔다. 갑작스러운 경영 환경 변화로 회사에 30% 이상의 인원 감축이 필요했던 것이다. 자발적 퇴사자는 기존보다 더 많은 퇴직금을 받을 수 있었다. 회사의 발표가 있자 나와 가까운 동료들은 한마음으로 나를 축하해 주었다. 내가 5년 내내 그만두고 싶다고 말하고 다녔기 때문이다.(^^;) 낯부끄러워서라도 회사를 계속 다니겠다는 생각을 하긴 힘들었다. 당시에는 엄청 당당한 척하며 사직서를 제출했지만 딱히 그런 것도 아니었다. 간절히 꿈꿔 왔던 것처럼 하드를 포맷하고 팀장님 얼굴에 사직서를 집어 던지기는커녕, 모두의 극진한 배웅을 받으며 심지어 헤어짐이 아쉬워 눈물까지 흘리면서 퇴직한 것이다. 어떤 면에서는 참 운명적인 퇴사가 아닌가 싶다. 만약 '백수다'에서 공부를 안 했는데 감정에 못 이겨 회사를 그만뒀다면, 지금 내 모습이 어땠을까. 아마 금방 이직을 해서 아직도 진짜 나를 찾지 못했다며 비슷한 감정의 패턴을 반복하고 있진 않았을까? 아니면 의대 편입 공부를 하면서 나이 때문에 조급해하거나, 어렵게 합격하더라도 커다란 환상과 현실 사이의 어마어마한 괴리감을 느끼고 있진 않았을까? 그래서 이런 생각이 든다. 내가 지금 이 자리에서 살자고 마음먹었기 때문에 퇴사의 인연이 만들어진 것이라고.

명확한 목표가 있는 삶을 비난함으로써 직업이 없는 나 자신을 합리화시키자는 것이 아니다. 그건 어딘가 있을 '진짜 나'를 발휘할

조건을 상상하면서 현실을 하찮게 여겼던 지난날을 반복하는 것일 뿐이다. 오히려 나는 직장인의 신분을 벗어난 지 얼마 되지 않았기 때문에 일시적인 해방감을 백수 생활의 낭만으로 오인하지 않도록 스스로 경계해야 한다. 실제로 지금의 나는 뚜렷한 직업을 통해 자신을 설명해 낼 수 없다는 점이 불편할 때가 있고, 가족에게 경제적 책임을 다하고 내 생활을 유지해야 하기 때문에 알바에서 잘리진 않을까 마음이 궁색해지곤 한다. 세미나를 준비하느라 시간에 쫓기고, '백수다'에서 맡은 역할로 괜히 마음이 바빠지기도 한다. 잘난 척하는 듯한 말과 행동이 불쑥 튀어나오는 것도 여전한 걸 보면 아직 스스로에 대한 이상에서도 완전히 벗어나지 못했다. 이 자아와 이상 세계에 대한 환상을 깨고 현재를 충실히 살아내는 것이 내가 지속해야 할 공부다. 즉, 내가 사는 꼬라지 그대로가 나라는 것을 아는 것부터가 내겐 공부이다. 그래서 직장 생활에서나 새롭게 들어선 길에서나 내가 해야 할 공부는 하나의 연장선 위에 있다. 그렇다면 직장의 테두리 안에 있느냐, 밖에 있느냐는 중요한 문제가 아니다. 지금, 이 자리의 나로서 존재해야 한다는 사실은 변함이 없다.

그리고 지금 나는 '백수다'에서 함께 공부하는 친구들과 새로운 청년백수들을 초대하는 여름 캠프를 준비하고 있다. 20~30대 청년 백수들이 한자리에 모여 삶의 고민을 탈탈 털어 봄으로써 그 고민에 붙어 있는 통념들도 탈탈 털어 버리자는 취지의 캠프다. 솔직히 직장인의 대부분은 최소한 스무 번쯤은 퇴사를 고민하지 않는가? 내 시간이 없는 삶에 회의해 보지 않은 이가 있을까? 예전에는 그래도 내

고민은 본질적으로 방향이 다르다고 생각했지만, 사실 누구나 하는 고민이었다. 그래서 나와 같은 고민을 하는 이들을 모아서 함께 '다른 길, 다른 관점'의 가능성을 모색해 보려는 것이다. 불과 몇 년 전만 하더라도 답을 찾아 이곳저곳을 기웃거리던 내가 이제 사람들에게 함께 답을 찾아보자고 제안해 볼 수 있게 되다니 감개무량한 일이다. 물론 내가 전과 비교해서 대단해졌다는 의미는 아니다. 나는 여전히 내게서 새로운 영역의 무식함을 발견하는 단계인 데다가, 생활 태도 역시 고쳐야 할 점투성이다. 다만 전처럼 혼자만의 고민에 짓눌려 있는 게 아니라 그것으로 인연을 만들고자 하는 시도, 고민의 새로운 활용법을 경험하고 있다는 점이 놀랍다. 심지어 이 캠프에 신청하는 청년들이 꽤 많다는 게 매우 신기하다.

그런데 이 캠프 준비 작업이 내가 회사에서 했던 직무와 거의 같다. 프로그램을 짜고, 행사 장소 세팅하고, 행사 대상자 관리하고 등등. 그래서 이 일에 임하는 나의 감정을 회사일을 할 때와 비교해 보면 그 변화를 실감할 수 있다. 당연히 프로그램의 의도나 성격이 완전히 달라서이기도 하겠지만, 이전과 비교하여 변화된 지점이 눈에 잘 띈다. 가장 큰 변화는 분노와 짜증의 빈도가 아주 많이 잦아들었다는 것이다. '에브리데이 앵그리 모드'에서 조금이나마 탈출할 수 있었던 것은 '백수다' 활동을 통해 갈등에 대한 관점이 바뀌었기 때문일 것이다. 갈등이 무조건 나쁜 것이 아니라 공동체 안의 관계에서는 필수불가결한 것이라는 것을 알게 된 것이다. 함께 살려면 싸워야 한다. 아니, 싸우는 게 함께 사는 거다. 그래서 내가 다른 사람에게 접속하는 것을 방해하는 습관들을 버릴 수 있다면, 그게 공부다. 어떻게든 나의 약점을 숨기면서 일의 결과를 잘 내는 게 중요한 것이 아니라, 일하는 과정에서 만천하에(?) 고스란히 드러나는 문제점을 만나는 것. 그래서 시원하게 욕먹고 그걸 극복하는 일을 반복하다 보면 스스로가 변할 수 있다는 사실을 함께 공부하는 여러 친구를 보면서 느낀다. 나도 이 캠프 준비 과정을 통해 그러한 변화를 느끼고 싶고. 이것이 바로 '나를 소외하지 않으면서 일하기'인 것 같다. 그럼에도 욕먹지 않기 위해 어떻게든 때우는 습관이 하루아침에 버려지지는 않는다. 그래도 그렇게 때우는 게 내 삶을 때우는 거라는 배움을 잊지 않으려 노력 중이다.

살 만해진 나

내게 많이들 묻는다. 그렇게 소원했던 백수 되니까 좋으냐고. 대답해 드리자면, 좋다. 살 만하다.^^ 그러나 그게 엄청나게 행복해졌다는 말은 아니다. '운동으로 아침을 열고, 해 떠 있을 때 카페에서 책 읽고, 평일에 여행도 가고 얼마나 좋을까?' 하며 온갖 상상을 다 했었는데, 그렇게 꽃길이 펼쳐지진 않았다. 일정한 시간에 잠들고, 일찍 일어나는 리듬을 지키는 그것 하나가 쉽지 않다. 그렇다고 남들이 걱정했던 것처럼 불안하고 불행해지지도 않았다. 특히 내가 회사를 그만두면 당장 입원이라도 할 것 같았던 엄마에게도 별일은 없다. 내가 생활비를 안 내는 것도 아니요, 방에 허구한 날 늘어져 있는 것도 아니요, 오히려 바쁘다고 얼굴 보기 어려운 건 매한가지인 데다 아침에는 청소와 설거지를 하고, 종종 운전기사 노릇도 하니 엄마 입장에서 손해 보는 장사는 아니다. 공무원 시험을 봐라, 빨리 결혼을 해라 끊임없는 잔소리 랩소디에 맞서야 하는 건 여전하지만, 이제는 내가 어차피 엄마 말대로 하는 사람이 아니라는 걸 알아 버리셨기 때문에 긴장감이 훨씬 덜하다. 그렇게 나는 엄마와의 감정을 조율하는 방법과 도대체 내가 어떤 꼬라지의 자식인지도 서른이 다 되어서야 제대로 배우는 중이다.

엄마뿐 아니라 다양한 관계에서 뒹굴어야(?) 나 자신을, 그리고 삶의 기술을 배울 수 있다는 걸 이제 알 것 같다. 이상적인 내 모습이 환상이라는 것도 인정한다(완전히 벗어나진 못했지만). 지금 이 자리가 영 별로라면, 그건 내가 영 별로인 사람이라는 것이다. 다른 데서 더 잘하리라고 생각하는 것은 착각이다. 그렇다면 굳이 직장을 벗어날 필요는 없지 않았느냐고? 맞다. 그 울타리 안에서도 불가능하지는 않았을 것이다. 하지만 내가 자꾸 직장을 삶의 핑계로 내세웠기 때문에 그것을 제거하면 내가 어떻게 살아가는지 실험을 감행한 것도 괜찮은 작전이었지 싶다. 이를 계기로 자의로, 또 타의로 크고 작은 삶의 조건들을 변화시키면서 다양한 나의 모습들을 만나고 싶다. 물론 절반 이상이 마음에 안 드는 녀석일 수 있겠지만, 아마 두려움도 있고, 설렘도 있고, 지루함도 있는 여정이 되리라! 직장을 그만두는 그 요란했던 과정처럼. 이렇게 나는 늘 배우고자 하는 마음을 품은 백수로서 지금, 여기를 더듬더듬 살아가고 있다.

솔직하게 살고 싶다

강진미

화려한 생활

방 두 칸, 푸세식 화장실, 실루엣이 훤히 드러나는 반투명 유리의 미닫이문. 그 문이 유일한 현관문이었던 집에서 네 식구가 살았다. 꼬마 둘이 자기에도 비좁은 방 안에는 아이러니하게 고가의 원목 피아노가 있었고, 집 앞에는 번쩍번쩍한 최신형 중형차가 세워져 있었다. 그렇게 화려함과 지질함의 공존 속에서 어린 시절을 보냈다.

TV 속에서 보여 주는 IMF 사태는 바로 우리 집의 일이었다. 아버지는 대기업을 다니다가 과일을 팔며 떠돌이 생활을, 어머니는 불어나는 카드빚과 연체 고지서를 들고 밤새 걱정하셨다. 이곳저곳 월세방을 전전하며 엄마의 '돈돈돈' 소리를 랩처럼 들어 오던 어린 시절, 나는 빨리 어른이 되고 싶었다. 17살에 자퇴서를 내고 세상에 뛰어들었다. 알바란 알바는 모두 전전하며 닥치는 대로 일했다. 돈을 가지고 내가 스스로 할 수 있는 것들이 많아질수록 돈에 대한 욕망이 커졌고, 어린 나이에 큰돈을 갖게 되니 씀씀이도 커졌다. 더군다나 '몸 하나만 있으면 어디 가서든 벌 수 있는 게 돈 아닌가?'라는 돈과 노동에 대한 한없이 가벼운 마음마저 생겼다.

시간이 흐를수록 이력서 빈칸은 다양한 직장으로 빼곡히 찼다. 그렇게 살기를 5년, 더 많은 월급을 위해 이 회사 저 회사로 이직하는 것도 지치기 시작했다. 사회는 있는 그대로의 나를 바라봐 주지 않았다. 스펙이 곧 나를 평가하는 잣대였다. 전문적인 직업의 필요성을 절실히 느껴 스펙을 쌓기 시작했다. 시절 인연이 맞아 떨어진 것인가? 근무하던 회사의 강사에게 서비스 강사를 해보지 않겠냐는 제의를 받았다. 운도 좋았다. 대기업의 사내 강사로 입사하여 임직원들 대상으로 강의하고, 여기저기 방방곡곡을 돌아다니기 시작했다. 내 이름으로 된 전셋집도, 매끈하게 빠진 차도, 그렇게 갈망했던 전문적인 직업도 갖게 되었다. PC방, 고깃집, 청원경찰 등의 알바를 전전하고 고시원 쪽방 살이부터 시작했던 내가 인생의 전환기를 맞이한 것이다. 이 행복한 시간들이 쭉 이어질 것만 같았다. 곧 절망 속에서 허우적대리라고는 꿈에도 생각하지 못했다.

무너진 생활

옷가게 알바하면서는 "언니", 은행에서 일할 때는 "진미 씨"로 불리던 호칭이 "강사님"이 되어 있었다. 알바에서 지금의 위치까지 내 힘으로 이뤘다고 생각하니 나의 자신감은 하늘을 향해 높이 솟아오르고 있었다. 서비스 강사로서의 삶을 잘 살아 보고 싶었다. 그래서 직업이 가지고 있는 이미지가 곧 '나'라고 생각하면서 살았다. 표정과 목소리는 친절하게, 행동은 단정하고 얌전하게 훈련했다. 휴일에도 정장을 갖추어 입고 높은 굽의 하이힐을 신었다. 서비스 매뉴얼이 몸에 배도록 끊임없이 연습했다.

이미지 연습뿐만 아니었다. 회사를 퇴사하고 프리랜서가 될 준비를 했다. 이제 다양한 사람들과 관계를 만들어 가는 것이 중요했다. 다양한 채널에서 나를 홍보하고, 비즈니스와 서비스 교육에 관련된 많은 모임을 찾아다녔다. 그곳에서 만난 사람들과 찍은 사진, 강의하는 모습 등등을 SNS에 올리며 사람들과의 교류에 더욱 박차를 가했다. 바쁘게 보내는 나의 일상에 관심을 두는 사람들이 생겼고, 나보다 훨씬 뛰어난 스펙과 재력을 가진 분들과도 알게 되었다. 소위 '잘나간다'고 믿었던 시절이었다.

하지만 새로운 인생이 열림과 동시에 비극도 시작되고 있었다. 포장된 나의 이미지를 계속 유지하기 위해 지출이 점점 과해지기 시작한 것이다. 지인들에게 생색내듯 술값, 찻값을 내는 일들이 많아졌고, 나중에 도움 될 사람들을 만나기 위해 각종 유료 세미나, 조찬 모임 등에 빠짐없이 참석했다. 씀씀이뿐 아니었다. 사업계획서 한 장 없이 몇 백의 운영경비만 달랑 들고 회사를 그만두었다. 거기다 개인 사무실도 덜컥 계약했다. 일사천리였다. SNS로 만난 한 경영 컨설턴트와 계약서도 작성하지 않고 동업을 시작하였다. 10년 전과 같은 패턴으로 다시 무모하게 세상에 뛰어든 것이다.

초반에는 그동안 닦아 놓았던 인맥이 빛을 발하는 듯했다. 나 같은 새내기 프리랜서에게 공공기관에서 규모가 큰 프로젝트를 제안했고, 강의도 점점 늘어났다. 그러나 이미지로 포장했던 나의 무능력한 모습이 서서히 드러나기 시작했다. 프로젝트와 예산 계획서만 작성하고 3개월 동안 공공기관 사람들과 협의만 계속 지속하다, 결국 실행하지 못하고 약속을 파기하게 되었다. 혼자서 할 수 있는 규모가 아니었는데, 나의 역량을 제대로 알지 못하고 덤벼든 것이었다. 엎친 데 덮친 격으로 동업하던 경영 컨설턴트와 임대료 문제로 갈등이 깊어졌다. 결국 3개월 만에 결별하게 되었다.

일련의 사건들을 혼자 감당하기 힘들어 마음의 여유가 좀처럼 생기지 않았다. 이제 강의하는 것도 즐겁지 않았다. 강의 횟수도 점차 줄어들었다. 오피스텔 월세, 사무실 임대료, 카드값을 메꾸느라 고군분투하고 있었다. 하지만 빚 독촉을 당하면서도 사람들에게는 나의 상태와 상황을 알리고 싶지 않았다. 빚은 있지만 품위를 유지해야 하는 아이러니한 일상 속에서 살고 있으니 몸과 정신은 더욱 피폐해져 가고 있었다.

모순 같았던 나의 어렸을 적 환경을 재현하고 있는 것이 아닌가? 이런 모습을 다른 사람들이 알게 될까 두려운 마음에 은둔생활로 나를 고립시켜 버렸다. 가끔 들어오는 강의가 아니면 집 밖으로 나가지 않았다. 오피스텔 창문은 모두 블라인드로 차단한 상태에서 끼니는 라면과 술로 대신했다. 그동안 열심히 돈 써 가며 날씬하게 유지한 내 몸은 점점 비대해지고 무기력해졌다. 프리랜서로 활동한

지 8개월. 남은 것은 무기력한 몸과 빚뿐이었다. 내 삶이 이렇게 피폐하고 곤궁한 상태가 될 줄은 상상조차 하지 못했다. 그동안의 화려했던 시간들이 다 꿈같았다.

생계형 자살에 관한 기사를 볼 때면 그들을 한심하다 생각했는데, 이제는 그들의 마음을 이해할 수 있었다. 이렇게 무기력한 삶을 계속 살다가 삶을 포기할 수도 있겠다고 생각이 들자, 지푸라기라도 잡는 심정으로 인문학 강의를 들었다. 거슬러 올라가 보면 강사가 되기 전에 공부를 통해 많은 힘을 얻었다. 목적은 달랐지만, 공부는 어떻게든 나를 변화하게 하는 힘이 있었다. '그래! 어떤 것이라도 배워보자!'라는 마음에, 꾸준히 접속했던 감이당 홈페이지에 들어갔다. 신기하게도 나를 사로잡는 프로그램이 있었으니 '백수다'였다. '공부해서 자립하고, 가진 것 없이도 당당하고, 돈 없어도 잘 살 궁리하는 곳'이라니. 이건 나를 위한 프로그램이었다. 어떤 것에 홀린 듯 신청문자부터 보냈다.

아무것도 잃을 것 없는 나에게 다른 시절 인연이 찾아왔다.

사건, 그리고 직면

'백수다'에 참여하기 위해선 '찐한' 상담을 거쳐야 했다. 무기력해진 몸을 이끌고 서울 가는 버스에 올랐다. 높은 구두를 신고 필동 언덕길을 힘겹게 오르며 Tg스쿨에 도착했다. 튜터 선생님과 인터뷰를 시작했다. '백수다' 프로그램에 대하여 설명을 해주신 후 왜 참여하고 싶은지, 그전에 하던 일은 무엇인지부터 하나하나 질문하셨다.

튜터: '백수다'에 참여하려는 이유가 뭐예요?

나: 그동안 서비스 강의를 했고, 사람들 간의 소통과 관계에 대해서 강의를 했었어요. 그런데 저야말로 사람들과의 관계가 딱히 원만하지 않더라구요. 이곳에서 그 원인을 찾고 관계를 맺는 방법에 대해 공부하고 싶습니다.

튜터: 이곳 공부는 자립이 목표예요. 생활비를 벌면서 공부해야 할 텐데 계획이 있나요? '백수다' 프로그램 마지막엔 여행도 있어요. 그 비용까지 자기가 마련하기로 했는데 가능한가요?

나: 월 3회, 많게는 5회 정도 강의가 매달 들어오는데, 회당 30~40만 원 정도 받아서 공부하면서 생계를 꾸리는 데 큰 문제가 되지 않을 것 같아요. 여행은 모아 놓은 돈이 있어서 갈 수 있을 것 같습니다.

백수들은 필동 주변에서 공동주거를 한다. 공부를 중심에 두고 밥값, 통신비, 월세 등 최소의 생활비를 벌기 위해 각자 알바 전선에 뛰어든다. 나는 주기적으로 들어오는 강의로 충분히 생활할 수 있다고 생각했고, 이곳에서 공부하기에 나의 돈벌이가 안성맞춤이라고 생각했다. '백수다'에서의 새로운 시작으로 나의 피폐했던 마음이 다시 생기를 되찾아 가는 듯한 기분이 들었다. 앞으로 많은 사건이 일어날 것이라는 예상은 하지 못한 채 기쁜 마음으로 서울로 올라왔다.

사실 튜터 선생님께 대답한 것과 달리 수중에는 방 한 칸 구할 돈도 없는 빈털터리 상태였는데, 다행히 감이당의 여자 기숙사인 '풀집'에서 게스트로 지낼 수 있게 되었다. 내가 앞으로 생활하게 될 공간인 Tg스쿨과 풀집에서 새로운 일상이 시작되었다.

　목요일과 일요일마다 Tg스쿨에서 '백수다' 프로그램을 듣고, 서울과 광주를 오가며 강의하면서 이곳 일상에 적응해 갔다. 그러나 2개월이 지나자 나의 문제들이 하나하나 드러나기 시작했다.

　첫번째 사건은 나의 생계비인 강의료가 체불되며 발생했다. 통장에 몇 만 원밖에 남지 않은 상황에서 다행히 다른 강의가 들어왔다. 수중에는 밥값밖에 없는 채, 강의를 마치고 광주에 있는 오피스텔로 돌아왔다. 풀집 식구들에게는 '강의 끝나고 저녁 차를 타고 바로 올라갈게요'라고 호언장담을 했지만, 약속을 지킬 수가 없었다. 입금될 날짜가 언제인지 모르고 기약 없이 일주일이란 시간을 광주에서 보내게 되었다. 차비가 없어서 못 올라간다는 이야기를 알량한 자존심 때문에 차마 하지 못하고, 개인 사정으로 늦게 올라간다는 메시지만 전달하고서 말이다. 그 사이에 강사료가 들어와, 일주일 만에 서울로 올라왔지만 이렇게 '갑작스러운' '계획에도 없는' 일들은 나에게 비일비재하게 일어났다. 매일 지켜야 할 나와의 약속이 점점 무너져 갔다.

　당시 나는 그것이 문제라고 생각하지 않았는데, 그런 내 태도를 문제 삼으며 풀집 멤버들이 전체 회의를 하였다. 처음엔 어리둥절했다. '일정이 바뀌면 미리 메시지로 연락을 다 했는데 뭐가 문제인 거

지?', '서로 부딪치지 않는 범위 안에서 내 공부하며 살면 되는 거 아
닌가?', '도대체 어떤 신뢰가 깨졌다는 거야?'라는 생각이 들었다. 풀
집 식구들이 나에게 하는 모든 피드백이 부정적으로만 들렸다. 더군
다나 공개적으로 내 문제를 드러내어 이야기하는 것도 처음이라 너
무 불편했다. 결국, 풀집 회의에서 이런 태도로 산다면, 앞으로 함께
살고 싶지 않다는 말을 듣게 되었다. 나는 다시 위기에 봉착하게 되
었다.

　엎친 데 덮친 격으로 드디어 생계에 문제가 생기기 시작했다. 그
동안 입금되지 않은 강의료가 누적되어 300만 원이나 되었다. 3개월
동안 입금이 되지 않자, 연구실 식당에서 먹는 밥값 2,000원도 못 내
고 굶게 되었다. '백수다' 멤버들은 이런 나의 상황에 대해 모르니, 멤
버들에게 나는 '원래 밥을 잘 안 먹는 사람'으로 되어 있었다. 굶고
있어도 돈이 없다고 말을 꺼내기가 자존심이 상했다. 난 입금이 안
되는 강의료를 독촉하면서, 언젠간 들어올 거라고 막연히 기다리면
서 혼자 속앓이를 하고 있었다. 그러다 풀집 게스트비까지 약속한 날
짜에 주지 못하게 되었다. 풀집 회계를 담당했던 한라에게 이 사실을
털어놓으면서 나에게 문제가 생겼다는 것을 연구실 사람들이 모두
알게 되었다. 상담에서는 여행까지 갈 수 있다고 호언장담하던 나에
게 이런 문제가 생기리라고는 튜터 선생님들은 예상하지 못했고, 다
른 친구들도 적잖이 놀랐다. 나를 온전하게 드러내지 않으며 관계 맺
고 있었던 모습들이 이 사건을 통해 적나라하게 드러난 것이다.

솔직하게 살고 싶어졌다

강사가 된 후 사람들에게 입버릇처럼 했던 말이 있다. 돈만 좇는 강사가 되고 싶지 않아! 진정성 있는 강사가 되고 싶어! 하지만 그렇게 말한 내가 너무 우스워 보였다. 이미 강의를 생계수단으로 삼으며 강의를 하고 있었기 때문이다.

다시 내게 질문을 던졌다. 과연 난 왜 강사라는 직업을 갖고 싶었던 것일까? 내가 정말 하고 싶었던 일이 맞을까? 그동안 강사로 활동했던 시간을 떠올려 보았다. 돈을 좇지 않는 진정성 있는 강사가 되고 싶다는 생각은 포장했던 내 욕망이었다. 남들에게 그럴싸한 철학이 있다는 사실을 보여 주고 싶었던 것이다. 솔직하게 말하자면, 내 주변에서 강사로 '억' 소리 나는 돈을 번다는 사람들을 부러워하며 나 또한 많은 돈을 벌고 싶었다. 이 직업으로 한 방에 인생역전을 바랐던 마음도 있었다. 하지만 겉으로는 그럴싸한 말들로 나를 포장하고 내 욕망의 실체를 사람들에게 숨기면서 살았다. 그 욕망이 사람들에게 드러나게 될까 봐 더욱 더 전전긍긍했다. 당면한 문제를 미사여구로 회피하거나 포장하면서 정면으로 바라보기를 두려워했다. 그것이 고질적으로 반복되는 내 삶의 실체였다.

'백수다'와 풀집에서의 사건을 겪으면서 지질한 나의 모습에 직면하게 되자 쥐구멍으로 들어가고 싶은 마음이 굴뚝같았지만, 이상하게도 마음은 너무나도 홀가분했다. 솔직해진다는 것이 이런 해방감을 주는 것이었나? 더 신기한 점은 멤버들이 내 사정을 알게 되자 도움을 주기 시작했다. 멤버들이 돌아가며 밥값을 내주었고, 튜터 선생님들과 풀집 언니들은 앞으로 내가 어떻게 살아야 할지에 대해 함께 고민해 주었다. 진정한 관계를 맺는다는 것이 이런 것인가? 적나라하게 드러난 내 모습을 보면서 심적으로 무척 힘든 시간이었지만, 그만큼 이 공간, 이 사람들과 전보다 훨씬 친밀해진 느낌이었다. 더욱 이곳에서 공부를 더 하고 싶다는 욕심이 생겼다. 내가 누구인지, 관계를 맺는다는 것이 무엇인지 더 알고 싶어졌다. 더해서 솔직해졌을 때 왜 해방감과 편안함이 생겼는지도 알고 싶어졌다.

새로운 공간과 새로운 사람들을 만난다고 해서 절대 내가 달라지지 않는다는 것을 관계 속에서 배웠다. 같은 사건들이 반복되는 것 또한 환경의 문제가 아니었다. 어릴 때는 모순 같은 우리 집이 부끄러웠다. 하지만 20년 뒤 모순 같은 삶을 살고 있었다. 그런 삶을 만든 것은 오로지 나의 문제였다. 그렇기에 남 탓할 필요가 없다. 나의 문제를 면밀히 바라보고 어떻게 삶을 재구성하여 살 것인가를 고민해야 하는 것, 나에게는 물론 나와 관계 맺는 사람들에게도 솔직해지려 노력하는 것, 매일의 삶을 계획대로 지켜내는 것이 이곳에서의 나의 공부다. 그것을 공부하며 수행하는 삶을 사는 사람이 백수가 아닐까? 그런 게 백수라면, 나는 이렇게 평생 백수로 살고 싶다!

'나를 받아들이는 연습' 중인 나

빈털터리가 되어 버린 나에게 튜터 선생님들은 공부보다 기본 생계를 유지하는 것이 먼저라고 말씀하시며, 고정적인 월급이 들어오는 일을 권유하셨다. 그동안 쌓아 온 커리어가 중단될 수도 있겠다는 걱정이 앞섰다. 하지만 내가 겪은 일련의 사건들은 내게 중요한 것이 무엇인지 직감적으로 깨우쳐 주었다. 그동안 살았던 삶의 패턴을 변화시키는 것이 필요했고, 예전과 다른 삶을 살기 위한 훈련이 필요했다. 공부할 시간은 충분히 가지면서, 에너지를 덜 소모하는 일을 찾다 보니 문서 작업을 다루는 사무 보조 업무가 제 격일 듯했다. 하지만 30대 초반의 나이에 사무보조 일을 구하기는 쉽지 않았다. 계속 떨어지기를 반복하다가 김포에 있는 중소기업에 들어가게 되었다. 그곳은 더할 나위 없이 지상 낙원이었다. 아무것도 할 일이 없었다. 공부하기에 최적의 조건이었고, 월급도 꽤 많았다.

하지만 세상은 호락호락하지 않았다. 아니나 다를까 3일째 되던 날 갑자기 이사님이라 불리는 분께서 커피를 사 주시겠다고 개인적으로 부르셨다. 뭔가 낌새가 이상했다. 아닌 게 아니라 내일부터 안 나와도 된다며 3일분 일당을 챙겨 주시는 것이었다. 일이 없다고 너무 좋아했던 것이 화근이었던가? 편하게 놀면서 돈 벌 수 없는 팔자구나, 라고 푸념하면서 다시 이력서를 넣었다.

지금은 한 대기업의 파견 직원으로 근무하고 있다. 공부하면서 충분히 생활할 수 있는 월급, 몸도 편하고 일도 많지 않아서 만족스럽다. 하지만 일복 많은 사람은 어쩔 수 없는 것인가! 입사 한 달 만에 근무하는 층에서 가장 높은 임원을 모시는 비서로 발령받았다. 솔직히 적지 않은 나이에 입사해 커피 타고, 설거지하고, 쓰레기통 비우고, 신문 갖다 드리는 온갖 잡일을 하는 일을 받아들이기가 쉽지 않았다. 예전 직업과 지금 나의 모습을 비교하면서 박탈감이 생기는 것은 어쩔 수 없었다.

그래서 지금 이곳에서의 생활로 지금의 나를 받아들이는 연습을 하는 중이다. 항상 새로운 것을 탐닉하고, 즉흥적이고 무계획적인 내가 제 시간에 맞춰 업무들을 하나하나 해나가고 있다. 내 자리를 치우고, 매일 아침 본부장님 드실 홍삼차를 타고, 9시가 되면 점심 예약을 하는 일들을 말이다. 이런 반복되는 일상에서 나의 습관의 회로를 바꾸는 연습을 하고 있다. 그랬더니 이게 웬일! 계획적인 일상의 결과가 드러났다. 지금보다 2~3배 많았던 월급을 벌어도 빚만 늘리고 있었는데, 이제는 훨씬 적은 월급으로도 빚을 갚아 나가고 있는 것! 월급을 쪼개서 매달 55만 원씩 적금을 넣고 있고 벌써 300만 원의 돈을 모았다.^^ 그런 변화만으로도 나의 일상이 조금씩 달라지고 있다는 것을 느낀다. 물론 관성의 법칙처럼 옛날 습관이 튀어나오기도 한다. 급작스러운 회식이 생기거나 연애를 하면서 여러 가지 변수들이 생기면 나의 중심은 갈대처럼 흔들리기 때문이다. 하지만 이곳에서 우정을 나누고 있는 '백수다'와 풀집 멤버들의 애정 어린 독설(?)이 있기에 갈대 같은 중심을 부여잡으며 공부를 하고 있다.

2. 백수의 공부

낡은 사유를 전복하려면 싸움의 기술을 터득해야 한다. 이 기술을 연마하는 것이야말로 공부다. 낡은 것과의 싸움은 곧 자신에게로 향할 터. 그래서 공부는 자신과 대결하기 위해 내공을 쌓는 일이다.

자기 존재의 지반으로부터 떠나려면 폼 나는 공부만 해서는 안 된다. 청소, 밥당번, 낭송, 필사는 물론 공동주거, 푸닥거리(멤버들의 현 상황과 마음을 진솔하게 털어놓고 서로에게 아낌없이 조언[혹은 욕]해 주는 시간), 몸부림(산책, 108배, 요가, 달리기), 각종 활동들(홍보팀, 기자단, 여행팀). 일상의 거의 모든 것이 내공을 쌓는 공부가 된다. 여기에 철학부터 문학, 한문, 과학, 한의학, 사주명리학에 이르기까지. 경계를 가볍게 넘나드는 내공은 이 잡스러운 배움으로부터 만들어진다.

이 싸움의 기술을 터득하는 공부의 핵심은 몸이다. 몸은 낡은 사유의 틀이자 새로운 사유의 출구이기 때문이다. 하여, 이 몸의 용법을 전환하는 것. 그것을 통해 존재를 변화시키는 것. 이것이 자기로부터 떠나는 백수의 공부법이다.

우리의 공부법 중 하나인 낭송! 낭송Q시리즈를 홍보하는 동영상을 찍던 날이다. 한복을 곱게 차려 입은 『변강쇠가』의 옹녀는 남자 백수 병선. 연구실에서는 남녀가 뒤바뀌는 일이 자주 있다.^^ 그런데 덩치가 산만 한 병선을 여장하여 옹녀로 만들어 놨더니 목소리까지 새침한 옹녀로 완벽 변신! 나…낭송의 힘인가?

『안티크리스트』를 읽다가 책이 너무 어려워서 튜터 선생님들에게 항의했던 에피소드로 감이당의 축제 중 하나인 낭송Q페스티벌에 나갔다. 『주자어류』와 함께 공부법에 대해 낭송해서 (무려!) 2등을 수상했다.

백수다는 몸을 쓰는 프로그램이다. 108배는 다양한 '몸부림 프로젝트' 중 청년들에게 하심(下心)과 근기를 길러 주는 운동법이다. 백수들은 새벽 혹은 자기 직전에 108배를 하면서 하루를 시작하거나 닫는다. 무엇보다 빠뜨리지 않고 100일 동안 마음을 지켜 내는 것이 관건이다.

백수다의 1년치 계획표다. 우리는 '심심한데 뭐 할 게 없을까' 하고 고민하지 않아도 된다. 너무 빡빡해 보여서 언제 노는지 궁금하실 거다. 하지만 놀 건 다 놀고 공부할 건 또 다 한다. 우리에게 1년은 짧다!

『가난뱅이의 역습』을 읽고 서울에서 강원도 함백을 향해 돈 한 푼 없이 떠나 본 무전여행. 여자 백수 3인방의 무전여행은 사람들의 따뜻한 도움으로 무사하게 끝났다. 길을 나서 보니 가진 것 없이도 뭔가 해보려는 청년들을 응원해 주는 사람들이 많았다.

공부 초짜의 수난기

고주혜

어릴 때부터 사람들은 마르고 연약해 보이는 내 체구에 어울리는 치마나 구두를 추천했지만 나는 그것과는 정반대의 것들에 매력을 느껴 왔다. 바비인형보다 비비탄 권총 장난감을 가지고 놀고 싶었고, 또래 여자아이들에게는 늘 남자 같다는 말을 들으며 자랐다. 자라면서 인식하는 '나'라는 사람은 어딘가 남들과 '다른' 사람이었다. 그 다름은 늘 크고 작은 스트레스를 주었고 소외감이나 외로움을 느끼게 했다. 나는 늘 이런 나를 위로해 줄 수 있는 것들을 찾아 왔고, 위로해 줄 수 있는 사람이 되고 싶다고 생각했다.

그러던 차, 사회가 만든 틀에 나를 억지로 구겨 넣지 않아도 된다고 말해 주는 책을 발견했다. 고미숙 선생님의 책과 강연 영상을 보며 처음으로 책이 나를 위로해 줄 수 있다는 걸 알게 됐다. 나처럼 살아도 되는구나! 나를 더 주장하며 살아도 되겠다는 힘을 얻게 되자 공부를 해봐야겠다는 욕심이 생겼다. 공부하면 더 많은 위로를 받으며 나를 긍정할 수 있으리라 믿었다. 지난 을미년(2015), 그렇게 자립을 외치며 '백수다'에 접속하게 되었다.

백수들의 난, 작은 봉기 사건

'백수다' 한 해 공부의 첫 관문은 니체의 『안티크리스트』 강독이었다. '헐…. 이게 도대체 무슨 말이고?'를 연발하며 혼란의 구렁텅이에 빠진 나는 소리쳤다. "아니, 공부 초짜들을 위한 수업이라더니 왜 이렇게 어려운 책부터 읽는 거야!" 지성의 문턱에만 진입하면 모든 게 해결될 거라 믿었는데…, 이 '공부'라는 것이 새로운 고난과 번뇌의 시작이 될 줄이야!

처음의 설렘과 기대는 온데간데없고 튜터 선생님들이 원망스럽기 시작했다. 니체 하나 읽기만도 버거운데 매주 암송을 해 가야 하고, 매주 한 권씩의 책을 읽어 가야 하는 일은, 먹고살기도 바쁜 우리 초짜 백수들에게 너무 가혹한 것이 아닌가. 우리를 정말 백수 중에서도 상 백수로 여기지 않고서는 이렇게까지 많은 걸 요구할 수는 없다는 불만이 가득했다.

그렇게 세미나 때마다 단 한마디도 하지 못하고 속에 불만만 가득했던 어느 날, 발제를 맡아야 할 차례가 왔다. 그냥 읽어만 가는 것도 버거운데 앞에 나와서 설명까지 하라니. 내 차례를 기다리며 그야말로 똥줄이 타고 있는데 아니나 다를까 그날도 내 앞 타자는 튜터들에게 신나게 까이고 말았다. 책을 읽어 오는 태도는 물론이며 평소 생활하는 모습까지 속속들이 지적을 받는 것을 보며 긴장한 나는, 급기야 내 차례가 되자 세미나 중단을 요청했다. 잠시 호흡 고를 시간을 달라고 한 뒤, "아니, 클래식도 평소에 듣던 사람한테나 들리지 나 같은 공부 초짜한테 이 책은 클래식이나 다름없어요. 좀더 쉬운 책부터 읽으면 안 돼요?" 내 쪽에서 선빵(?)을 날린 것이다. 안 그래도 그냥 순응해서 살기를 거부하는 이들이 모였으니 하란다고 군말 없이 따라할 리도 만무할 터. 힘겹고 힘겨웠던 우리의 속사정은 아는지 모르는지 왜 책을 제대로 읽어 오지 않느냐고 마구 타박을 해대시니 이 억울한 마음이 안 터지고 배기랴. 그러자 처음엔 멀뚱히 지켜만 보던 백수들도 점차 한두 마디씩 보태기 시작했다. '책을 어떻게 읽어야 할지 모르겠다!', '암송은 왜 하는지 모르겠다. 암송을 없애자!' 등등.

니체의 책에 따르면 예수가 활동하던 당시의 사람들은 그를 기존 사회 질서에 대한 '봉기'를 일으킨 자로 이해했다고 한다. 우스갯소리로 이날 이후 나는, '백수다'의 기존 질서에 대한 '작은 봉기'를 일으킨 주모자로 이해, 또는 오해되고 말았다. 그리하여 우리는 이날의 일을 '백수다 작은 봉기 사건'이라 명명하기에 이르렀는데, 이 코딱지만 한 사건에 재치 있는 이름을 붙이고 나니 이 사건은 '백수다'에서 빼놓을 수 없는 중요한 역사적 사건이 되어 버렸다.

그도 그럴 것이 공부라곤 학교 다닐 때 그저 암기해서 시험 치는 정도로만 해왔던 내가 혼자 텍스트를 만나고 해석하는 일이 쉽게 될리가 없었다. 한 페이지를 그냥 읽기만 하는 데도 몇 시간이 걸렸다. 시간에 쫓겨 허겁지겁 읽어 가기만 바쁘다 보니 계속 소화불량인 상태로 세미나에 참여했다. 한 번 체한 음식은 다시 먹기 싫어지는 법. 나는 어서 빨리 다음 시즌이 와서 니체를 떠나보내고 싶은 마음뿐이었다.

달콤한 위로, 안녕!

일단 공부만 하면 달콤한 위로에 파묻혀 도반들과 진지하게 삶과 인생을 논하며 청춘을 만끽하게 될 거란 기대를 품었었다. 그러나 현실은 일과 공부 사이에서 파김치가 되어 잠자리에 드는 나날의 연속이었다. 지나고 보니 공부를 한다는 게 원래 그런 일이었다. 실오라기 한 올 걸치지 않은 자신을 들여다보고 직면하는 일. 내가 남보다 특별하다거나 혹은 남보다 더 불쌍하다고 느끼며 감상적이 되지 않도록 나를 객관적으로 바라보게 하는 일. 그런데 이 과정이 정말 잔인하고 바늘로 콕 찌르는 것처럼 따끔할 때가 많은 것이다.

두번째 시즌에 우리는 『동의보감』을 공부했는데 『동의보감』 공부가 딱 그랬다. 한의학을 배우니 내 몸의 상태를 통해 내 마음의 상태를 적나라하게 볼 수 있었기 때문이다.

아! 내가 간이 안 좋구나! 하고 확실하게 느끼는 때는 아무래도 심리적으로 스트레스 받을 때인 거 같아요. 막 가슴이랑 복부가 막 답답해지거든요. 여기가 막 답답해지면서 한숨이 절로 나오는 거죠. 하, 안 그래도 요즘 한숨을 진짜 많이 쉬게 되는 거 같습니다…, 하, 도담 선생님(감이당의 의역학 튜터 선생님)이 어제 쓰신 글을 보니까 간기울결의 가장 큰 원인은 스트레스 때문이라고 하시던데요. 제가 스트레스 받는 이유를 생각해 보니까 결국엔 역시나 언제나 제 욕망의 회로로 연결이 됩니다. 곰곰이 생각해 보면 **'아 이래서 내 몸이 곧 마음이라고 하는구나.'** 이해가 되는 거 같아요.

처음엔 왜 『동의보감』을 공부하는지 의아했었거든요. 그리고 주변 사람들도 동양철학 공부는 이해하는데 『동의보감』은 왜 공부하는지 궁금해하더라고요. 한의사 되려고 그러냐는 반응도 있었고. 근데 이제 좀 알 것 같아요. 몸을 공부하는 게 곧 마음을 공부하는 거고. 그러니까 뭐 예를 들면 **'나는 보통 사람들이 욕망하는 것이랑 달라. 그런 욕심 같은 것 없어'**라고 말하면서 성질은 더러워가지고 화를 막 내고 다니고 그러면 그게 진짜 모순적인 거더라고요.('백수다'『동의보감』미니강의 대본[*])

편한 사람들 앞에선 화를 잘 내고 깡마른 몸을 가진 나. 밖에선 마른 몸이 부러움을 사지만 연구실에서 나는 살을 찌우라는 말을 정말 수도 없이 들었다. 한의학 논리에 따르면, 마른 몸은 정精이 부족하기 마련이고 정이 부족하면 나와 다른 것들을 잘 받아들이지 못하기 때문이었다. 나와 다른 타인을 잘 받아들이지 못하니 늘 빽빽 소리를

---

[*] '백수다' 시즌 2 때에는 튜터 선생님들이 우리 백수들에게 직접 『동의보감』 강의를 맡겼다. 이 글은 그때 내가 강의를 준비하며 작성한 대본이다.

질러 대고, 내가 존중받지 못한다고 느끼면 온몸이 뒤틀리는 갑갑함을 느꼈다.

아아, 돌이켜 보면 '백수다'는 위로는커녕 뼈아픈 시간이었다. 하지만 싫어하는 것들은 죽어라 피해 가며 27년을 살아온 몸이, 어떻게 하면 다른 이질적인 것들을 받아들이고 살 수 있는지 몸을 통해 구체적으로 배우는 시간이었다. 어쩌면 사람들 틈에서 내가 느껴온 소외감이나 이질감의 원인이 그들이 아닌 나에게, 구체적으로는 나의 신체에 있을 수 있다는 시야를 가지게 된 것이다.

공부는 종교가 아니다

퍼포먼스 극단의 단원으로 춤을 추고 있는 나는 공연이 생업이 되기를 꿈꾸며 매일 연습과 공연을 해야 한다. 당시 나는 춤과 공부를 병행하기 위해서 비교적 시간 활용이 자유로운 장애인활동보조 일을 하고 있었다. 이 또한 쉽게 할 수 있는 일은 아니다. 그와 동시에 감이당이라는 공동체에서 생활하는 일은 내게 엄청난 밀도를 요구하는 일이었다. 텍스트를 읽고 이해하는 것은 물론 사람과 사람을 둘러싼 모든 일상이 공부 거리였다. 결국 공부 초짜라는 건 인생살이 초짜나 다름없다는 말이다. 삶과 공부 그리고 춤이 자연스럽게 하나의 맥을 같이 해야 하는데 그렇지 못했다. '백수다'에 오기 전엔 엄마가 해주는 집 밥에 배부르고 등 따시게 생활하며 취미 활동하듯 춤을 췄다. 이제는 생계유지를 위해 일을 해야 하며 꿈을 위해 춤을 추고, 매주 정해진 분량의 공부를 해나가고, 거기에 공동체 일원으로 내 행동에 긴장하며 살아야 한다. 특히 공동주거를 하면서 생기는 생활의 긴장감이 게으른 나를 채찍질해 주기도 했지만, 한편으론 독립된 공간에서 완전히 풀어지는 시간이 간절해지곤 했다.

공동주거를 하며 같이 사는 도반들이 가족만큼 편해지다 보니 나도 모르게 가족을 대할 때처럼 예의없이 행동하게 될 때가 많았다. 공동체 밖의 관계에선 서로 불편한 마음을 털어놓지 않고 대충 넘어가는 경우가 많지만, 이곳에선 마음에 담아 두는 일 없이 자신들이 느낀 불쾌한 감정을 털어놓는다. 내가 의식하지 못했던 나쁜 버릇이나 습관을 들킬 때면 쥐구멍에라도 숨어들고 싶다. 그럼에도 계속 얼굴을 보며 한 집, 한 방에서 생활하는 일은 심리적으로나 체력적으로 여간 어려운 일이 아니었다. 하기 싫다고만 생각했던 일이지만 해야 하는 일, 내가 생각하는 우선 순위를 제쳐 놓고 공동체의 멤버십을 위해 나의 시간을 바쳐야 하는 일 등이 순간순간 화딱지가 나도록 마음을 요동치게 했다. 위로받고 힘을 얻기 위해 공부하러 왔는데 왜 이렇게 힘이 드는 것이냐는 푸념을 입에 달고 살았다. 그런데 나는 왜 내가 당연히 위로받아야 하는 존재라고 여기게 된 걸까?

'백수다' 1년의 과정을 마치고 여행을 떠나서야 그 답을 얻을 수 있었다. 여행하면서도 불편한 마음이 불쑥불쑥 올라왔다. 여행 중에 그 나라의 가난한 노동자들을 만날 때면 정말 마음이 불편했다. 나 혼자 그들을 연민하고 있었던 것이다. 때마침 여행에서 읽을 책으로 니체의 『안티크리스트』를 가지고 갔었는데 펴 볼 엄두를 내지 못하고 있었다. 여행의 중반부에 이르러서야 겨우 책을 펼쳤는데, 니체는 생에서 연민이라는 감정만큼 위험한 것이 없다고 말하고 있었다. 니체는 연민이 덕이 아니라고 말한다. 연민이야말로 생명의 에너지를 총체적으로 손실시키는 일이라고. 이 연민이 종교에 의지하도록 하고 있다고 말이다. 그렇다. 나에게 연민은 자연스럽게 일어나는 감정이었다. 이 감정이 당연하지 않다는 걸 처음 깨달았다. 내가 느낀 감정은 사실은 자기에 대한 연민의 투사였던 것이다.

독일어 Mitleiden은 연민, 즉 함께 괴로워함을 의미한다. 니체는 이렇게 함께 괴로워하는 것이 쓸데없이 고통을 배가倍加할 뿐 아니라, 사람들로 하여금 스스로를 역경을 이겨낼 힘을 갖추지 못한 존재로 여기게 함으로써 무력하게 만든다고 보고 있다. 이와 관련하여 니체는 연민은 본질적으로 자기연민이라고 말한다. 우리가 거지를 보면서 불쌍하게 생각하는 것은 자신도 거지가 될 수 있다고 생각하면서 그런 처지가 될 경우의 자신을 불쌍하게 보기 때문이다. 이에 반해서 자신은 전혀 거지가 될 가능성이 없고 어떤 어려운 상황도 의연하게 극복할 수 있다고 자신하는 사람은 다른 사람들에 대해서도 그다지 연민을 품지 않게 된다. 자신의 경험에 비추어 다른 사람들도 충분히 각자의 상황을 스스로 개척해 나갈 힘이 있다고 보기 때문이다. 이 점에서 니체는 연민이란 본질적으로는 인간이 자신을 무력한 존재로 비하하기 때문에 생기는 현상이라고 보고 있다.(프리드리히 니체, 『안티크리스트』, 박찬국 옮김, 아카넷, 2013, 24쪽)

살면서 늘 어렵고 힘든 일투성이였던 나는 늘 위로받아야 한다고 생각해 왔다. 공부하면서 지난 1년간 나의 태도가 그랬다. 마치 종교에 의지하듯 공부했기 때문에 공부가 힘들게만 느껴졌던 것이다. 힘들고 어려운 문제에 부딪혀 직면하기보다 그냥 덮어 두고 위로받고 싶었다. 나의 변화는 원하지 않으면서 따뜻한 위로의 말만 구하고자 했다. 하지만 백수로 살며 공부한다는 것은 자기에 대한 연민을 과감히 내던지는 일이었다.

살면서 일상의 사소한 일들 앞에서도 나는 자주 연민의 정서를 느끼곤 했다. 어려운 일을 당면했을 때 뚫고 나갈 수 없을 거란 막연한 막막함은 나 스스로를 우울하고 초라한 사람으로 바라보게 했다. 그리고 아예 그 일을 하기 싫게 만들었다. 시작할 때는 마구 의욕적이었다가 그 과정에선 또 만성 무기력감에 시달리는 이 지긋지긋한 패턴! 춤을 출 때도 마찬가지였다. 막히면 뚫릴 때까지 추는 것이 아니라 새로운 자극이 오기만을 기다렸고, 그래서 슬럼프가 주기적으로 찾아왔다.

이제 어떤 경우에도 나 자신을 연민하거나 타인과 약한 것들을 연민하면서 감상적이 되지 않으려 노력한다. 그러나 잘은 안 된다. 나를 연민하고 주변 사람들을 연민하게 되는 순간에 니체가 큰 힘이 되다니. 죽어라 읽기 싫었던 텍스트가 내 삶에 들어오는 경험을 한 최초의 경험이다. 이 사실 하나만으로 지난 1년간의 공부가 헛되지 않았음을 알게 되었다.

'백수다'
그 이후

여전히 니체를 다 읽지 못한 나, 그럼에도 불구하고…

덧붙여 고백하자면 나는 아직 『안티크리스트』를 끝까지 읽지 못했다. 여행하면서 한 권의 책을 다 읽는 일이 쉬운 일이 아니라는 핑계를 대고 싶지만, 처음만큼 내 신체가 니체를 거부하지 않았다 뿐이지, 니체는 술술 읽히는 텍스트가 단연코 아니었다. 물론 모두 변명일 뿐이다. 공부 초짜가 그동안의 어려움을 딛고 1년 뒤엔 니체에 푹 빠져 책을 끝까지 읽었다…는 마무리가 가장 드라마틱하겠지만…, 못 읽었다. 지금도 여전히 나는 공부 초짜이며 쉽사리 니체의 다른 책들을 읽어 볼 엄두를 내지 못한다.^^ 게다가 지금도 여전히 자기 연민과 무기력증에 빠져 허우적거린다. 하나 다행인 건 예전에 비해 그 시간이 많이 줄었다는 것이다. 나에게 니체는 자기 연민의 정서에 속지 말라고 말해 준 최초의 인물이다.

자기 연민을 내던지자는 다짐이 가장 크게 발휘됐던 사건은 올해 3월에 아빠가 돌아가신 일이다. 나는 지난 십수 년을 아빠를 보지 않고 살았다. 아빠가 보고 싶지 않았다. 아빠가 언제 떠나도 아무렇지 않을 거라고 생각했다. 그런데 차갑게 식은 아빠를 마주하며 후회가 밀려왔다. 장례식장에 온 아빠의 지인들은 아빠가 살아생전 너희들이 찾아오기만을 얼마나 기다렸는데 어떻게 그럴 수 있냐며 오빠와 나를 원망 어린 시선으로 바라보았다. 후회해도 이미 늦은 일이었다. 갑자기 돌아가신 아빠의 영정 사진은 급하게 운전면허 사진으로 대신했다. 사진 속 아빠 얼굴이 너무나 외롭고 애처롭게 보였다. 장례식을 치르며, 아빠가 홀로 죽음을 맞이했다는 생각, 괴로워하며 우리를 매일 그리워했을 거라는 연민의 감정이 나를 휘감았다. 아빠가 너무 불쌍했다. 오빠는 언제부턴가 아빠 얘기를 꺼내는 것조차 싫어할 만큼 아빠에게 마음을 닫았었다. 그런 오빠가 오열하며 괴로워하는 것을 보니 마음이 더욱 아팠다.

장례식 내내 어떤 경우에도 연민은 불필요하다 했던 니체의 말이 떠올랐다. 떠나보내는 슬픔 외에 내 안에 과도한 죄책감이 올라올 때면 스스로 더 객관적으로 바라보려 노력했다. 그 사실 하나만으로 '백수다'에서 공부하기를 잘했다는 생각을 했고, 처음으로 그리고 진심으로 이런 공부를 할 수 있게 도와준 인연의 장이 고마웠다.

아빠의 집을 정리하면서 아빠가 나름의 방식으로, 나름의 질서로, 특유의 세심함으로 하루하루를 잘 사셨다는 생각이 들었다. 물론 진작 찾아 뵈었으면 좋은 친구가 되었을 거라는 아쉬움과 후회는 지금도 여전하다. 49재를 치르고 마지막으로 아빠 영정 사진을 태우기 전에 아빠 얼굴을 쳐다보았다. 희한하게 사진 속 아빠 얼굴이 처음으로 편안하게 보였다. 그리고 마음이 홀가분해지는 걸 느꼈다. 오빠는 시간이 흐른 지금도 아빠 때문에 괴로워한다. 장남으로서 도리를 하지 못한 것에 대한 후회가 남다르리라. 아빠에 대한 연민은 모두 자기에 대한 연민에서 출발한다. 아빠는 아빠의 인생을 사셨다.

특히 어렴풋이나마 사주팔자와 나를 둘러싼 오행의 흐름, 그에 따른 배치를 알게 되면서는 더욱 모든 일이 자연의 순리라는 생각을 하게 된다. 기운의 마주침이 불러온 자연스러운 변화와 우연 덕분에 가슴 아픈 일, 기쁜 일 그리고 덤덤한 일상이 이어질 수 있다. 백수로 산다는 건 나를 괴롭히는 감정으로부터의 해방을 위해 코피 터질 정도로 뛰어들어 따지고 공부하는 일이었다. 그래서 세상과 좀더 '찐하게' 관계 맺으려는 노력이다. 그냥 한마디로 진짜 엄청 힘든 일이었다. 지금은 '백수다'에서 공부하지는 않지만 1년을 백수들과 지지고 볶았던 경험이 나를 한층 성숙시켜 준 것은 분명하다. 다시 한번 고백하지만 나는 여전히 공부와 세상살이에 초짜다.

들꿩으로 살아남기

우보름

헬조선에서 살아남기

작년 한 해 동안 신문에는 연일 '헬조선'에 관련된 헤드라인들이 신문 지면을 장식했다. 요즘은 한국을 두고 지옥 같다고 표현하는 것만으로도 부족했는지 망해 가는 조선이라는 뜻의 '둠Doom조선', 매일 전쟁하는 조선이라는 뜻의 '워War조선'이라고까지 비꼰다. 그리고 한국에서는 희망이 없다며 이민을 꿈꾼다. 하지만 한국을 벗어나도 마찬가지다. 절망적인 세태는 전 세계적으로 나타나고 있다. 유럽에서는 한 달 힘들게 일해도 1,000유로밖에 못 버는 '1,000유로세대'라는 말이, 미국에서는 버는 돈도 없고 직장도 없고 가진 돈도 없다는 뜻의 닌자(NINJA: No Income, No Job or Asse)세대라는 말이 회자된다. 절망의 시대는 세계적이다. 더 이상 회피할 곳은 없어 보인다. 하지만 이러한 시대에서도 사람들은 어떻게든 살아간다.

　우리 주변에서 흔히 볼 수 있는 사람들부터 둘러보자. 대부분은 사무실과 집을 오가며 불금을 낙으로 살아가는 불나방 직장인들이다. 그들의 생존 스킬과 신체를 살펴보자. 그들은 자신을 착취함으로써 돈을 버는 생존 기술을 가지고 있다. 커피와 술을 동력 삼아 움직이기 때문에 커피와 술에 매우 의존적인 태도를 보인다. 과도한 업무량으로 인한 스트레스를 과음과 과식으로 해소하기 때문에 24시간 쉬지 못하는 신체에 과부하가 걸려 있다. 얼굴과 가슴팍은 붉은 빛을 띠고 대체로 아랫배가 나와 있다. 매사 수동적인 태도로 일관하는데 이는 근육량이 부족해서이기도 하고 대부분의 에너지를 해야만 하는 일 처리에 사용하고 있기 때문이다. '인내'라는 덕목으로 스스로를 기만해야 하는 업무 내용 때문에 영혼이 고갈되어 있으며 그로 인한 공허를 느낀다. 평일 내내 시달리다가 회사에서 풀려나는 시간이 되면 불나방처럼 네온사인 가득한 거리로 쏟아져 나온다. 그리고 공허함을 채워 준다는 기업의 광고에 홀려 돈을 소비한다. 그러곤 소비한 만큼 다시 돈을 벌기 위하여 회사에 출근한다. 돈을 벌다가 고갈되고 그 허무함을 메우려고 돈을 소비하는 악순환에 속에서 그들은 더욱 메말라 간다.

한편 취업난에 휩쓸린 한국의 흔한 백수들을 살펴보자. 이들은 어린 시절을 의자에 앉아서 보냈다. 좋은 대학을 가기 위해, 그리고 어떤 이들은 이른바 '만렙 스펙'을 찍기 위해서 말이다. 외모를 살펴보면, 하얀 피부와 근육 없이 매끈한 다리를 자랑한다. 캥거루족 등으로 불리며 캥거루 새끼처럼 부모에게 의존적인 신체를 가진 그들도 어마어마하게 괴로운 생존 기술을 가지고 살아간다. 그 기술은 바로

'준비'다. '준비'란 곧 '공부'다. 그들은 기술을 사용해 취업 준비라는 빨대를 부모 등에 꽂고 살아간다. 공부한다며 용돈을 타서 쓰고 눈칫밥으로 연명한다. 동시에 죄의식과 압박감에 시달린다. 무능한 자신을 탓하며 책상 앞에 앉아 대부분 시간을 보내는 그들은 점점 더 무기력해진다. 부모는 부모대로 자신을 희생하여 자식을 등에 짊어지고 살아간다. 자식은 부모를 위해 희생하고 부모는 자식을 위해 희생한다. 집집마다 희생의 악순환이 곳곳에서 일어난다.

우리 야생 백수들의 생존방식에 대해서 들어 볼래?

여기 악순환의 고리 속에서 탈주하고자 하는 자들이 집을 나왔다. 이들은 자신의 힘으로 생존하려 한다. 필요한 만큼 벌고 각자 돈을 모아서 잘 곳을 마련했다. 당번을 정해서 돌아가며 밥을 해 먹는다. 그리고 모여서 공부를 한다. 새장을 거부하는 들꿩과 같은 우리 '야생 백수'들의 이야기다. 우리들은 고전의 텍스트들을 나침반 삼아 새로운 길을 만들 것이다. '인구론'(인문계 90%가 논다.), '문송'(문과라서 죄송합니다) 시대에 고전을 공부하는 것이 생존에 어떤 도움이 되냐고? 보아하니 우리처럼 대안적인 삶을 모색했던 백수 선배들이 오래전부터 존재했던 듯하다. 선배 백수들의 이야기에서 길을 찾아보자. 여기 그중 하나 백수의 대선배 장자가 이야기한다.

들꿩은 열 걸음 걸어야 모이 한 번 쪼고, 백 걸음 걸어야 물 한 모금

마실 수 있습니다. 그래도 새장 속에서 길러지기를 바라지 않습니다. 먹이를 찾는 수고로움이야 없겠지만 자유롭게 살려는 본성에는 맞지 않기 때문입니다.(장자, 『낭송 장자』, 이희경 풀어읽음, 북드라망, 2014, 101쪽)

장자는 들꿩은 정규직이라는 새장에서 배부르게 살기보다는 본성대로 자유롭게 살아야 한다고 말하고 있다. 생물체는 신체에 따른 생존기술을 가진다. 야생 백수가 추구하는 신체는 다르다. 삶을 대하는 의지와 태도도 다르다. 새장에서 탈주하고자 하는 이들은 어떤 사고방식과 신체를 연마해야 할까?

야생 백수들의 생존 기술 1. 모여 살기! 개인의 신체를 공동체의 신체로!

여러 생물은 무리를 이루고 산다. 자연적으로 비슷한 무리는 비슷한 환경에서 발생하기도 하고 군집을 이루어야 생존 확률이 높기 때문이다. 야생 백수들도 모여서 군집을 이루었다. 이들은 '백수다'라는 프로젝트로 부족을 만들어 함께 공부하며 삶의 기술을 연마한다.

6시 30분 알람이 울린다. 눈을 뜨자마자 비몽사몽 「보왕삼매론」 낭송을 시작한다. 같이 사는 도반들과 공통의 리듬, 공통의 감각을 가지기 위해 여름부터 모닝 낭송을 시작했다. 낭송이 끝난 후에는 서로의 공부가 잘되기를 기원하는 마음으로 함께 절을 한다. 그리고 대충 눈곱을 떼고 옷을 주워 입는다. 몸부림 프로젝트의 일환으로 요가를 선택한 사람들은 깨봉빌딩으로 향한다(세수 따윈 하지 않는다). 7

시 30분까지 다른 팀은 남산 산책을 하기도 하고, 연구실에선 『논어』를 낭송한다. 그리고 8시까지 아침을 먹고 뒷정리를 한다. 8시부터는 '중구난방 어학당'에서 영어와 중국어를 낭송으로 공부한다. 그러곤 9시에 우리의 본거지인 Tg스쿨로 와서 청소를 하고, 정화스님 말씀을 낭송하고 나면 대략 10시 정도가 된다. 그때부터 개인 공부가 시작된다. 낭송을 하거나 필사로 아침 공부를 시작하기도 한다. 세미나가 있는 사람은 세미나를 가고 알바를 해야 하는 사람들은 일하러 간다. 6시 즈음 백수들을 비롯한 몇몇 학인들이 다시 모인다. 저녁을 먹기 위해서다. 그렇게 저녁을 먹고 산책 후에 다시 연구실에 모인 백수들. 다시 개별적인 공부를 시작한다. 각자 낭송과 필사를 하고 발제 준비를 하거나 에세이를 쓴다. 그리고 밤 10시가 되면 자기가 사용했던 자리를 깨끗이 정리한 후 연구실 문을 닫고 집으로 향한다. 연구실을 떠난다고 공부가 끝난 것은 아니다. 우리의 공부는 우리들의 주거공간에서도 계속된다. 공two 『백수다』 여자 백수들의 공동주거지에서는 '일기 세미나'라는 것을 하고 잔다. 하루 동안 있었던 일을 공유하며 그중에 어떤 에피소드를 뽑아 자기 공부랑 연관 짓는 것이다. 각자 목표를 정하고 그것에 맞게 어떤 행동을 하고 어떤 공부를 하고 있으며 경과는 어떤지에 대해 이야기를 나눈다. 함께 생활하며 서로의 공부를 돕는 공부공동체의 일상은 이러하다. 그렇게 자정이 가까운 시간에 잠을 자고 다음 날 아침부터 비슷한 일과가 반복된다. 바쁘다!

이 일상 곳곳에 우리의 공부가 녹아 있다. 개인적인 신체에서 공동체의 신체가 되는 과정에서는 청소하는 것, 약속 시간을 지키는 것 같은 매우 일상적인 일이 모두 공부 거리다. 『아무도 기획하지 않은 자유』를 읽다가 고미숙 선생님이 연구실에 발표하신 윤리에 대한 지침서를 발견하여 발췌하였다.

공간의 청결성 및 변이능력에 대하여

공간이 왜 청결해야 하는가? 그것은 공간-기계를 활용하는 가장 쉽고도 분명한 방법이기 때문이다. 수행자들의 암자 혹은 달동네 빈민 운동가들의 낡은 집에 들어가 보라. 조금도 불편하지 않을 뿐 아니라, 실제보다 훨씬 넓게 느껴진다. 이유는 청결하고 소박하기 때문이다.(무소유와 궁핍의 차이!) 공간과 관련하여 외부성이란 외부자들을 얼마나 수용할 수 있는가 하는 구체적인 사안이다. 낯선 사람이 와서 공간에 호의를 가질 수 있는 최우선적인 길이 청결과 친절 말고 달리 무엇이 있는가? 특히 여러 사람이 쓰는 공간은 무조건(?) 청결해야 한다. 그래야 탁구대와 세미나 테이블, 혹은 식탁 등으로 변이하기가 용이해진다. 더럽다는 것은 공간을 축소시키고 변용가능성을 떨어트린다는 의미에서 '무능력'(혹은 공간의 부르주아적 소유)의 다른 표현이다. (고미숙, 『아무도 기획하지 않은 자유』)

우리의 공간은 누군가가 사적으로 소유하고 있는 공간이 아닌, 모두가 함께 사용하는 공적인 공간이다. 함께 공간을 사용하려면 이에 맞는 윤리가 필요하다. 우리의 윤리는 '공간에 흔적을 남기지 않는다'이다. 간단해 보이지만 생각보다 쉽지 않다. 깜박 잊어버리고 개인 물건을 놓고 가기도 하고 본의 아니게 어질러 놓고 치우지 못하는 상황이 발생하기도 한다. 흔적을 남기지 않고 청소를 잘하는 것은 사소한 문제 같지만, 정리정돈 습관이 들어있지 않은 어떤 사람에겐 어렵다. 습관이 들어 있지 않기 때문이다. 이상하게 들릴지 모르지만 정리정돈, 시간 약속 지키기 같은 아주 기본적인 것부터가 우리들의 공부 거리이다.

야생 백수들의 생존 기술 2. 선배 백수들의 텍스트를 몸에 새겨라!

모든 일상이 공부 거리라면, 길라잡이는 앞서 말했던 장자와 같은 선배 백수들의 텍스트다. 그 텍스트를 머리로 이해하는 것을 넘어 몸에 새기기 위해 우리는 낭송을 하고 필사를 하며 공부한 것을 다른 도반에게 가르친다.

예를 들면, 얼마 전 고미숙 선생님으로부터 낭송Q시리즈의 UCC를 촬영하라는 지령이 떨어졌다. '백수다'는 낭송Q시리즈 중에 남주작편을 맡았다. 그중 우리 조가 맡은 책은 무려 『낭송 변강쇠가/적벽가』의 「변강쇠가」! 화끈한 옹녀와 변강쇠가 주인공으로 나오는 책이다. 각자 책을 읽고 회의를 위해 모인 시각은 야심한 밤 10시. 알바 전선에서 분투하다 에너지를 모두 소진한 우리는 거의 방전 직전이었다. 하지만 「변강쇠가」 촬영을 구상하며 분위기는 금방 달아올랐다. 판소리는 서사가 있으니 연기를 해서 이야기를 만들어야 한다. 「변강쇠가」에서 촬영할 부분을 뽑고 배역을 정했다. 우리는 재미를 위해 가장 건장하지만 매우 섬세하고 여성스럽기도 한 남자 백수를 가장 섹시한 옹녀로 뽑았다. 그것은 신의 한수였다. 처음에 옹녀 역할을 별로 탐탁지 않게 생각하던 그 백수는 이내 옹녀 역에 빠져 들었다. 점심 먹을 때도 대본을 연습하고 항시 대본을 가지고 다니며 옹녀가 되기 위한 준비를 했다. 그렇게 준비한 보람이 나타나서였을 까. UCC촬영 날, 나는 곰 같은 백수 몸에서 새침한 옹녀의 얼굴을 보 았다. 옹녀는 컷을 더해 갈수록 무르익은 연기를 보여 주었다. 이것이 바로 낭송의 힘인가? 놀라운 연기와 낭송을 보여 준 백수에게 옹녀 를 낭송한 소감을 물어보았다. 잠시 망설이던 백수는 다음 생에는 여 자로 태어나야겠다고 이야기했다. 도대체 이 백수에게는 어떤 변화 가 일어난 것일까?

호기심을 가지고 내가 직접 대본을 직접 낭송해 보았다. 과연 눈 으로 볼 때와는 다르게 대본을 읽으니 변강쇠는 변강쇠답게 거칠게 읽게 되고 옹녀는 옹녀답게 새침하게 읽게 된다. 읽으면 읽을수록 텍 스트에 빙의되어 목소리 톤이 달라진다. 그리고 낭송하는 중간 옹녀 의 감정이나 몸짓이 자연스럽게 상상이 되며 몰입이 된다. 이것이 낭 송의 효과구나! 텍스트에 자연스럽게 몰입시켜 주고 텍스트를 상상 하며 구연하게 되는 것! 곰 백수가 팜므파탈 옹녀가 되는 과정을 지 켜보니 나에게도 희망이 보인다. 낭송을 열심히 하면 일자무식인 우 리도 장자처럼 사유하고 니체처럼 쓰게 될 날이 오겠지?

야생 백수들의 생존 기술 3. 가르치며 배워라!

고등학교 때 이후 내 의지로 앉아 있어 본 적이라곤 화장실에서와 혹은 미드 볼 때 말고는 없었던 나에게 일생일대의 위기가 찾아왔다. 시도 때도 없이 자리를 비우고 돌아다니는 나에게 튜터 선생님으로부터 연구실에 붙어 있으라는 미션이 떨어진 것. 앉아서 책을 펴고 얼마 지나지 않자 여러 가지 태클들이 들어온다. 첫번째가 번뇌. 책을 펴자 30분이 지나기 무섭게 온갖 잡생각들이 뒤죽박죽 몰려온다. '어제 저녁에는 뭘 먹었지?'부터 '그때 그 친구는 잘 지내고 있을까?' 등등 평소엔 잘 하지도 않던 생각들이 머릿속을 점령한다. 심호흡한 뒤에서 다시 책을 본다. 그때 핸드폰이 징—하고 울린다. 카톡이다. 알람을 끄고 단체톡방을 단호하게 정리했다. 그리고 다시 책을 본다. 얼마 있다가 또 톡이 왔다. 동창이다. 저녁에 보잔다. 공부해야 할 것이 많으니 고민이 된다. 하지만 곧 엉덩이가 근질근질하고 다리가 덜덜덜 떨린다. 답답해 미치겠네! 나는 할 일을 후다닥 해치워 버리고 일어나 밖으로 나간다.

'백수다'를 시작하고 첫번째로 받은 미션인 '연구실에 붙어 있기', 나는 이 미션을 수행하지 못해 도반들에게 자주 쓴소리를 들어야 했다. 아니, 연구실에 붙어 있는다고 공부가 되나? 지금 나의 신체로는 도저히 책에 30분 이상을 집중할 수가 없는데 왜 자꾸 연구실에 없다고 구박하는 거야? 궁금증은 6개월이 지나도 풀리지 않았다. 그런데 직접 강의를 준비할 기회가 생기면서 물음에 대한 답을 찾을 수 있었다.

'백수다' 시즌 2가 시작되기 몇 주 전부터 연구실에 흉흉한 소문이 떠돌았다. 튜터 선생님들이 우리에게 해주던 『동의보감』 강의를 우리가 직접 하게 된다는 것. 스스로 일자무식임을 알고 있는 백수들은 그런 소문을 믿지 않았다. 만약 우리 중 누군가가 강의를 한다고 해도 내년이나 내후년에 소수정예로 뽑힌 몇 명의 열심 백수만 강의를 하게 될 것으로 생각했다. 하지만 예상은 빗나갔다. 백수들은 곧 소문이 사실이었음을 알게 되었다. 전 백수가 『동의보감』을 강의하라는 미션을 받은 것이다. 모두들 『동의보감』에 대해서 아는 것이라곤 3개월 동안 튜터 선생님들에게 「외형편」 강의를 들은 것이 전부인 상태. 아무리 우리끼리라고는 하지만 강의를 한다는 것은 무모한 것처럼 보였다. 아는 것이 없는데 뭘 가르친단 말인가? 덜컥 겁이 났다. 선생님들이(라는 사람들이) 교육이라는 '신성한' 행위를 전문성도 없는 사람들에게 맡기는 것을 기획했다는 것이 놀라웠다. 그런데 더 놀라운 것은 주변 도반들이다. 다들 순순히 강의안 준비를 시작한다. 머리를 쥐어뜯고 밤을 새우면서 2주 만에 강의안을 뽑아낸다. 자기가 맡은 부분에 대해서 스스로 공부하고 준비해서 아는 만큼 강의한다. 충격적이다. 그런 도반들을 지켜보고 있자니 내가 가르친다는 행위에 대해서 뭔가 대단한 의미 부여를 하고 있었다는 생각이 들었다.

나는 전직 어린이집 교사다. 대학을 가는 대신 보육교사교육원에서 관련 자격증을 대학을 다닌 사람보다 빨리 취득했다. 그 때문에 대학 출신 교사들 사이에서 열등감이 들기도 했다. 그래서 더 고민했다. 교육이란 무엇일까에 대해서. 관련 서적을 열심히 읽었고 근무 후에 따로 교육을 받고 세미나에 참여했다. 교육에 대한 나의 철학이 확실해지고부터는 일반 어린이집을 그만두고 대안 어린이집으로 직장을 옮겼다. 그런데 어렵게 옮긴 대안 어린이집에서도 가르치는 것은 일반 어린이집이랑 별반 다른 것이 없었다. 그렇다고 내가 옳다는 확신도 없었다. 관련 학위도 없고 육아 경험도 없기 때문이다. 여태까지의 공부로 지금껏 옳다고 믿었던 것들이 보잘것없게 느껴졌다. 그리하여 나는 스스로 아직은 가르칠 자격이 없는 사람이라는 판단을 내렸다. 선생님이라고 불리는 것이 부끄러워서 교사를 그만두었다. 더 준비된 사람이 되기 위해서 '백수다'에 들어오게 되었던 것이다.

어쨌든 별다른 사전 지식 없이 강의를 준비하게 되었다. 나는 이번 기회를 말미암아 가르친다는 것에 대한 의미 부여를 새로이 해보고 싶었다. 서둘러 강의 준비를 시작했다. 교사로 일할 때와는 달리 별다른 압박감 없이 내가 궁금한 문제들에 대해서 집중할 수 있었다. 교사라는 타이틀을 달고 있을 때처럼 엄청난 사명감은 들지 않았기 때문이다. 그래도 나름의 책임감은 가지고 강의안을 작성했다. 누군가에게 설명을 해줘야 한다는 생각이 들자 평소 같으면 직관적으로 대충 넘어갈 문장들도 꼼꼼히 질문을 가지고 읽게 되었다. 그리고 글을 쓰려니까 일상생활 속에서 일어났다 그냥 사라지곤 했던 문답들이 떠올랐다. 머릿속 여기저기 산만하게 널려 있는 별 쓸데없던 질문들 말이다. 그것들을 글로 묶어 정리해 보니 질문이 확장되어 더 깊은 질문도 생겼다. 다른 세상의 공기를 마셔 본 것 같은 신선한 경험이었다.

강의를 해보는 경험을 통해 누군가를 가르친다는 것에 대해서 다시 생각해 볼 수 있었다. 가르친다는 것은 어떤 문제에 대해서 먼저 고민해 본 사람이 그 문제에 대한 이해 과정을 보여 주는 것이다. 강의자가 생각의 회로를 보여 주면 나머지는 그 이야기를 듣는 사람의 몫이다. 거기엔 꼭 사명감이나 권위가 필요하지 않다. 권위를 위한 자격증이나 학위도 불필요하다.

다만 강의자는 약간의 책임감으로 이야기를 잘 전달하기 위해 거칠고 복잡한 생각의 회로를 갈고닦는 작업을 하게 된다. 강학講學이라는 말의 의미는 가르치고 배운다는 뜻이다. 이것은 공동체 안에서 먼저 공부한 사람이 더 늦게 공부하기 시작한 사람을 가르쳐서 앎을 순환하게 한다는 의미도 있지만, 가르치면서 배운다는 뜻도 포함하고 있다. 내가 누군가를 가르치기 위해 준비하는 과정에서, 그리고 실제로 가르치는 현장에서 강의를 듣는 사람들과의 상호작용을 통해서도 배움이 일어난다는 것이다. 강의는 생각을 제안하는 것이므로 일방통행이 아니다. 실제로 강의안의 주재료는 같은 팀원이나 강의를 먼저 해봤던 도반, 그리고 튜터 선생님들과의 상호작용을 통해서 나온 것들이다. 생각이라는 것은 혼자서는 잘 확장되지 않는다. 확장을 촉진해 주는 적절한 자극이 있어야 한다. 그 자극을 같은 윤리를 공부하는 도반에게 받으면 시너지가 생긴다. 그래서 '백수다' 초반에 연구실에 매일 나오라는 미션이 있었던 것이다. 관계를 만들기 위해서. 관계 속에서 상호작용하다 보면 서로 의도하든 의도하지 않았든 가르치고 배우면서 공부를 하게 되니까. 누군가를 가르친다는 것은 이렇게 대단한 학위가 없어도 누구나 할 수 있는 자연스러운 일이다. 교육자라는 무거운 감투는 내가 만든 망상이라는 생각이 들었다. 가르칠 수 있도록 완벽하게 준비된 사람은 없다. 필요한 건 책임감과 앎의 순환에 들어가겠다는 마음, 나의 강의가 완벽할 수 없다는 것을 알고 강의를 듣는 모든 이와 함께 소통하여 앎에 다가겠다는 열린 마음가짐이다.

강의를 마치자 가만히 앉아서 공부한다는 것에 대한 의미를 나름대로 찾을 수 있었다. 공부란 물론 일상생활에서도 할 수 있다. 하지만 정적인 상태에서 끈질기게 집중하다 보면 평소의 단상들을 재료 삼아 더 깊은 생각을 해볼 수 있다. 물이 땅 아래로 스며드는 것처럼 말이다. 특히 나같이 산만한 사람에게는 빠르게 일어났다가 사라지는 편린들을 글로 붙잡아 확장하는, 정적인 시간이 반드시 있어야 한다는 생각이 든다. 공부는 엉덩이 힘으로 하는 것이라더니…. 그래서 백수의 생존에는 푹신하고 튼실한 엉덩이가 필요하다는 결론!^^

우리 야생 백수들에게 공부란 삶을 갈고 닦는 것, 즉 총체적 삶의 기술이다. 그리하여 일상의 모든 부분이 공부가 되었다. 다수가 선택한 생존방식에 의문을 품고 자신의 삶을 자각하여 삶에 대해 질문하는 태도, 어떻게 살 것인가를 끊임없이 스스로 되묻는 성실함. 그것이 우리를 진정으로 자립하게 하고 헬조선 속에서도 자유롭고 행복하게 살게 할 것이다.

문제 해결에 연연해하지 않는 나

**'백수다'
그 이후**

앞서 말했듯 나는 어린이집 선생님이었다. 좋은 선생님이 되고 싶었다. 하지만 나의 기대만큼 나는 좋은 선생님이지 못했다. 아직 누굴 가르치기에는 부족하다는 자괴감 때문에 선생 노릇을 그만두고 '백수다'에서 공부했다. 사계절을 연구실에서 보낸 후 나는 다시 어린이집으로 돌아왔다. 글을 써서 먹고살 자신이 없기 때문이기도 하고, 아이들과 매일 산으로 들로 다니던 나들이와 함께 먹고, 자고, 싸고, 울고, 웃으며 지냈던 생활이 그립기도 했다. 지금은 '터전'(우리는 어린이집을 터전이라고 부른다)으로 돌아와서 원초적이며 솔직한 아이들과 매일 푸닥거리를 하며 살고 있다. 우리 어린이집은 돈을 벌 목적으로 차린 일반 어린이집 과는 달리 협동조합형 어린이집이다. 그래서 모두 함께 돈을 모아 아이들이 지낼 곳을 마련하고 생활비를 낸다.

여기에서 제일 중요하게 생각하는 가치는 평등과 소통이라 여러 가지 소통의 장이 있다. 대표적인 것이 회의다. 매주, 매달, 여러 번씩 강도 높은 회의를 하고 나면 혼이 쏙 빠지는 기분이다. 몸이 힘들 땐 막 짜증이 난다. 이 힘든 걸 왜 이렇게 자주해야 하는지 모르겠다는 생각이 들면서 말이다. 내가 힘든 이유는 매번 회의 때마다 문제에 직면하기 때문이다. 다양한 사람들이 모여 만든 조합답게 다양한 요구와 가치관이 존재한다. 회의 때마다 나를 괴롭혔던 문제 중에는 답이 없는 문제도 많다. 답이 없는 문제의 연속에 나는 좌절했다. 좌절은 자괴감으로 이어지고 자괴감은 퇴직이라는 극단적인 결정으로 치닫곤 했다.

하지만 연구실에서 사계절을 보내고 달라진 점이 있다면, 직면한 문제들을 공부거리로 바라본다는 것이다. 문제를 쉬쉬하며 덮어놓고 미뤄 두는 것이 아니라 파고들어 해결하려고 하려는 힘이 생겼다. 연구실 푸닥거리에서 많이 너덜너덜해졌더니 마음 근육이 자란 것일까. 문제를 공부거리로 바라보는 시선은 여러 가지 문제를 해결할 지구력을 주는 것 같다. 어떤 문제를 당장 해결할 수 없을 땐 바라보며 기다릴 수 있는 지구력을 말이다. 그리고 문제를 파고드는 용기와 집중력은 나를 막연한 걱정으로부터 자유롭게 하고 스스로 책임감 있는 사람이라고 느끼게한다. 지금은 연구실을 떠나 있지만 공부가 나를 자유롭게 한다는 건 알겠다. 나를 자유롭고 행복하게 하는 공부! 앞으로 만나게 될 수많은 문제 앞에 선 당당한 나를 그리며 어디서 살아가건 공부하는 마음을 놓지 말아야겠다.

실험의 장, 활동

서희정

잡다한 백수들의 일상

보통, 대부분의 사람은 '저 공부하고 있어요'라고 말하면 이렇게 상상한다. 책상 앞에 앉아서 책을 쌓아 놓고 책을 읽고, 정리하고, 외우고, 또 글을 쓰는 생활을 반복할 거라고. 실제로 고시를 공부하거나 입시 준비를 할 때 온종일 앉아서 책만 보는 사람들이 많을 것이다. 나도 한때 편입 공부를 한 적이 있는데, 온종일 공부하느라 말을 안 해서 목소리가 안 나오는 경험을 한 적도 있고, 공부하느라 끼니를 거른 적도 많았다. 하지만 우리 백수들의 공부 방법은 매우 역동적이다. 목소리가 쉴 때까지 뜻도 모르는 책을 고래고래 낭송하는가 하면, 책을 무작정 베끼기도 한다. 뿐만이 아니다. 우리는 '공부'를 하고 있지만, 책상 앞에 앉아 있는 시간이 생각만큼 많지는 않다.

　이처럼 공부를 한다고 모인 백수들의 일상을 살펴보면, 아이러니하게도 책상 앞에서 보내는 시간보다 이것저것 잡다한 일들을 하면서 보내는 시간이 더 많다. 밥은 벌어 먹고살아야 하니 알바를 하는 것은 당연하고, 연구실 주방 한편에서 비루한 실력이나마 뽐내면서 우리가 먹을 밥을 준비하기도 한다. 또 김장철이 되면 김장에 동원되어 생애 처음으로 김치를 담그기도 한다. 그리고 자기 방도 잘 안 치웠던 우리가 매일 아침 공부방을 청소하고, 또 (아무리 치워도 계속 바람이 쓰레기를 몰고 오는 축복받은) Tg스쿨 앞마당을 청소하며 인생의 허무함을 경험하기도 한다. 혹은 누가 이사를 한다고 하면 넘치는 청년의 힘을 발휘하고 오기도 한다.

이런 것들은 우리가 일상을 영위하는 데 당연한 것들이다. 하지만 이것들 외에도 우리 백수들은 요상한(?) 활동들을 야금야금하고 있다. 대뜸 지나가는 백수에게 카메라를 들이밀며 홍보 동영상을 찍는가 하면, 옆집 할머니를 인터뷰하기도 하고, 니하오你好의 '니'도 못 쓰면서 중국어를 가르치기도 하고, 또 헌옷을 기증받아서 중고장터를 열어 연구실에서 공부하는 사람들에게 팔기도 한다.

밥도 하고 청소도 하고 이런저런 활동들을 하고 있자면 문득 이런 생각이 든다. '근데, 나 공부하러 온 거 맞나?' 나는 어릴 때부터 엄마에게 항상 공부할 때에는 공부에만 집중해야 한다는 말을 들었다. 그래서 공부 외에 집 청소, 설거지 등의 집안일에서는 제외되었다(그래서 공부를 잘했는가 하면 할 말 없다. 덕분에 공부에도 집안일에도 무능하다). 이런 교육법을 택했던 것은 우리 엄마가 유별나서라고 생각지는 않는다. 대부분의 사람들은 공부를 하려면 공부만(!) 해야 한다고 생각한다. 나머지 일들은 집중력을 흐리는 군더더기 같은 것으로 생각한다. 그런데 우리는, 왜 그 공부할 아까운(!) 시간에 공부는 안 하고 그런 잡다한 것들을 하고 있었을까?

활동으로 자립하리라

'백수다' 프로그램의 첫 시작을 알리는 오리엔테이션이 있던 날이었다. 백수들이 1년간의 프로그램에 임하는 데 있어서 가장 의욕적이었던 바로 그날, 튜터 선생님들이 백수들에게 기똥 찬 활동들을 제안하셨다. 이 활동들이라 함은, '백수다' 내의 여행팀과 기자단, 홍보팀 활동을 말한다. 우선 여행팀의 임무는 '백수다' 프로그램 1년 과정의 마무리인 여행을 총괄 계획하는 것이었고, 기자단은 연구실에서 일어나는 일들을 취재해 기사로 써서 홈페이지에 연재하기로 했다. 마지막으로 홍보팀은 '백수다'(1년 과정이지만 4학기로 나눠서 진행된다)의 다음 학기에 같이 공부할 친구들을 모으기 위한 홍보를 도맡아 했다. 튜터 선생님들은 인자하게도 우리에게 이 세 가지 활동 중에서 마음에 드는 것을 선택할 자유를 주셨다(선택하지 않을 자유는 없었다는 것이 함정!). 그래서 우리는 앞으로 어떤 미래가 펼쳐질지도 모른 채, 각자 재미나 보이는 활동을 선택했다. 하지만 백수들이 하게 된다는 활동들을 머릿속으로 그려 보니 영 그림이 낯설다. 태어나서 한 번도 해외여행을 해본 적 없는 백수가 여행 총괄 계획을 짜게 된 것도 그렇고, 수강생이 수강생을 모으다니! 여긴 사이비 종교단체인 건가, 아니면 다단계인가?

사실 이 활동들을 기획한 데에는 이유가 있었다. 우선 홍보팀의 활동을 살펴보자. 홍보팀은 앞서 말한 것처럼 이제 막 들어온 수강생이 다음 학기에 들어올 수강생을 모집하는 것이다. 이게 학원이나 문화센터라면 말이 되는 상황인가? 하지만 홍보팀은 우리들의 포지션을 아주 다르게 해준다. 다음 시즌에 공부하게 될 것들이 그저 커리큘럼에 있으니까 수동적으로 듣고 있는 것이 아니다. 왜 청년백수들이 노자의『도덕경』을 외우고 과학을 공부해야 하는지, 스스로 묻고 납득할 만한 답을 찾아야 한다. 이런 점에서 홍보팀 활동은 공부의 과정에 매우 능동적으로 참여하게 해준다.

'백수다'에서 계획한 여행은 '이런 콘셉트로 여행을 기획하고 있으니 좋은 구경 하러 갑시다'라고 하는 다른 테마 여행들과는 달랐다. 여행팀은 '어떤 여행을, 어떻게 할 것인가?'부터 고민해야 했다. 다시 말해 준비된 여행 '상품'을 소비하는 것이 아니라 처음부터 우리가 여행 일정 등을직접 계획하고, 필요한 외국어를 공부하고, 그 나라에 관련된 지식을 공부해야 했다. 요컨대, 우리만의 방식으로 여행한다는 것. 어떻게? 우리가 직접(!) 공부해서. 여행을 위해서는 공부도 필요했고 자발적인 태도도 필요했다. 우리 속에 잠자던 자발성을 깨우는 것, 공부와 여행을 연결하는 것. 이것이 여행팀을 기획한 이유였다.

마지막으로 기자단 활동은 연구실에 막 들어온 신입 격의 '백수다' 팀원들이 연구실의 분위기나 동태를 파악하고 기사를 써 내는 것이다. 아니 이제 막 들어와서 적응도 못 했는데, 연구실이 어떻게 돌아가는지를 파악하고 글까지 쓰라니! 그렇다. 기자단의 활동을 하려면 '손님'으로 있을 수 없다. '백수다' 프로그램을 운영하는 감이당이라는 연구실에 관심을 가지고, '백수다' 밖의 사람들과 관계를 맺어야만 했다. 그렇게 기자단은 활동 영역을 넓혀 신입 백수들이 연구실에 자리 잡게끔 하는 역할을 했다.

하지만 이 세 가지 활동에서는 많은 수의 수강생을 모집한다거나, 멋진 여행을 계획한다거나, 우수한 기사를 쓰는 것이 중요하지 않았다. 중요한 것은 우리가 어떻게 자신의 자리를 만들어 가느냐, 그리고 어떻게 주인의식과 자발성을 키워 나갈 것인가 하는 것이었다. '백수다' 프로그램의 핵심이 무엇이었던가? '공부로 자립하기', 바로 '자립'이었다. 이 세 가지 활동은 모두 자립적인 태도를 몸에 붙이는 훈련의 일환이었다.

좌충우돌, 혼란의 현장

사실 활동조를 정할 때까지만 해도 우리는 별 걱정이 없었다. 하지만 팀 활동에 관한 유명한 이야기가 있지 않은가. 팀 활동의 취지는 협동성과 대인관계 기술을 배우는 것이지만, 실제로 우리가 팀 활동을 하면서 얻게 되는 것은 '사람에 대한 증오(!)'라는 것. 대학교에서 그렇게 시달렸던 것을 여기서도 하게 될 줄이야! 하지만 이번은 다르리라 생각했다. 우리는 모두 자신을 위해 공부하러 온 사람이고 활동을 통해서도 배우려고 마음을 먹지 않았나? 나는 속으로 '그래, 자립을 위한 훈련이라니까 활동으로 나는 자립할 테다!' 하는 파이팅 넘치는 마음으로 팀 활동을 시작했다. 하지만 팀 활동이라는 녀석은 역시나 호락호락하지 않았다.

내가 선택했던 활동은 여행 계획을 짜는 여행팀이었다. 여행 계획을 짜는 것이 너무나 설레는 일이지 않은가? 그래서 덜컥 여행팀을 선택했다. 하지만 1년 내내 여행 준비를 하는 일이 쉽지는 않았다. '왜 백수가 여행을 해야 하느냐' 하는 고민에서부터 어떤 나라를 여행할지 정하고, 그 나라에 대한 배경 지식과 언어를 공부하고, 한 달에 돈을 얼마씩 모을지를 정하는 등등, 해야 할 게 생각보다 많았다.

우리는 여행자금을 모으기 위해 각자에게 얼마씩 돈을 모으게 하기도 했지만, 연구실 안에서 돈을 모을 방법들을 고안해 내기도 했다. 감이당 주최로 열린 낭송 경연대회인 고전 낭송Q페스티벌에 참가해서 상금을 타서 여행 자금에 보태기도 했고, '백수주이'라는 중고장터를 열기도 했다. 이 '백수주이'는 연구실에서 비정기적으로 열리던 중고장터를 이어받은 것이었다. 이 중고장터는 연구실에 있는 학인들에게서 더 이상 필요 없는 헌옷과 헌책과 같은 중고 물품을 받아서 다시 필요한 사람들에게 파는 식으로 진행되었다. 처음에는 단순히 여행 경비를 모으기 위해서 맡게 되긴 했지만, 이 중고장터를 우리 백수들이 어떤 의미를 갖고 운영할 수 있는지 고민해야 했다. 그때 우리가 읽고 있던 텍스트가 마침 『가난뱅이의 역습』이었다. 거기에서 조금 힌트를 얻을 수 있었다.

신품은 돈이 남아서 쩔쩔매는 부자들이나 사라고 해. 그런 놈은 헤 헤 속아서 정신없이 새것을 사고 헌것을 버리니까, 우리는 그런 바 가지 씌우는 경제 시스템에서 밀려난 것, 즉 중고품을 모아서 가난 뱅이의 재산으로 돌고 돌게 하면 된다구. …… 재활용 가게를 중간 에 끼고 물건이 아무리 돌아다닌다 해도, 재활용 가게의 매상이 아 무리 올라간다 해도, 이런 행위는 가난뱅이를 등쳐먹는 바가지 경 제 시스템에 조금도 기여하지 않는다는 사실을! 이거 대단하지 않 은가! 중고품을 사거나 필요 없는 물건을 파는 행동이 곧바로 바가 지 씌우는 경제에 대한 저항이 된다는 말이다! 동네 할머니가 "어 머, 이거 왜 이렇게 싸" 하고 중고 주전자를 사 가는 것이 반체제 행 동이 될 수도 있다! 얼씨구!(마쓰모토 하지메, 『가난뱅이의 역습』, 김 경원 옮김, 이루, 2009, 75~77쪽)

우리 백수에게 중고 장터는 여러모로 의미가 있는 활동이었다. '필요 없는 것들을 만들어 내서 사게끔 하고 그런 식으로 돈에 의존 하게 하는 경제 시스템에서 우리는 자립할 수 없다!'는 것이 우리의 생각이었다. 위의 인용문을 참고하자면 우리가 그런 경제 시스템으 로부터 벗어나는 것은 물건이 필요 없게 된 사람에게서 필요한 사람 으로 흘러갈 수 있도록 연결하는 사소한 일로 실천될 수 있다. 여기 에서 힌트를 얻어 '백수주이' 운영 방향을 잡았다. 필요 없는 물건을 필요한 사람과 연결하는 순환의 장을 만들고, 우리는 거기에서 나온 수익금으로 여행을 갔다 와서 연구실의 학인들에게 풍부한 이야기를 들려줌으로써 다시 순환시킨다는 것!

이렇게 큰 뜻을 품은 '백수주이'를 총 세 번 진행했는데, 두번째로 '백수주이'를 준비하던 중 사건이 터졌다. 때는 한창 여름인 7월 초였다. 헌옷을 기증받는다는 공지를 올리고 기다리던 중, 어떤 선생님 한 분이 꽤 많은 양의 옷을 '퀵'으로 보내 주셨다. 옷은 많은 양만큼 다양했고, 여행팀 멤버는 그 옷들을 계절별로 분류하고 있었다. 그러던 중 예쁘고 마음에 드는 물건을 입어 보기도 하다가 분류는 뒷전이 되고 예쁜 옷을 찾고 있었다. 그러다가 우리 마음에 드는 건 빼놓는 '선점'을 저지르고야 말았다. 누군가 '장터에서 사람들한테 보여주기 전에 이래도 돼?'라고 했지만, 내가 예전에 진행됐던 중고장터에서도 그렇게 했다며 '퉁치고' 넘어갔다.

우리는 우리가 무슨 짓을 저지른 줄도 모르고 좋은 물건을 득템했다며 좋아하고 있었다. 그러다 우리의 만행을 알게 된 튜터 선생님으로부터 신나게 욕을 먹고 나서야 우리가 무슨 짓을 했는지 깨닫고 부끄러워했다. 우리의 결정적인 실수는 책을 뒤지며 백수주이를 기획했던 의미를 홀라당 다 까먹어 버린 것이다. 순환경제를 열겠다고 큰소리쳤던 우리가 내 눈에 예쁜 건 먼저 손에 쥐고 순환을 틀어막고 있었다니. 『가난뱅이의 역습』을 읽고서 감동해 놓고는 그걸 전혀 우리 삶에 적용하지는 못하고 있었던 것이다.

실험의 장, 활동

그랬다. 활동을 하니까 우리가 어떻게 생겨 먹은 인간인지를 보여 주는, 우리의 민낯이 드러나는 사건들이 속속 생겨났다. 여행팀이 이렇게 삽질을 하는 동안, 홍보팀과 기자팀 역시 쉽지 않은 시간을 보냈다. 홍보 문구를 쓰면서 한 문장을 두고 팀원들끼리 의견이 맞지 않아 서로 신경전을 벌이기도 하고, 인터뷰 기사를 이렇게 고쳐 달라 저렇게 고쳐 달라는 인터뷰이와 실랑이를 벌이기도 했다. 팀 활동에서 우리가 마주쳤던 문제는 주로 이런 것들이었다. 하는 일이 복잡하고 어려웠다기보단 여러 사람의 마음을 하나로 모으는 것이 너무나도 힘들었다. 책을 읽고 토론할 때는 어떻게 관계를 맺어야 하는지, 어떻게 나의 고립된 시선에서 벗어날 수 있을까를 고민했지만, 실생활에서는 그걸 적용하기가 너무나 어려웠다. 또 우리는 어느샌가 활동을 하면서 '내 생각'만을 옳다고 생각하고 고집하고 또 그걸 서로에게 강요하고 있었다. 우리는 이렇게 활동을 하면서 지기 싫은 마음에 나의 옳음을 주장하는, 배운 것과 전혀 상관없이 살고 있는 나의 지질한 꼬락서니를 발견할 수 있었다. 이런 활동들을 하면서 나의 민낯을 확인할 수 있었던 것이다.

아무리 다양한 지식과 좋은 성인들의 말을 알고 있어도 그것을 내가 살아가는 데에 쓸 수 없다면 그것은 아무 쓸모없는 죽은 지식일 뿐이다. 우리가 하고자 했던 공부는 이런 식의 다양한 지식과 정보들을 머리에 무작정 박아 넣는 것이 아니다. 중요한 것은 내가 배우고 익힌 것들을 내 삶과 연결하고 있느냐이다. 나의 삶을 운용하는 데 앎이 적용되는 순간, 죽은 지식은 삶의 지혜로 바뀌는 것이다. 하지만 순식간에 배움과 삶은 따로국밥이 되기에 십상이다. 그렇다면 어떻게 하면 배운 것들을 내 삶으로 가져올 수 있을까?

"도장은 대기실이고, 도장 밖이 무대다." 도장은 대기실입니다. 대기실이라 하면 자연 과학에서는 '실험실'에 해당하는 곳이지요. 실험이라는 것은 늘 실패가 뒤따릅니다. 그러하기에 좋습니다. 가설을 세우고, 실험을 합니다. 가설에 맞지 않은 반증사례가 나오면, 가설을 보다 적용범위가 넓은 것으로 대체합니다. 자연과학도, 사회과학도 그 반복을 되풀이하며 지금까지 진보해 왔지요. 인간의 살아 있는 지혜나 능력을 보다 깊은 것으로 만드는 방법도 그것과 본질적으로 다르지 않습니다.(우치다 타츠루, 『배움은 어리석을수록 좋다』, 박재현 옮김, 샘터, 2015, 29쪽)

우치다 타츠루는 사상가이자 무도가이다. 그는 도장에서 오랜 시간 무도 수련을 해왔다. 그런 그가 말한다. 우리는 도장에서 도장 밖이라는 무대에서 써먹을 것들을 실험하고 훈련하는 것이라고. 그렇다면 우리가 책에서 배운 것을 써먹고 싶다면 우리도 그것들을 실험하고 훈련할 수 있어야 할 터! 책에서 배운 것으로 가설을 세우고 그걸 직접 실험해 보고, 실패할 실험실이 필요한 것이다. 우리에게 도장은 바로 우리의 활동들이 펼쳐지는 장이라고 말할 수 있다.

활동하면서 실수하고 욕먹고 사람들과 부딪히는 것은 절대 쉽지 않다. 가끔은 화가 나고 답답한 마음에 도망가고 싶기도 하다. 하지만 내가 책에서 배운 지식을 썩혀 두지 않고 나의 생생한 삶과 연결하려면 배운 바를 연습해 볼 현장이 필요하다. 그런 점에서 활동은 우리에게 아주 훌륭한 실험의 장이 되어 주었다. 그런데 중요한 것은 활동이 실험이 되려면 무작정 활동만 할 게 아니라, 책을 보는 공부가 필요하다는 점이다. 그리고 그 책의 내용을 실험한다는 태도로 활동에 임해야 한다. 그렇지 않으면 우리가 백수주이를 하면서 저질렀듯이 배움을 실험하기보다는 우리의 습관이 튀어나오기가 쉽다. 공자 또한 『논어』에서 "배우기만 하고 사색하지 않으면 아무것도 얻지 못하고, 사색만 하고 배우지 않으면 오류나 독단에 빠지기 쉽다"學而不思則罔 思而不學則殆라고 말하지 않았던가!

우리가 공부하는데 왜 이렇게 잡다한 활동을 해야 했느냐에 대한 처음의 질문으로 돌아가 보자. 이 질문은 아주 간단히 정리된다. 이 질문에 전제된 것은 공부는 다른 것과 같이할 수 없다는 것, 그리고 공부와 활동은 다르다는 것이다. 이때의 공부는 지식을 쌓고, 시험 점수로 환원되는 공부, 사람들에게 보여 줄 스펙을 쌓는 공부에 해당될 것이다. 하지만 이것이 내 삶의 지혜가 되지는 않는다. 내 삶으로 공부를 가져올 때, 공부의 의미는 확장된다. 책 읽는 공부 말고도 다양한 활동, 나의 일상에서 만나는 것들은 공부와 별개의 것일 수 없다. 이걸 좀더 넓게 보자면 일을 다 때려치우고 학업에 전념해야만 공부를 할 수 있는 게 아니라는 말이다. 다시 말해, 직장이 있더라도 자신이 하는 일에서 지혜를 얻고, 사람들과 관계를 맺는 곳에서 지혜를 발견할 수 있다면, 그 사람 또한 공부하는 사람이라는 것이다.

스트레스를 겁내지 않는 나

작년 겨울 학술제 준비와 여행 준비 등등이 겹치면서 과부하 상태였다. 그래서 그 활동들을 통해서 배움을 얻을 자세를 가지기는커녕, 나는 빨리 눈앞에 놓인 일들을 처리하기에 바빴다. 그것들을 공부가 아니라 얼른 끝내 버려야 하는 일로 대하고 있었던 것이다. 그래서 영 마음이 찜찜했다. 그래서 올해는 활동들을 자발적으로 줄여 버렸다. 여행을 다녀와서 좀 쉬고 싶기도 했고, 여기 저기 치이면서 공부를 또 일처럼 하고 싶지는 않아서였다.

지금은 조금 쉬기도 했고 마음의 여유가 있는 터라 다시 또 활동을 벌여 보고 싶은 생각이 들기도 한다. 작년에 지지고 볶는 활동을 하면서 내 모든 일상이 공부라는 배움도 계속 간직하고 있기도 하고 어느새 활동에 대한 두려움도 줄어든 것이다. 예전에는 어떤 활동을 맡게 되면 가슴이 조마조마했다. 혹시라도 실수하면 어쩌나, 그걸로 혼나면 어쩌나 하면서 말이다. 하지만 내가 여기서 하는 공부나 활동은 누구에게 칭찬을 받고자 하는 게 아니라, 나 자신과 내 삶을 위한 것이다. 아직도 실수하거나 그것으로 혼나거나 하면 순간적으로는 덜컥(!) 겁이 나기는 하지만, 이제는 실수를 배움으로 삼아서 다음에는 어떤 식으로 공부하고 활동을 해야 하는지 생각하게 된다. 내가 걸려 넘어진 그곳을 남들이 못 보도록 안절부절못하며 가리려고 하는 게 아니라 잘 살펴보고 소중히 여기게 되었다고나 할까?

우리는 일이 마음대로 안 되거나, 마음에 들지 않는 사람과 계속 부딪쳐야 하는 상황에 놓인다거나 하는 등 자신을 힘들게 하는 것들과 함께 살아간다. 스트레스를 받으면서도 딱히 해결책은 없다. 하지만 배움의 자세를 취하면 달라 보인다. 세상을 스트레스가 가득 한 곳으로 만들 것이냐, 아니면 늘 새로운 나로 변하게 하는 배움의 장으로 만들 것이냐는 나에게 달려 있다는 사실! 혹시 사는 게 너무 힘들고 마음대로 안 돼서 답답하다면 이 활동 가득한 백수의 공부와 접속해 보길 바란다.

텍스트 너머로 길을 나서다

김한라

2015년 초봄, 각자의 뜻 또는 의문을 가진 사람들이 '백수다'에 모여 공부하기 시작했다. 공부로 채워 가는 일상에 차츰 적응이 됐고, 시간이 지나 여름이 다가왔다. 그런데 더워진 탓일까? 계절이 한 번 바뀌었을 뿐인데, 벌써 슬럼프가 찾아오고 말았다. 책에 집중하기가 너무 어렵고, 당최 무슨 의미인지 하나도 모르겠고, 소화되지 않는 책을 읽어서 과연 인생이 바뀔까, 하는 마음이 올라오기 시작한 것이다. 특히나 초봄에 자립하겠다는 의지로 책을 잡았는데, 단 3개월 만에 책에 대한 불신감이 생겨 버렸다.

어려움에 부딪히자 점점 무기력한 상태가 되어 갔다. 그런데 여기서 더욱 나를 불편하게 만들었던 지점은 내가 너무 많은 것을 받고 있다는 사실이었다. 튜터 선생님들의 진심 어린 조언과 충고, 연구실의 편안한 공부방과 푸짐한 밥상 그리고 안전한 집까지 받고 있었다. 이것 말고도 온통 받는 것투성이었다. 무기력한 나에겐 이 선물들이 부담으로 느껴졌다. '나는 공부에 집중하지 못하고 있는데, 과연 받을 자격이 있는 것일까?' 이런 점에서 자립과는 거리가 멀어 보였다. 자립하려고 '백수다'에 왔는데, 계속 받기만 하는 존재는 되고 싶지가 않았다.

고민 끝에 방학을 이용해 무전여행을 다녀오기로 결심했다. 아무 도움도 없이 내 힘으로 해낼 수 있을 법한 실험이라고 생각했다. 또 무기력해지는 나를 고생시켜서 자극받고 싶었다. '직접 얻고 구하는 고생을 해보자!'라는 생각으로 여행을 떠났다. 여기에 마음이 맞은 다른 백수 두 명도 동참했다. 지금 생각해 보면 참 무모하게 여행을 떠났다. 겁도 없이 모든 것을 내 힘으로 해보겠다니. 무기력을 딛고 일어나 길을 나설 수 있었던 원동력은 무엇이었을까?

여행 첫날 : 자립은 어려워

'백수다'의 겨울방학은 한 달이지만, 학기 중의 방학은 그리 길지 않다. 그렇다고 겨울방학까지 기다릴 순 없었다. 우리는 짧은 방학을 이용해 3박 4일 동안 되는 대로 무전여행을 다녀오기로 했다. 딱히 대책은 없었는데, 강령 두 가지가 있었다. '고생한다'와 '걷는다'! 이 두 가지 강령을 가지고 함백산장(감이당의 또 다른 네트워크 공간)을 향해 강원도 정선까지 여행하기로 했다.

시간이 넉넉지 않은데, 서울만 걷다가 여행을 마치고 싶진 않았다. 그래서 지하철을 타고 나갈 수 있는 한 최대로 멀리까지 갔는데,

그곳은 양평이었다. 양평에 도착해 '드디어 무전여행을 시작해 볼까?' 하는 찰나, 우리 눈앞에 큰 시장이 보이고 말았다. 하필이면 무전여행 첫날 시장이라니. 최대한 정신줄을 놓지 않고 구경만 하려고 했으나, 우리는 결국 비상금을 털어 가마솥 통닭을 사 먹고 말았다. 앞으로 벌어질 비상 사태는 생각지도 않고, 첫걸음부터 무너지고 만 것이다. 아직 여행을 시작하지도 않았는데 말이다. 그럼에도 통닭은 아주 잘 먹었고, 우린 다시 결심했다. "이제부터가 진짜 무전여행의 시작이다!"

첫날의 목적지는 충주였다. 양평에서 남한강을 따라 목적지인 충주로 향했다. 충주까지는 대략 130km. 우리는 그 거리가 얼마나 되는지도 모른 채 날씨가 좋다며 가벼운 발걸음으로 남한강 자전거 길을 걸었다. 그렇게 반나절쯤 걸었을까. 점점 발걸음이 무거워졌다. 잠시 쉬는 동안 신발을 벗었는데 벌써 물집이 잡히기 시작했다. 아직 하루도 지나지 않았는데 물집이라니. 언제 충주까지 가냐며 다시 걷기 시작했는데 저 멀리 보이는 표지판이 우리를 얼어 붙게 만들었다. 충주 시내도 아닌 충주 댐까지 남은 거리가 100km라고 나와 있는 것! 물집이 잡힐 정도로 많이 걸었는데 30km밖에 걷지 못한 상태였다. 게다가 남은 거리는 오늘 안에 도착하기엔 불가능한 거리였다. 우린 결국 목적지를 바꾸었다. 충주에서 원주로. 함백산장이 최종 목적지였기에 충주는 굳이 가지 않아도 되는 곳이었다. 그리고 경유지를 원주로 바꾼 가장 큰 이유는 같이 공부하는 백수의 부모님이 살고 계셨기 때문이다. 해는 저물어 가고, 원주에 늦은 시간에 도착하게 되면 그곳에 잠자리를 부탁드려 보자는 마음이었다.

　시간이 늦어지자 마음이 급해졌다. 길이 잘 닦여 있기도 하고 낭만을 느껴 볼까 하여 남한강 자전거 길을 걸었는데, 이젠 그럴 때가 아니었다. 그래서 차도로 나와 제일 빠른 길을 찾았고, 거기서 히치하이킹을 시도했다. 처음 히치하이킹에 도전하는 터라 '과연 누가 태워 줄까?', '무서운 사람이 태워 주면 어떡하지?'라는 생각으로 손을 흔들었다. 그러자 트럭 한 대가 우리 앞에 섰다. 운전자인 할아버지는 우리의 목적지를 물었고, 원주 외곽으로 가신다며 우리를 차에 태워 주셨다. 걱정과 달리 할아버지와 우리는 재미있게 이야기를 나누었다. 우리가 여행하는 경로, 어디서 여행을 시작했는지, 할아버지는 어딜 갔다 오시는 길인지, 할아버지가 만났던 사람들, 할아버지는 어떤 일을 하고 계신지, 할아버지의 손가락 하나가 없는 이유 등등. 이야기 꽃을 피우자 그토록 멀어 보이던 원주 외곽에 금방 도착했다.

　첫 시도치고 성공적이었다. 그런데 한편으론 너무 쉽게 오는 것에 헛웃음이 나오기도 했다. 지금까지 걸은 것에 몇 배가 되는 거리를 단숨에 오다니! 역시 자동차란 대단한 물건이라며 첫 히치하이킹 소감을 나누고는 오늘 밤 묵을 곳에 대해 이야기했다. 주변을 살펴보니 잠을 얻어 잘 수 있을 법한 마을이 아니었다. 결국 우리는 첫날의 과객질(과객질에 대해서는 고미숙, 『청년백수를 위한 길 위의 인문학』, 북드라망, 2014를 참고)을 시도하지 못하고 인맥 찬스를 쓰기로 했다. 같이 공부하는 백수에게 전화해서 부모님 댁에서 오늘 하룻밤만 신세를 져도 괜찮은지를 물었다. 친구는 잠시만 기다리라며 부모님에게 여쭤 보았고, 다행히 부모님은 흔쾌히 허락해 주셨다. 걱정이 싹 달아 난 우리는 가벼운 발걸음으로 친구의 집을 향해 갔다. 처음 보는 우리를 부모님은 반갑게 맞아 주셨고, 맛있는 식사와 편안한 잠자리까지 마련해 주셨다.

이렇게 여행의 첫날이 마무리되었다. 그런데 고생하겠다고 무전 여행을 왔는데, 지하철을 타고 양평까지 가고, 돈을 써서 통닭을 먹고, 히치하이킹을 하고, 인맥을 동원해 잠자리까지 모두 편안하게 얻고 말았다. 또 의존해 버리고 만 것이다. 게다가 목적지도 바꾸어 버리고 강령들도 어기고…, 자립이 아니라 완전히 빌붙고 만 첫날이었다. 그렇게 의지를 불태우며 약속했는데, 의존에서 벗어나기가 힘들 줄이야!

여행 둘째 날 : 적극적으로 빌붙자!

이튿날이 밝았고, 목적지는 영월이었다. 재워 주신 친구 부모님은 따끈한 아침밥까지 챙겨 주셨다. 우리는 아주 잘 먹은 후 인사를 드리고 다시 길을 떠났다. 길을 걸으며 돌이켜 보니 받기만 한 첫날은 내가 공부하고 슬럼프에 빠진 과정과 똑같았다. 자립하겠다고 의지를 불태우며 '백수다'에 접속했는데, 점점 수동적으로 바뀌었던 것처럼 말이다. 자립이란 이렇게 어려운 것인가! 그런데 왠지 이상했다. 받기만 하는 여행이 무기력하게 느껴지지 않았다. 첫날부터 전철을 타고 통닭을 먹고 만 실패를 맛보았지만 즐거웠고, 트럭 할아버지와 친구 부모님을 만나서 너무 많은 것들을 받았지만 유쾌했다. 받을수록 무기력해는 것이 아니라 오히려 점점 생기가 돌았다. 분명 공부할 때처럼 받은 것뿐인데 점점 나의 활동능력이 늘어나는 것 같았다. 왜 그런 것일까?

이상한 느낌을 가지고 영월을 향해 걸었다. 옆에는 계곡과 산이 있고 소음도 없어 걷기에 참 좋았다. 그렇게 반나절쯤 걸었을까. 배가 고파 점심을 고민하던 우리 앞에 절이 나타났다. 아무것도 없을 것 같은 첩첩산중에! 누구의 팔자 덕인지 정말 기가 막힌 타이밍이었다. 우리는 올레를 외치며 절문을 두드렸다. 그러자 스님 한 분이 나오셨다. 우리의 사정을 말씀드리자 스님은 흔쾌히 안으로 들어오라며 맞아 주셨다. 그리고 다기를 닦아 생목련차를 내주셨다. 초여름이라 서울에 있는 목련꽃은 다 졌지만 이곳은 산이 높아 아직 목련이 나무에 그대로 있었던 것이다. 스님은 나무에 있는 목련을 따서 바로 뜨거운 물에 넣어 우려 주셨다. 은은한 향기가 입안에 맴돌아 기분이 좋아졌다. 우리가 난생 처음 마셔 보는 차에 감탄을 하자 스님은 웃으셨고 스님과 우리는 여러 이야기들을 나누었다. 어디서 왔는지, 왜 여행을 떠났는지, 요즘 사람들은 왜 걷지 않는지 등등. 스님은 걷기의 철학을 우리에게 말씀해 주시기도 했다. 그렇게 한바탕 이야기를 나눈 후, 스님과 같이 점심을 차려 먹었다. 미역국에 나물 반찬이었는데, 너무 맛있었다. 밥을 먹으며 스님은 말씀하셨다.

스님: 요즘 아가씨들은 잘 안 먹어서 문제야. 밥을 잘 먹어야 할 텐

데. 많이들 먹어.

백수 1: 네. 스님. 저 밥 한 그릇 더 먹을게요. 미역국도요.

스님: 아, 요즘 아가씨들과 다르게 잘 먹네. 그래요. 더 먹어요.

요즘 아가씨(?)들과 다르게 너무 잘 먹자 스님은 조금 당황한 기색을 보이셨다. 배고팠던 나머지 우리는 우리의 먹성을 있는 그대로 보여 드렸고, 조금 당황하셨지만 우리의 정체를 파악하신 스님은 밥을 먹은 후 과일까지 주셨다. 거기다가 가는 길에 먹으라고 땅콩사탕까지 챙겨 주셨다. 정말 민망할 정도로 많이 얻어먹어 감사할 따름이었다. 이렇게 후한 점심을 얻어먹은 후 우리는 다시 떠났다.

다시 길을 나섰는데, 도로가 위험했다. 좁고 구불구불한 시골길에 화물차들이 다녀서 인도도 없는 길을 걷기엔 힘들었다. 그래서 또 히치하이킹을 하기로 했다. 나름 두번째 히치하이킹이라 여유롭게 손을 흔들었다. 그러자 두 번 모두 성공하였다. 한 번은 선글라스를 낀 할아버지가, 또 한 번은 페인트칠 하시는 할아버지가 태워 주셨다. 공교롭게도 두 번 모두 할아버지가 태워 주셨는데, 두 분 모두 젊은 청년들이 멋있다고 격려해 주셨다. 젊은 날에 고생해 봐야 한다고 말씀하시는 할아버지들, 대부분의 사람들은 여자 셋이서 위험하다고 걱정을 했는데, 의외의 할아버지들이셨다. 우리는 할아버지 두 분께 스님이 주신 땅콩사탕을 선물로 드리고 헤어졌다.

그러고도 히치하이킹을 연달아 두 번이나 더 시도했다. 첫째날부터 이때까지 다섯 번의 히치하이킹을 했다. 길이 위험하다는 이유,

멀다는 이유가 제일 크지만, 사람을 만나는 일이 즐거웠기 때문이다. 그리고 처음 시도했을 땐 민폐라는 생각에 걱정했었는데, 이젠 그렇지 않았다. 또 여행을 가기 전 읽은 『가난뱅이의 역습』에서도 이렇게 말하고 있었다.

자동차는 일본의 방방곡곡을 누비고 있지만, 만원인 경우는 거의 없다. 대개 한두 사람이 타고 다니는 것이다. 이건 분명 낭비라구. 아깝지 않아? 이렇게 빈자리가 이동하고 있다면 얘기는 간단하다. 사양할 것 없이 효율적으로 활용하자!(마쓰모토 하지메, 『가난뱅이의 역습』, 11쪽)

본래 히치하이킹은 남의 차에 신세를 져서 먼 거리를 이동하는 것이다. 그런데 저자는 이를 절약하는 행위라고 보았고, 이용하는 사람이 많아지길 원했다. 책을 읽고 나서는 그럴 수도 있겠다고 생각했는데 직접 해보니 더욱 공감이 되었다. 히치하이킹을 할수록 우리의 태도도 조금씩 달라졌다. 물론 적응을 해서 여유가 생긴 것도 있지만, 히치하이킹을 다른 식으로 받아들일 수 있었던 것이다. 제일 달라진 점은 히치하이킹을 낯선 사람을 만날 수 있는 창구라고 받아들이게 된 것이다. 민폐라고 생각했던 것이 이제 적극적으로 다가가 사람을 만나는 창구가 된 것. 이런 점에서 히치하이킹이 즐거웠고, 태워주는 사람마다와 다양한 이야기를 나눌 수 있었다.

아무쪼록 할아버지 두 분 덕분에 더 빨리 영월 가까이에 갈 수 있었다. 그 근처에는 단종 유배길이 있어 그곳을 걸어갔다. 우리는 고전 낭송Q페스티벌연구실에서 1년에 딱 한 번 열리는 낭송대회!에 나갈 계획이라 낭송 연습을 하며 걸었다. 그렇게 한참을 걷자 금세 해가 뉘엿뉘엿 지고 있었다. 오늘 밤도 과객질을 해야 하기에 다시 히치하이킹을 시도했다. 이번엔 중년 부부를 만날 수 있었다. 아저씨와 아주머니는 은퇴를 하고 서울에서 고향인 영월로 귀향했다고 하셨다. 그래서인지 우리에게 영월을 구경시켜 주고자 하셨다. 영월 온 김에 멋진 관광지 하나는 보고 가야 하지 않겠냐며 한반도 지형이 나타나는 '선암마을'을 함께 갔다. 그곳에서 우리는 사진도 같이 찍은 후, 다시 영월 시내 쪽으로 갔다. 그런데 마침 영월에서는 '단종문화제'가 열리고 있었다. 두 분도 그곳에 가시는 길이었다. 게다가 우리에게 아직 저녁 전 아니냐며 막걸리와 전과 국수까지 사 주셨다. 예상치 못한 구경에, 축제에, 저녁밥까지. 무전여행을 하고 있는 우리에겐 횡재였다. 그리고 두 분은 축제에서 만난 동네 분들에게 우리를 딸이며 자랑(?)하셨다.

아저씨: 우리 딸들이에요.

동네 분: 진짜 딸이여?(우리의 얼굴을 보고 의심하심)

아저씨: 아니. 오다가 만난 무전여행하는 애들인데 밥 사 주고 있었어요.

우리: 안녕하세요!

동네 분: 그래요. 무전여행 중이라고? 이럴 때 많이 얻어먹어요!

우리 : 감사합니다.^^

예상치 못한 히치하이킹으로 축제까지 즐기고, 배부르게 먹고 배부르고 떠들썩한 저녁을 보낼 수 있었다(만약 무전여행을 갈 계획이라면 축제가 있는 주변을 맴도시길!). 그러나 하루가 다 마무리된 상태는 아니었다. 우리에게 제일 중요한 숙박 문제가 남아 있었다. 시간이 너무 늦어 밤이 되어 버린 상태여서 우리는 두 분께 인사를 드리고 잘 곳을 찾아 떠났다.

이 늦은 시간에 어디를 가야 하나 고민하며 주변을 살폈는데, 빨간 교회 십자가가 눈에 띄었다. 넓은 교회에 우리 잘 곳은 분명 있을 거라 기대를 하며 바로 발걸음을 옮겼다. 다행히 늦은 시간에도 목사님이 계셨고, 우리의 사정을 말씀드렸다. 목사님은 낯선 사람이 교회에서 자는 것에 조금 민감해하셨지만, 우리의 간곡한 눈빛을 보고 마음을 열어 주셨다. 그래서 따끈한 보일러가 들어오는 교회 2층 방에서 잠을 잘 수 있었다.

첫째 날도 많은 사건들을 겪었지만, 이튿날은 더욱 스펙터클하게 느껴졌다. 점심은 절에서 먹고, 잠은 교회에서 자는, 종교를 넘나들며 빌붙는 하루였다. 돌이켜 보니 낯선 사람들에게 적극적으로 빌붙으려는 나의 전환된 태도를 볼 수 있었다. 이 때문에 받기만 하는 여행이 무기력하게 느껴지지 않고 생기 있게 느껴졌다. 무기력하게 아무것도 원하지 않던 태도에서 무언가를 얻으려는 태도로 전환이 되니 능동적인 자세로 바뀐 것이다. 그렇기에 낯선 이들을 만날 때마다 나의 활동 능력이 커진다고 느껴졌다.

여행 셋째 날 : 인맥의 힘

이제 목적지인 함백산장에 도착해야 하는 마지막 날이었다. 영월에서 함백산장까지는 그리 멀지 않은 거리였다. 그래서 마침 영월에도 왔겠다, 영월에 살고 계신 다른 백수의 부모님을 찾아 뵙자는 이야기가 나왔다. 우리는 친구에게 여부를 물었고, 친구가 부모님께 흔쾌히 허락을 받아 주었다. 친구의 부모님은 세계 민속악기 박물관을 관리하고 있으니 구경하고 가라고도 말씀하셨다. 박물관 구경을 하고 함백산장으로 가도 시간이 넉넉했기에 우리는 감사히 그 제안을 받아들였다. 이렇게 또 다른 여정이 생겨 잠시 행선지를 바꿔 박물관을 향해 걸어갔다.

가는 길에 청령포도 구경하고, 단종 유배길도 걸을 수 있었다. 그렇게 걸어가자 친구 부모님댁에 도착할 수 있었다. 아무래도 처음 뵙는 분들이라 불쑥 찾아가는 것이 죄송하기도 했는데, 부모님은 개의치 않고 반갑게 맞아 주셨다. 더운데 고생이라며 오자마자 떡을 주셨고, 박물관을 구경시켜 주셨다. 배 모양으로 만든 현악기, 동물 가죽으로 만든 나팔, 사람 뼈(!)로 만든 피리까지. 이 다양한 악기들은 아버님이 외국에서 직접 공수해 오시기도 하고, 다른 사람들에게 후원을 받아 모은 것이라고 하셨다. 그 과정들을 리얼하게 설명해 주셔서 재밌는 구경을 할 수 있었다.

박물관을 구경시켜 주신 다음에는 점심을 사주셨다. 많이 먹으라며 우리에게 맛난 음식을 듬뿍 주셨다. 이전에는 한 번도 뵌 적이 없는, 그저 딸-친구라는 인맥만으로 만난 사이여서 어색할 수 있었는데, 그런 것 없이 마음을 활짝 열어 대해 주셨다. 인맥의 힘이 이토록 대단하다는 걸 몸으로 직접 느낄 수 있었던 시간이었다. 첫날 원주에서 묵었던 부모님댁도 마찬가지였다. 늦은 시간에 하룻밤만 재워 달라는 부탁을 흔쾌히 받아들이기는 쉽지 않은데 말이다. 이렇듯 인맥이 또 다른 관계를 맺을 수 있는 창구라는 것을 알 수 있었다.

그리고 히치하이킹, 이렇게 지나가는 인연들과 무언가를 주고받은 것은 태어나서 거의 처음이었다. 처음 보는 청년들에게 이렇게까지 마음을 내줄 수 있다니! 받은 입장에서도 놀라울 따름이었다. 입장을 바꿔 생각해 보면 낯선 이들에게 보상 없이 무언가를 준다는 것은 쉽지 않은 일이다. 우리가 도움을 구하는 태도를 취하자 아낌없이 도와주는 사람들. 그분들의 마음 씀씀이에 놀라지 않을 수 없었다.

점심을 맛있게 먹은 후, 부모님께 인사를 드리고 마지막 목적지인 함백산장으로 향했다. 최종 목적지인 함백산장은 감이당에서 새롭게 꾸려 나가고 있는 공간이었다. 우리는 새로운 공간에 접속할 겸 무전여행의 최종 목적지를 함백산장으로 정한 것이다. 그런데 아직 함백산장을 매일 지키는 학인은 없었다. 대신 일주일에 하루 기차를 타고 공간을 지키러 오는 언니 두 명이 있었다. 우리는 언니들에게 무전여행으로 함백산장에 간다고 하자, 언니들은 우리가 도착하는 날에 맞춰 오겠다고 말했다. 같이 만나서 밥도 해먹고, 공간 청소도

하자고 약속했다. 그리고 약속 날이 되자 언니들은 기차를 타고 함백 산장으로 왔다. 연구실에서 자주 보던 언니들이었지만 너무 반가웠 다. 언니들은 우리에게서 냄새가 난다며 놀리고, 배고픈데 산장에 김 치밖에 없다며 놀렸지만, 실제로는 만둣국을 끓여 줬다. 여행 마지막 날이라서 그런지 너무 맛있었고, 밥을 코로 마시는 것은 아닌지를 확 인하며 먹을 정도였다. 이렇게 여행 마지막 밤에도 풍성한 선물을 받 았다.

텍스트 너머로

여행을 떠나기 전 내가 무기력했던 또 다른 원인을 생각해 보면 삶과 책을 따로 분리해서 보았던 점이다. 무전여행 이전엔 책을 읽어서 과 연 삶이 달라질까 하는 의문이 있었다. 그래서 책을 읽을 때 저자의 생기만 느낄 뿐, 책이 내 삶에 대입되었을 때의 생기를 직접 느껴 보 지는 못했다. 그러다가 무기력해졌고, 별 의욕 없이 커리큘럼에 따라 『가난뱅이의 역습』이라는 책을 읽었다. 그런데 이 책은 이상하게 나 를 자극시켰다. 이 책은 '가난한 자들이 세상을 어떻게 살아갈 수 있 는지', 또는 '이렇게도 재미나게 살아갈 수 있다'는 내용을 담고 있었 다. 이러한 삶을 저자는 능글맞고 뻔뻔하면서도 치밀하게 기획했고, 또한 그것을 재미있게 즐긴 후 텍스트에 담아냈다. 그리고 그러한 삶 을 살아가는 이유를 명확하게 밝혀냈다.

우리가 손가락 까딱 안 하고 빈둥빈둥 놀면 어떻게 되지? 백발백중 눈 깜짝할 새 돈이 떨어져서 찍소리도 못하게 될 거란 말이야. 페달을 밟지 않으면 쓰러져 버리는 자전거 같은 우리 인생은 자타공인 가난뱅이란 말씀. …… 결국은 강제노동 수용소에 갇혀 있다는 사실에는 변함이 없는 거야. 흐음, 이거 그렇다면 탈출해야 하는 거 아냐?(마쓰모토 하지메, 『가난뱅이의 역습』, 11쪽)

돈을 벌다 보면 적당한 돈에서 만족하지 못한다. 더 많은 돈을 위해 열심히 페달을 돌린다. 그러다 보면 일상을 놓치게 되고, 내가 페달을 돌리는 건지, 페달이 나를 돌리는 건지 헷갈리기까지 한다. 이러한 삶은 살지 않겠다고 저자는 생각했고, 재활용 가게를 열고, 재미난 시위를 하고, 커뮤니티를 만들었다. 이 모습을 보니 나도 모르게 엉덩이가 들썩거렸다. 자립하러 나왔을 때의 기억이 나며 다시 의지가 생겨난 것이다. 뜻은 잊은 채 걱정만 하다가 점점 무기력해진 나에게 저자가 일침을 가한 것 같았다. 어서 일어나 세상 밖으로 나가라고, 삶을 실험해 보라고 말이다.

그래서 시작됐던 여행이 마무리되었다. 마지막 날 기차를 타고 다 같이 서울로 돌아왔다. 일상도 다시 펼쳐졌다. 짧은 여행을 정리하자면 이런 방식이었다. 걷는다-다가간다-받는다-다시 걷는다. 고생하려고 떠났지만 받은 것투성이였던 여행. 그러나 결코 무기력하지 않았고, 오히려 무기력했던 나의 태도를 전환시킬 수 있었다. 앞서 말했듯이 도움을 능동적으로 구함으로써 생기를 느낀 것이다. 이것은 자립이 아닌 것일까?

나는 받기만 하는 존재, 스스로 무언가를 해내지 못하는 것에 대해 자립적이지 못하다고 생각했다. 모든 것을 혼자의 힘으로 해내야 한다고 생각했다. 그런데 모든 도움을 뿌리치고 혼자 해내는 것만이 자립인 것일까? 내 주변에 있는 것들로부터 떠나야만 자립할 수 있는 것일까? 생각해 보니 도움을 받지 않고 살아가는 존재는 없었다. 자연을 보아도 그렇다. 씨앗과 물과 흙과 바람 등등, 이 모든 것들이 있기 때문에 나무가 자라날 수 있다. 아무것도 없는 무無에서 유有를 만들 수는 없는 것이다. 또, 유有가 있기에 또 다른 유有를 만들어 낼 수 있다. 더군다나 배우는 입장에서 받지 않는다는 건 배우려는 태도가 아니었다. 내가 모르는 부분이나 내 힘으로 할 수 없는 부분은 도움을 요청하는 태도를 취해야 배울 수 있다. 이처럼 자립이란 모든 것을 떠나서 창조적인 것을 만드는 것이 아닌, 내 주변의 것들에서 배우고, 소화해서 새롭게 조합하는 것이지 않을까.

책 또한 이렇게 읽어야 하지 않을까? 아무리 좋은 글을 읽어도 스스로 구하려 하지 않는다면 그냥 흘러가고 만다. 어떻게 내 삶에 적용시킬 것인지 고민을 해야 이전과 다른 삶을 살 수 있다. 이제 필사적으로 다가가고, 인맥을 이용하고, 걷고 또 걸은 우리의 여행 방식을 책 읽기에 적용시켜 볼 차례다. 텍스트에 적극적으로 다가가야 무기력에 빠지지 않고 새로운 영역으로 나아갈 수 있다는 사실을 알게 되었으니 말이다.

책에 대한 믿음이 생긴 나

내가 자신감을 가지고 세상 밖으로 나갈 수 있었던 원동력은 책이었다. 배운 것을 가지고 세상 밖, 새로운 영역으로 나아가 보겠다는 몸부림이 여행이었다. 텍스트가 텍스트 너머로 움직이고 행동하게 만든 것이다. 우리가 무전여행을 선택했던 것은 돈이 없어서가 아니었다. 돈 없이도 할 수 있다는 자신감으로 무전여행을 선택한 것이다. 책에서 자신감을 받았고, 그러므로 겁 없이 내 멋대로 행동할 수 있었다.

의문을 가지고 책을 읽었고, 여행을 통해 직접 실험해 보았다. 거기서 무기력을 느꼈고, 실패도 해보고, 한편으론 활동 능력을 확장시킬 수도 있었다. 그러자 책에 대한 믿음이 생겼다. 이제는 책과 내 삶이 분리되어 있다고 생각하지 않는다. 그런 점에서 지금 책을 읽을 때는 질문을 가지고 읽는다. 관계를 어떤 식으로 맺어야 할지 모를 때, 앞으로 어떻게 살아가야 할지 모를 때, 나의 뜻을 어떻게 발현할 수 있을지 궁금할 때 책에서 도움을 구한다. 우리가 밥과, 숙식과, 이동이 필요할 때 사람들에게 도움을 구했던 것처럼 말이다.

책에서 말하는 방법이 나에게 맞을 수도 있고, 맞지 않을 수도 있다. 그렇기에 나는 실험을 한다. '나는 어떻게 살고 싶은가?' 스스로 고민하면서 말이다. 여기에 정해진 코스는 없다. 자신의 뜻이 있을 뿐, 정답 또한 없다. 그래서 우리는 실패하더라도 겁내지 않는다. 텍스트에 다가가면 나는 움직이게 되니 말이다. 이렇게 나는 텍스트를 넘어서기 위해 책을 읽는다.

3. 백수의 경제학

공부만으론 자립하는 백수가 될 수 없다. 반드시 경제적 자립이 뒷받침되어야 한다. 공부가 비전 탐구의 영역이라면, 경제는 그 비전을 실험하는 현장에 가깝다. 이 두 영역을 조율하는 것 또한 자립의 중요한 덕목이다.

우리는 흔히 경제를 돈으로만 환원한다. 하지만 돈은 단지 기호일 뿐. 원래 이코노미(경제)의 어원은 집과 살림이다. 한 공간 안에서 각종 활동을 생산하고, 분배하고, 관리하는 온갖 '방법'들이 경제다. 자본주의는 이러한 경제적 활동을 소유와 증식이라는 코드로 독점해 왔다. 가진 것이 없으면 아무것도 할 수 없다는 통념은 여기에서 비롯한다. 우리는 이것에 저항하는 실험을 해보고 싶었다. 가진 것이 없음에도 뭐든 시작할 수 있다는 것. 그러한 활동이 벌어지는 곳으로 돈과 사람이 모인다는 것. 이것이 우리가 터득한 경제적 지혜다. 구체적으로는, 필요한 만큼만 벌고 필요한 만큼만 쓰기. 집을 소유가 아닌 공유의 공간으로 만들기. 사적 소유로부터 벗어나 공동체의 오래된 경제방식 — 증여의 경제와 접속하기. 놀랍게도 삶은 이럴수록 더 풍요로워진다. 이전과는 다른 새로운 계산법을 만들어 내는 것, 이것이야말로 백수의 경제학이다.

연구실의 백수들은 매주 밥 당번을 한 번씩 돌아가면서 하고, 덕분에 저렴한 가격에 식사할 수 있다. 난생처음 밥을 해본대도 어쩔 수 없다. 무조건 투입! 이상하게도 일단 주방에 가면 다 된다. 각자의 노하우 때문에 싸움이 벌어지기도 하고, 때로는 엄청난 실패로 학인들에게 수난을 안겨 주기도 한다.^^

입춘 추위에 집을 구하러 다니는 남자 백수들. 필동 일대의 부동산을 다 뒤지며 더부살이에 적합한 가격대의 집을 알아보았다. 우리는 발로 뛰는 게 익숙하다. 물건이 얼마 없어 잠시 절망했지만, 곧 모든 것이 갖춰진 집 하나를 장만하고 즐거워했다. '공-ONE'이라는 이름도 얻었다.

남녀 백수들이 집을 얻어 연구실 근처로 이사했다. 우린 이사도 몸으로 한다.^^ 남아도는 시간과 힘, 그리고 우정으로 각자의 이사를 내 일처럼 도왔다. 우린 이러면서 친해진다.

Tg스쿨 공부방 앞 풍경. 개인들의 한 달 재정 상태가 고스란히 담긴 가계부가 덕지덕지 붙어 있다. 수입과 지출은 얼만지, 빚은 얼마고 갚을 계획은 어떻게 되는지, 저축은 잘 하고 있는지 공개했다. 처음엔 무지 민망했는데, 다른 사람 가계부에 코멘트를 다는 재미가 생겼다. 서로의 생활에 무람없이 개입하는 즐거움. 서로의 자립을 기원하는 관계니까 가능한 것이다.

채광 좋은 Tg스쿨 공부방. 공부방 환경은 엄청나게 좋다. 다만 잠이 쏟아질 뿐. 우리의 1년 공부는 이 공부방에 앉아 있는 신체 만들기다. 공간과 하나 되는 신체가 공부의 기본!

우리는 청소할 절기가 돌아오면, 우리의 본거지인 Tg스쿨을 대청소를 한다. 사실 Tg스쿨은 볕이 잘 들고 바람이 잘 통하는 가장 좋은 연구실 공간이다. 이런 곳을 청년백수들이 거의 무료로 쓸 수 있는 건 공동체의 힘이다. 우리가 보답할 길은 이 공간을 청정하게 쓰고, 누군가에게 다시 돌려주는 일일 것이다.

경제적 자립을 위한 한 발

형나영

내 힘으로 살아 보자

내 나이 스물다섯 살. 부모님의 원조로 학자금 대출 없이 대학을 졸업했다. 부모님은 타지 생활을 위한 생활비도 꼬박꼬박 챙겨 주셨다. 대학을 다니면서 알바 같은 건 하지 않았다. 알바할 시간에 공부해서 장학금을 타는 게 더 이득이라고 생각했기 때문이다. 알바를 하는 친구들도 더러 있었지만 내 주변 친구들도 나처럼 용돈을 타서 쓰고 있었다. 용돈으로 학원에 다니기도 했고 맛집을 찾아다니거나 쇼핑을 하는 데 썼다. 다들 용돈 받는 것을 당연시했다. 조금 마음이 걸리긴 했지만, 열심히 공부해 좋은 직장에 취직해서 갚으면 된다고 생각했다. 그런데 대학 졸업이 임박하자 당황했다. 좋은 직장에 취직할 자신이 없었기 때문이다.

부모님은 얼마든지 더 지원해 줄 테니 시험을 준비하거나 대학원에 가라고 하셨다. 그런데 시험을 위한 공부가 미치도록 하기 싫었고 막막한 상황을 유예하기 위해 대학원엘 가는 것도 싫었다. 뭘 해야 하는지도 모르겠고 모든 게 귀찮아지자 무기력한 생활에 빠져들었다. 하루 종일 누워서 TV를 보다가 배고프면 먹고 밤낮 상관없이 졸리면 자고 밖으로 잘 안 나갔다. 이런 상황에서도 부모님은 여전히 월세와 생활비를 보내 주셨다. 이런 생활을 몇 년 더 버텨 볼까 하는 생각도 했다.

하지만 생활이 망가지기 시작하자 편안함도 더 이상 편하게 느껴지지 않았다. 머리는 부정적인 생각으로 가득 차고 몸은 너무 무거웠다. 이런 상태는 생존 본능을 자극했다. '무엇을 하며 살고, 어떻게 살아야 하는가?'라는 질문이 절실하게 다가왔다. 꼭 대답하고 싶었다. 많은 사람이 말하는 길은 경쟁이 불가피했고 경쟁이 주는 부정적인 감정들을 더 버텨 내기엔 나는 유약했다. 꼭 이렇게 살아야 하는지 다른 길은 없는지 정말 궁금했다. 그래서 우선 밖으로 나가자고 생각했다. 그리고 뭐든 읽자고 생각했다. 그러던 어느 날 서점에서 우연히 읽은 책을 통해 감이당과 '백수다'를 알게 되었다.

'백수다'를 하기로 마음먹었던 이유는 '백수다'의 비전 중 '경제적 자립'에 완전히 꽂혔기 때문이다. 예전에도 어떻게 살아야 할지, 꼭 이렇게 살아야 하는지에 대한 질문이 있었다. 하지만 부모님만큼만 살았으면 좋겠다는 전제에서 출발하여 안정적이면서 어느 정도 돈을 버는 직장을 얻어야지, 자식을 대학까진 못 보내도 노후 대비할 정도는 벌어야지 등으로 자신을 설득하고 쉽게 고민을 끝냈다.

이제 이 틀을 깨고 고민에 대한 새로운 출구를 스스로 찾아보고 싫었고 그러기 위해서 부모님으로부터 벗어나야겠다고 생각했다. 혼자서는 돈을 벌기 위해 나갈 엄두를 내지 못하고 있었는데 '백수다'의 경제적 자립이라는 비전을 보고 마침 잘 되었다 싶었다. 무얼 할 건진 모르겠지만 같이하면 뭔가는 하고 있으리라. '시키는 대로 열심히 하겠습니다!'라는 마음으로 '백수다'에서 하자고 하는 대로 따랐다. 알바를 구하고 가계부를 쓰고 같이 살 집을 구하는 등등.

돈은 마음이다

'백수다'에서 무언가 열심히 하고는 있는데 점점 마음이 복잡해졌다. 당장 자립을 할 수는 없었기 때문이다. 공동주거를 위한 보증금 200만 원이 필요해서 부모님께 빌렸다. 또 원래 살고 있던 방이 계약이 끝나지 않은 데다 다음에 살 사람을 구하지 못한 채로 공동주거 할 집으로 옮겨 왔기에 이중으로 월세를 내야 했다. 공동주거 월세는 내 돈으로 냈지만 다른 집은 내가 감당하기 어려운 금액이었다. 그래서 또 부모님께 빌려서 냈다.

경제적 자립에 대한 조바심이 일어났다. 그냥 좀 참고 취업이나 고시 공부해서 한 방에 갚아 드리면 되지라는 생각도 들고, 난 왜 이리 유약할까라고 자책도 했다. 다시 예전처럼 무기력한 상태에 빠져들었다. 게다가 이중 월세 생활이 3개월째로 접어들면서 이러한 조바심과 자책감은 최고조에 이르렀다. 또 당시에 『장자』라는 낯선 책을 12주간 읽고 매주 글을 썼는데 도대체 무슨 말인지도 모르겠고 글에 쓸 말도 없었다. 공부가 어렵고 지루했다.

이런 상태에서 방학을 맞아 부모님이 계신 집에 내려갔다. 가족들과 놀러 가서 맛있는 걸 먹었다. 다시 서울에 올라와서 공부하려니 괴로웠다. 내가 왜 이러고 있나. 부모님과 살면 좁은 공동 공간 대신 넓은 내 공간이 있고 채식 위주의 식단보다 고기를 자주 먹을 수 있고 세미나 간식이 남았나 안 남았나 어슬렁거리는 대신 비싼 군것질을 할 수 있다. 온갖 궁상은 다 떨면서 자립은 못 하고 있는 현실이 너무도 답답했고 공부는 하기 싫었다. 스스로 답을 구해 보고 싶다던 마음은 자연스럽게 잊혀졌다.

뭔가 자극적인 일이 일어났으면 했다. 그래서 옷을 사겠다는 명목으로 명동으로 나가 화려한 볼거리와 음악 소리에 몸을 맡기며 배회했다. 그리고 오랜 시간 동안 쇼핑을 했다. 돌아가야 할 시간이 되니 허무했다. 연구실로 돌아가기 싫었다. 그래서 명동에서 충무로까지 정말 천천히 걸어갔다. 이렇게 마음이 혼란스러울 때를 마침 사기꾼이 딱 알고 내게 접근했다.

연구실로 돌아가는 길, 횡단보도를 하나 건너고 나니 누군가 말을 걸어 왔다. 길을 물어보는 사람인가 싶어 순순히 낯선 사람의 말에 귀를 기울였다. 그런데 단순히 길을 물어보는 사람이 아니라 도움을 바라는 사람이었다. 그래, 말을 들어주기 시작한 김에 도와주자. 하지만 그 사람이 5분 이상 이야기를 하는데도 도대체 나한테 뭘 해달라는 건지 감을 잡을 수가 없다. 단도직입적으로 말하지 않는다. 대충 요약하자면 그는 자신을 〈삼시세끼〉 FD라고 했다. 그런데 필름을 영상센터에 맡기러 가는 과정에서 차 키를 잃어버렸다고 했다. 자신은 모든 물건을 차에 두고 내려서 돈도 핸드폰도 없으니 열쇠를 해줄 수 있는 열쇠점까지 같이 택시를 타고 가서 열쇠를 받아오면 차 문을 열고 돈을 돌려준다고 했다. 자신은 지금 촬영 시간에 늦어서 빨리 가야 하지만 상황이 해결되면 빙수를 시켜 주고 간다는 둥 연예인 사인을 받아 준다는 둥 침까지 튀겨 가며 횡설수설했다. 낯선 아저씨와 택시를 탄다고? 믿기지 않겠지만 나는 아무런 의심 없이 오케이했다.

지금 생각하면 정말 아찔한 상황이다. 어떻게 겁도 없이 그런 제안을 바로 수락했을까? 당시에는 그 사람이 낯선 아저씨가 아니라 그저 도움이 필요한 사람으로 보였다. 낯선 아저씨라는 생각, 낯선 사람을 조심해야 한다는 생각이 손톱만큼도 없었다. 도움을 요청하는 사람에게 도움을 줘야 한다는 생각이 나를 지배했다. 석연치 않은 구석들은 모두 그 사람을 불쌍한 사람으로 만드는 방향으로 해석됐다. 누군가가 도움을 요청해서 도와줄 수 있는 상황이 나에겐 흔한 일은 아니었다. '누군가를 돕는다는 건 기쁘고 특별한 일이다'라는 생각마저 들었다. 무기력한 상태였던 나는 이 일이 내 삶에 생기를 불어넣어 준다고 생각했다.

택시를 타고 열쇠점 근처로 갔더니 열쇠를 받기 위해 돈이 필요하다고 했다. 택시에서도 정말 고마운 천사님, 천사님…을 입버릇처럼 말하고 약속은 꼭 지키겠다고 손가락 걸고 약속하는 등 내가 더 미안해질 정도로 굽신거렸다. 이렇게 이 사람은 나에게 매우 고마워하고 있으므로 당연히 나는 그가 약속을 지킬 것이라고 믿었다. 그래서 쉽게 돈을 내주었다. 내 손을 떠난 돈이 다시는 돌아오지 못하리라고는 생각지 못했다. 이 사건의 하이라이트는 바로 여기부터다. 차문을 열려면 열쇠 말고도 경보기라는 것이 필요하다고 한다. 경보기란 게 있나, 라는 생각이 들었으나 이 사람은 지금 매우 급한 상황이니까 우선 빨리 해결해 주고 보자라는 생각이 나를 지배했다. 그래서 또 택시를 타고 어느 카센터 주변에서 내렸다. 경보기가 무려 60만 원이 든다고 했다. 하지만 내 통장에는 50만 원뿐. 그 사람은 그거라도 괜찮다고 시간이 없다고 재촉했다. ATM으로 열심히 뛰어가서 재빨리 돈을 뽑은 다음 내 손으로 50만 원을 직접 건네 주었다. 50만 원을! 내 손으로! 갖다 바쳤다!

빌린 돈은 꼭 돌려준다고 약속할 때마다 그 사람이 내게 준다는 액수는 점점 올라갔다. 종국엔 두 배로 준다고 했다. 처음엔 재미있는 사건이라고만 생각해서 얼마를 주든지 상관은 없었다. 하지만 액수가 점점 올라가니 내심 기분이 좋았다. 게다가 두 배라 함은 알바 두 달을 뛰어서 받을 돈이다. 그러실 필요없다는 말이 입 밖으로 안 나왔다. '선의를 베풀었단 이유로 두 배를 준다니 좀 과한 것 같지만 준다면 땡큐지'라는 생각이 들기 시작하면서부터 머릿속에선 '이 돈을 어떻게 써야 하나' 하고 상상의 나래가 펼쳐졌다. 얼마를 저축할까, 다음 달엔 일을 쉬엄쉬엄해야지, '백수다' 친구들하고 무얼 사 먹을까 등등.

이 사건의 결말은 이렇다. 경보기를 받고 나니 이번엔 경보기를 설치할 견인 기사를 만나야 한단다. 그래서 또 택시를 타고 사기꾼과 처음에 만난 곳에서 100m 떨어진 곳에서 내렸다. 견인 비용으로 현금 3만 원을 줘야 한다고 했다. 나는 더는 현금이 없었다. 그런데 마침 다른 통장엔 딱 3만 원이 있었다. 내가 돈을 뽑으러 다녀오는 동안 자신은 견인 기사를 만나서 갈 테니 처음에 자신의 차량이라고 보여줬던 차가 있던 장소에서 만나자고 했다. 돈을 뽑아서 갔더니 차량은 없어지고, 물론 사기꾼도 오지 않았다.

나는 왜 좋은 먹잇감이 된 걸까? 낯선 사람을 쉽게 믿어선 안 된다는 사실을 머리론 알고 있었다. 하지만 실제상황이 벌어지자 생각할 겨를이 없었다. 주어진 상황을 의심하기보다 우선 주어진 것을 해결하자는 마음이 앞섰다. 누군가 하자는 대로 끌려다니지 않고 스스로 답을 하고 싶다는 마음은 완전히 잊혀졌다. 보통 마음대로 안 되는 세상일 중에 돈이 제일 말을 안 듣는다고 한다. 그런데 반대로 돈이야말로 내가 마음먹은 대로 움직이는 것은 아닐까. 돈이 움직이는 경로가 내 마음의 경로를 보여 준다는 말이다. 이런 내 마음의 행로가 이 사건을 만나게 한 것이다.

아무런 대가 없이 무언가를 얻을 수 없다는 사실은 알고 있었다. 하지만 '대박'이라는 덫에 걸려들면서 완전히 주도권을 뺏겼다. 내가 덫에 걸린 순간 그 사람은 더는 도움이 필요한 사람이 아니라 나에게 대박을 안겨 줄 사람으로 보였다. 내 마음은 그 사람을 도와야 한다는 것이 아니라 그 사람에게 받을 돈을 어떻게 쓸지 궁리하는 데 가 있었다. 대가 없이 무언가 얻기를 바라는 욕심은 돈을 어디로 흘러가게 하는가? 끝없는 욕심이 돈을 무한한 감정 기복의 장으로 데려간다. 로또에 당첨되기를, 주식이 오르기를, 집값이 오르기를…. 숫자가 오르락내리락하는 것에 따라 기분도 하루에 수십 번 오르락내리락한다.

이 사건을 겪은 후 주변 사람들은 내게 마음이 어디에 가 있는지 돌아보라고 했다. 처음엔 공부에 싫증난 마음과 돈을 쉽게 날린 이 사건이 도대체 무슨 관계가 있는지 알 수 없었다. 하지만 돈에 대한 생각을 달리 해보려 노력하니 그 이유를 조금 알 것 같다. 돈을 어디에 어떻게 쓰는가는 곧 자신이 어디에 어떻게 마음을 쏟는가를 보여준다. 돈을 다룰 줄 아는 사람이라야 자기 삶도 스스로 책임질 수 있다. 경제적 자립에 대해 더 넓은 시야를 갖게 해준 사건이었다.

경제적 자립은 무엇인가

사기를 당했다는 사실을 깨닫고 경찰서에 갔다. 같이 사는 언니가 함께 있어 줬다. 경찰서에 오긴 왔는데 인상착의도 기억이 나지 않고, 그 사람을 찾을 만한 어떤 단서도 없었다. 그래서 나는 어차피 못 잡을 것 같으니 그냥 돌아갈 생각을 했다. 그랬더니 언니가 어이없어 하면서 어떻게 될지 모르는 일이니 형사에게 요구할 수 있는 것은 요구하라고 했다. 그래서 꾸역꾸역 형사와 현장을 돌아다니면서 CCTV가 있는지 확인했다. 결과는? 오! 사건이 일어난 현장들은 모두 CCTV가 없거나 있어도 사람을 구별할 수 있는 성능이 아니었다. 이때 좌절보다 오히려 내가 진짜 꾼에게 당했다는 사실에 안도했다.

사기꾼을 잡아야 한다는 절실한 마음도 없었다. 나는 내가 돈을 뜯긴 것에도 화가 나지 않았다.

단지 창피했다. 내가 낯선 사람을 별로 의심하지 않는구나. 앞으로 낯선 사람은 의심하고 봐야 한다고만 생각했다. 그런데 주변 사람들의 반응이 심상찮았다. 나보다 분개했고 사라진 돈을 아까워했다. 왜 나는 그 돈이 아깝지도 않고 화도 나지 않는 걸까? 지금도 사실 그 돈이 아깝지 않다. 왜냐. 그 돈을 생각하면 공허한 이미지가 떠오른다. 그냥 원래 없던 돈이었다.

사건 며칠 전까지만 해도 원래 내 통장엔 50만 원이라는 거금이 없었다. 지갑에 현금도 달랑 몇천 원이 있었다. 그런데 '백수다' 한 시즌이 끝나고 집에 다녀오면서 지갑엔 십여만 원이 채워졌다. 그리고 사건 이틀 전에 아빠가 통장에 50만 원을 넣어 주셨다. '백수다'에서 경제적 자립을 위해 용돈을 받지 않는다고 약속했기에 돌려 드려야 한다는 생각이 들었다. 하지만 미적미적 결단을 내리지 못했다. 그러다 사건이 터진 것이다. 정말 솔직하게 말해서 그 돈이 사라지자 앓던 이가 빠진 것처럼 홀가분했다! 그러고는 '아빠가 열심히 버신 돈, 이렇게 허무하게 날렸어요. 이제 더는 주지 마세요'라고 하면 안 주시겠지, 그러면 나는 경제적 자립을 할 수 있을 거라고 생각했다.

내 생각대로 사기를 당하고 나선 부모님이 용돈을 끊었을까? 정말 깜짝 놀랐다. 사건 이후에 별다른 이유 없이 또 주셨기 때문이다. 그리고 그때야 깨달았다. 부모님이 멈춰 주길 바라는 건 정말 어리석은 생각이라는 것을. 그땐 또 허튼 곳으로 날릴까 봐 빠르게 돌려 드렸다. 그리고 한 번 더 놀랐다. 그후론 별다른 이유 없이 용돈을 주지 않으신다. 이 지점에서 자립이 무엇인지에 대해 조금 배웠다. 남 때문에 내가 자립을 못 하는 게 아니라 자립을 위해선 스스로 행동해야 한다는 것. 내가 부모님과 만나는 방식을 바꾸어야 하듯이 돈 또한 만나는 방식을 바꿔야 하는 건 아닐까.

'백수다' OT 때 가장 이슈가 되었던 사항은 자신들의 경제 상황, 구체적으로는 빚이었다. 빚은 갚아야 한다고 튜터 선생님들이 어찌나 닦달하던지. 특히 학자금 대출을 갚아야 할 사람들이 많았고 나처럼 엄마론(loan)을 써야 하는 사람들도 있었다. 그런데 여태까지 부모님께 용돈을 받아서 써 왔는데 어디서부터 빚이라고 해야 하는지 누군가 질문했다. 그러자 경제적 자립을 하기로 마음먹은 순간부터라고 답해 주셨다. 사실 이 답을 듣고도 좀 개운하지 않았다. 갚으려고 마음먹기 전에 받은 것들은 돌려 드리지 않아도 되는 건가? 갚을 마음만 먹으면 빌려도 되는 건가? 마음먹기 전이나 후나 빌리는 건 어차피 같은 거 아닌가라는 생각이 들었다. 당시엔 마음을 먹고 그것을 실천한 후에 달라지는 변화가 얼마나 큰 것인지 실감하지 못했다.

경제적 자립을 결심한 이후로도 보증금뿐만 아니라 월세, 학비를 빚졌다. 거의 400만 원이다. 지금 매달 10만 원씩 적금을 붓고 있다. 앞으로 2년 후에나 다 갚을 수 있다. 처음엔 빚을 지지 않는다는 목표에 빨리 도달하고 싶었다. 그래서 목표를 이루어 나가는 과정이 길어질 것으로 예상되자 무기력해졌다. 목표를 빨리 이루지 못하고 있다는 생각 때문에 삶을 부정적으로 평가했다. 하지만 이젠 조바심이 나지 않는다. 왜냐하면, 시선이 목표 달성에서 달성 과정으로 옮겨 갔기 때문이다. 전에는 '휴, 이걸 언제 다 갚지?'라고 물었다면 지금은 '돈을 어떻게 쓰지?'라고 묻는다. 필요한 만큼 벌고 계획을 세워서 알차게 쓰고 느리지만 빚도 갚아 간다.

작년엔 그렇게 빠듯하진 않았다. 일도 적당히 했고 부모님이 주신 용돈을 어떻게 할까 미적미적 궁리하다가 몇 만원 보태 쓴 적도 있었기 때문이다. 올핸 작년보다 일을 적게 해서 조금 빠듯하다. 가장 만만한 게 식비라 군것질하는 비용을 줄이려고 했다. 별 생각 없이 군것질하고 마음 가는 대로 쓰는 습관이 있었다. 그런데 지금 당장 필요한 것인지 한 번 더 생각하고 쓰려니 갑갑했고 쪼잔한 구두쇠가 된 것만 같았다. 지금은 어떻게 쪼잔하지 않게, 누군가를 위해 쓰더라도 아깝지 않게 쓸 것인가를 고민한다.

이런 상황에서 부모님이 오랜만에 용돈을 주셨다. 동생이 대학에 입학하면서 상경했는데 같이 살진 않아도 가까이 살게 되었다. 부모님은 둘이 맛있는 거 사먹으라며 나에게 용돈을 주셨다. 예전 같으면 굉장히 망설였을 것이다. 몇만 원은 내 생활비에 보태 쓰고 나머지는 같이 사 먹는데 써야겠다는 등 계산을 열심히 했을 것이다. 그런데 나는 그 돈을 쓸 수 없었다. 마치 용돈을 받아온 것이 당연했던 것처럼 이젠 용돈을 받아 쓸 수 없는 감각이 당연한 것으로 되어 버렸다. 그래서 그 돈을 동생에게 다 주었다. 내 감각이 바뀌었다고 느낀 사건으로 자체가 큰 변화이고 그 변화 또한 큰 보람이다.

유약함을 자책했던 마음은 유약해서 다행이라는 마음으로 바뀌었다. 노자^{老子}는 살아있을 때 부드럽고 약하며 죽으면 단단하고 강해진다고 말했다.(人之生也柔弱, 其死也堅强,『도덕경』76장) 유약했기에 질문할 수 있었고 스스로 답하고 스스로 살아 보고 싶다는 강렬한 마음이 생겼다. 단지 경제적 자립의 출발점에서 한발 내디뎠을 뿐인데 감각의 전환이 일어났다. 또 이런 감각의 전환은 삶에 대한 시선의 변화를 열어 주었다. 빚을 다 갚았을 때 또 어떤 감각의 전환이 일어나게 될지 기대된다.

'백수다'
그 이후

돈이 좋아진 나

돈과 관련해 작년과 달라진 점이 두 가지가 있다. 돈과 관련된 활동을 많이 하고 있고 돈이 들어오는 경로가 다양해진 것이다. 통장에 있는 돈과 손에 들고 있는 현금도 나름 많아졌다. 하지만 다 내 돈은 아니다(^^;). 2년째 공 two 회계를 맡게 되었고 또 '백수다'에서 약속을 지키지 않을 때 걷는 무시무시한 벌금을 관리 중이다. 그리고 백수들의 가계부를 걷어 게시하는 활동도 담당하고 있다. 스스로 손을 번쩍 들어 이 활동들을 자처했다. 한번 해

보고 싶었다. 공금을 관리하는 경험이 공부가 될 거라고 생각했기 때문이다. 공금은 한 사람의 소유가 아니라 여러 사람들이 관계되어 있는 돈이다. 사람들과 더 솔직하고 깊은 관계를 맺으려면, 관계를 타고 흐르는 돈을 만져 봐야겠다고 생각한 것이다. 사심 없이 받고 사심 없이 갖고 있기. 공금 관리는 나를 관계의 장 한가운데에 있게 만들었다. 만약 공금을 관리하면서, 사람들을 피하거나 신뢰를 잃는 행동을 하면 불안해서 내게 돈을 맡기지 못할 것 아닌가?

작년엔 장애인활동보조로만 돈을 벌었다. 그런데 올해는 연구실 활동비가 수입의 4분의 1을 차지한다. 연구실 인연으로 새로운 수입 경로가 생긴 것이다. 연구실 안에서 『아무도 기대하지 않는 잡지』를 편집하면서 판매금으로 활동비를 좀 벌고, '문탁네트워크'에서 생산하는 자누리 화장품을 감이당에 판매하고 관리하면서 경제적으로 도움을 좀 받는다. 거기에 더해, 잡지 활동을 하면서 알게 된 디자이너와의 인연으로 예상치 못한 돈의 경로가 또 생겼다. 소위 '노가다'가 필요한 디자인 작업이 있으면, 이 청년백수를 위해 알바를 맡겨 주신다. 생각지도 않게 여기저기 새로운 돈의 인연이 생기는 게 신기하다. 왜 이렇게 달라진 걸까? 아무리 생각해도 관계에 대해 내 마음이 달라졌기 때문이라고 할밖에. 작년과 달리, 올해는 관계에 마음을 더 쏟으려고 노력했다. 진심으로 사람을 대하고, 누군가의 자립을 위해 마음을 쓰자! 정말 그래서일까? 내가 마음을 쏟았던 인연을 통해 돈의 경로가 열렸으니, 아무래도 그렇게 믿어도 될 것 같다.^^

돈은 사람들 사이를 돌고 도는 것이다. 하여, 돈을 벌기 위해 어떻게 관계 맺을 것인가란 고민이 필요하다. 관계의 도를 터득하면 평생 먹고살 걱정은 없겠다는 생각이 든다. 길 위에서 돈의 흐름에 접속하기! 하지만 이것이 꼭 안전을 보장해 주지는 않는다. 내가 처음 길 위에서 경제적으로 자립을 시도했을 때처럼 예상치 못한 사기를 맞을 수도 있고 말이다. 다만 이 드넓게 펼쳐진 돈의 흐름 안에서, 돈의 액수에 미혹되지 않고 활동과 관계를 즐길 수만 있다면, 이 불확실성은 삶을 다채롭고 즐겁게 만든다. 작년에 연구실 선생님들 외부 강의에 따라가서 낭송을 시연하는 알바를 한 적이 있었다. 강의가 어떤 곳에서 이뤄지는지도 모르고 그냥 알바비를 벌기 위해, 겉치레에 별 신경을 안 쓰고 따라갔다. 그런데 우리 팀이 낭송하기 바로 전에 현악 4중주 팀이 우아한 클래식을 연주했다. 그리고 우리가 허접한 차림새로 소소한 율동과 함께 『낭송 동의보감』을 읊는 상황이 연출되었다.(^^;) 그 이후에도 격식 있는 회의실의 수많은 카메라 앞에서 같은 몰골로 낭송을 하게 되었다. 그런데 그게 민망하다기보다는 예상치 못한 일이었기에 재밌기만 했다. 사람들에게 이 반전으로 웃음을 준다고 생각하니까 오히려 더 뻔뻔하게 낭송하게 되었다. 좋게 말하면 배짱이 좋아진다고나 할까? 알바하러 갔다가 돈도 벌고 뻔뻔함까지 덤으로 얻었으니 어찌 즐겁지 아니하랴? 겁이 많아 방에 틀어박혀 살던 내가 어쩌다 이 지경이 됐는지, 아무리 생각해도 놀라울 따름이다. 이래서 나는 돈이 점점 좋아진다!^^

백수들에게 집이란

황범성

집이 필요했던 백수들

2014 갑오년, 나는 신림동에 있는 고시원에서 살고 있었다. 내가 지내던 방은 한 달에 23만 원짜리 방이었는데 바깥 창문이 없었다. 또한, 방의 길이가 내 키보다 작아 잠을 잘 때면 언제나 등을 구부린 채로 자야만 했다. 그렇게 3개월을 그곳에서 지내다 보니 나의 큰 키가 원망스러워지는 동시에 허리는 새우처럼 굽어 갔다. 그러던 어느 날, '백수다'에 접속하게 되었다. 그리고 시간과 차비를 허비하지 않기 위해 감이당이 있는 필동으로 이사 오기로 마음먹었다. 그날로 연구실 선배 형에게 근처 고시원을 소개받았고 곧장 방을 보러 갔다. 그곳의 한 달 방세는 15만원이라고 했는데 막상 방을 보니 당시 내가 지내고 있던 방과 별반 다를 바가 없었다. 나는 더 이상 꼽추로 살기 싫었다. 돈을 조금 더 주더라도 기지개를 켤 수 있는 그런 공간에서 살고 싶었다. 그리하여 그 길로 필동에 있는 다른 고시원들을 알아보

기 시작했다. 다행히 몇 군데 고시원을 돌아다닌 결과, 팔다리를 쭉 뻗고 잘 수 있는 고시원을 발견했다. 좀 후지고 더러웠지만 월 20만 원에 이런 방은 서울 그 어디에도 없을 것 같았다. 나는 그 고시원으로 이사를 갔고 갑오년의 남은 9개월을 그곳에서 살았다.

겨울방학 동안 배낭여행을 다녀온 나는, 2015 을미년 '백수다'가 시작되기 전 또다시 주거에 대한 고민을 하고 있었다. 계속해서 고시원에서 살아야 할지, 아니면 조금 더 넓은 원룸으로 이사를 갈지 말이다. 하지만 나에게는 원룸을 구할 만한 돈이 없었다. 그렇다고 닭장같이 다닥다닥 붙어 있는 고시원에서는 더 이상 살기 싫었다. 그렇게 이러지도 저러지도 못하고 혼자 고민하고 있던 찰나, 갑오년과는 다르게 '백수다'에 나와 비슷한 처지의 이들이 모여들었다. 군대를 제대하고, 학교를 졸업해 백수가 된 이들 말이다. 그리고 우리 백수들은 서울 한복판에서도 모여 살 수 있는 그런 공간을 필요로 했다!

집 구하기 프로젝트

2월의 마지막 날, 필동에 보금자리를 마련하기 위해 백수들이 한자리에 모였다. 회의를 통해 서너 명이 살 집이라면 적어도 잠자는 방 하나에 짐 놓는 방이 하나는 있어야 한다는 결론을 내렸다. 물론 그 누구도 보증금이 될 만한 돈을 가지고 있지 않았다. 사실 그때 백수들의 수중에 있던 돈은 한 달 생활비로도 벅찬 금액이었다. 돈이 없던 우리가 과연 집을 구할 수 있을지 의문이었지만 가진 것이라곤 배짱밖에 없던 백수들은 일단 동네 부동산의 문을 두드려 보기로 했다.

그리하여 찾은 첫번째 부동산. 감이당과 연이 깊은 이곳은 이전에도 연구실 학인들이 집을 구할 때 많은 도움을 주었다고 했다. 아니나 다를까 부동산 사장님이 따스한 미소로 백수들을 맞아 주신다. 우리는 조심스레 여쭤 보았다. 혹시 백수들이 살 만한 집이 있는지 말이다. 그런데 놀랍게도 감이당 뒷건물에 투룸이 나왔다고 했다. 그것도 보증금 500만 원에 월 60만 원이라는 조건으로. 그 길로 백수들은 그 집을 찾아갔고 실제로 보고 난 뒤 모두가 흡족해했다. 그리고 연구실과의 접근성과 안전성 때문에 여자 백수들이 그곳에서 사는 것이 좋겠다는 의견이 모였다. 백수들은 어리둥절했다. 그동안 걱정했던 것과 달리 너무나도 쉽게 집이 생겼기 때문이다.

하지만 아직까지 남자 백수들이 남아 있었다. 여자 백수들의 집과는 달리 남은 집들은 하나같이 조건에 맞지 않았다. 투룸이면 가격이 비쌌고 가격이 저렴하면 방이 하나였다. 그래도 동네에 부동산은 많았다. 다음 날, 남자 백수들은 또 다른 부동산을 찾아갔다. 하나 알맞은 집을 찾기란 쉽지 않았다. 그렇게 몇 군데의 부동산을 들락날락 거리던 중, 어느 부동산 사장님에게 투룸 대신 방이 큰 분리형 원룸은 어떻겠느냐는 제안을 받았다. 별다른 방법이 없던 백수들은 그 길로 원룸을 보러 갔다. 그리고 그곳에서 집주인 아주머니를 만났다. 원룸에서는 도저히 살 자신이 없던 백수들은 원룸보다는 남자 4명이 살 투룸이 필요하다고 아주머니께 말씀드렸다. 그런데 뜻밖에도 아주머니는 마침 근처에 투룸도 세를 놓고 있다고 했다. 백수들은 혹시

나 하는 마음으로 당장 집을 보러 갔다.

아주머니를 따라가던 길이 왠지 모르게 익숙했다. 알고 보니 집이 있던 곳은 동국대 후문의 핫플레이스, 먹고 노는 곳이 즐비한 유흥가였던 것이다. 설마 이런 곳에도 집이 있을까라는 생각을 하며 우리들은 한 술집 건물로 들어가는 아주머니를 쫓아갔다. 그리고 맨 위층에 있는 집 안으로 들어서는 순간, 바깥의 화려함과는 달리 고요함이 우리를 맞아 주었다. 거실을 겸한 주방과 널찍한 방, 아기자기한 다락방과 새로 한 도배·장판까지. 두말할 것 없이 집은 백수들의 마음에 쏙 들었다.

백수들은 설레는 마음으로 넌지시 가격을 여쭤 보았다. 아주머니는 보증금 500만 원에 월 70만 원이라 하셨다. 그 정도 조건이면 나쁘지 않았지만 돈이 없던 백수들은 우물쭈물 망설였다. 그 모습이 불쌍하게 보였던 걸까. 쿨한 아주머니는 원래 가격에서 월세 10만 원을 깎아 주셨다. 이에 더해 세탁기와 냉장고, 가스렌지와 에어컨을 옵션으로 넣어 준다고 하셨다. 더는 생각할 필요가 없었다. 솔직히 우리 집에 대한 경쟁자가 나타날까 두려웠다. 이틀 뒤, 필동의 한 부동산에서 백수들은 마침내 계약을 했다. 알고 보니 집주인 아주머니는 이 동네에서만 40여 년을 살며 부동산을 운영하는 필동의 거물이셨고 계약했던 부동산 건물도 아주머니 소유였다. 그 덕에 백수들은 복비까지 아낄 수 있었다(^0^).

그후 우리들은 감이당 홈페이지에 집에서 쓸 수 있는 것이라면 무엇이든 증여해 달라고 게시글을 올렸다. 며칠 지나지 않아 수많은 학인들이 세면도구부터 각종 살림살이, 가구, 생활비 등을 선물해 주었다. 거기다 앞으로 백수들이 같이 살 집의 이름까지 선물받았는데 집의 이름은 바로 '공자방'으로 연구실 작명의 대가, 고미숙 선생님께서 지어 주셨다. 을미년 '백수다'의 비전이 '청년백수여, 공부로 자립하라!'인 만큼 공동주거 학사 이름을 '공자방'으로 명명하신 것. 또한, '공자처럼 성인이 된 뒤 천하를 주유하고 다시 돌아와『논어』를 가르치라'는 의미도 함께 말씀해 주셨다. 하지만 '성인'이라는 단어와는 너무나도 동떨어져 있는 백수들은 공자방의 뜻을 '공부해서 자립한 뒤 놀러 갔다가 연구실로 돌아와 다시 공부하자'라고 받아들이기도 했다. 이에 더해 음양의 조화에 따라 남자 집은 공자방1, 여자 집은 공자방2(홀수는 양, 짝수는 음!), 줄여서 공one, 공two라 부르기로 하였다. 이리하여 여자, 남자 백수들 모두 집이 생겼다. 그것도 서울의 한복판, 남산 아래에!

우리가 함께 사는 이유

그런데 왜 백수들은 부모님 집에서 얹혀살지 않고 일찍이 경제적으로 독립하려고 했던 걸까? 그것은 '백수다'의 모토인 '자립'의 키워드와 관련된다. 물론, 처음 독립을 하게 된 계기는 각자의 상황 때문에 고향을 떠나 타지에서 생활해야 했기 때문이다. 하지만 자의든 타의든 부모님 곁을 떠나게 되면서 백수들은 스스로의 생활을 책임져야 하는 상황에 놓이게 됐다. 즉, 더 이상 그 어디에도 기댈 곳이 없게 된 것이다. 이러한 현실이야말로 자립의 첫걸음이라 할 수 있다. 그 어디에도 종속되지 않고 자신들의 방식대로, 당당하게 살아가기 위해서 말이다. 다시 말해, 백수들은 경제적으로 독립함으로써 자신의 삶을 살고자 했고, 그 첫걸음으로 부모님 집에서 나와 생활할 수 있는 공간을 구하려고 한 것이다.

그렇다면 왜 우리는 함께 살려고 했단 말인가? 정말로 돈이 없어서 같이 살 수밖에 없었던 걸까? 분명, 함께였기에 혼자였다면 살지 못할 그런 공간에서 살았다. 또한, 모든 공간을 공유함으로써 쓸데없는 낭비를 줄여 돈도 아끼게 되었다. 하지만, 정말로 경제적인 부분이 문제였다면 굳이 같이 살 필요는 없었다. 각자의 형편에 맞춰 동네 고시원에서 지내도 됐으니까. 백수들이 함께 사는 이유는 단지 비용 절감을 위해서가 아니었다. 그것은 집이라는 공간에서 새로운 실험을 감행하는 것이기도 했다. 바로 집이라는 공간의 공생적 가치를 재발견하는 것!

주택과 집은 차이가 있습니다. 주택은 사람이 짐과 가구를 보관하는 곳입니다. 사람 자신보다 가구의 안전과 편의에 더 치중하여 만든 곳입니다. 제가 델리에서 묵었던 곳은 여러 가지 편의시설이 마련된 주택입니다. 그런 편의의 관점에서 지은 건물입니다. 시멘트와 벽돌로 짓고 가구나 기타 편의시설이 잘 맞아 들어갈 수 있는 상자처럼 만들었습니다. 우리는 살아가면서 모으는 갖가지 가구나 물건이 결코 내면의 힘을 키워 주지 못한다는 사실을 이해해야 합니다. 그런 것은 말하자면 장애인의 목발과 같습니다. 그런 편의를 더 많이 가질수록 거기에 더 많이 의존하게 되고 삶이 그만큼 더 제약을 받습니다. (이반 일리치, 『과거의 거울에 비추어』, 권루시안 옮김, 느린걸음, 2013, 20쪽)

대개, 가정에서 가장 큰 비중을 차지하는 재산은 집이다. 이 시대 청년들은 취업을 향해 달려가고, 직장을 구한 청년들은 내 집 마련을 다음 목표로 삼는다. 즉, 모든 청년들의 궁극적 목표가 내 집 마련인 셈이다. 그런데 이 목표를 달성하기란 좀처럼 쉽지 않다. 기본적으로 집값이 엄청나게 비쌀 뿐만 아니라 집 안에 채워 넣을 물건이나 집의 크기를 늘리고자 하는 욕망은 끝이 없기 때문이다. 만약, 백수들이 함께 산 이유가 경제적인 부분에만 초점이 맞춰져 있다면 우리의 집은 그저 공간을 구획화한 셰어하우스에 지나지 않을 것이다. 즉, 한정된 공간을 사적 영역으로 만들어 소유하려는 욕망만 있을 뿐 집이라는 공간을 어떻게 공통의 공간으로 만들 것인지에 대해서는 질문하지 않았을 것이다. 아울러 함께 살아가는 이들과 어떤 관계를 맺을지에 대한 고민과 질문도 당연히 빠져 있을 테고 말이다.

백수들은 집이란 공간을 서로 다른 신체와 섞여 살며 관계의 자립성을 터득하는 공부의 장으로 만들고자 했다. 동시에 어떤 태도로 공간을 사용할 것인가에 대해 고민하고 모두가 공간의 주인이 되고자 했다. 집이 개인적인 공간이라는, 소유라는 개념 자체를 없앤 채 말이다.

집이라는 공간을 어떻게 공통의 공간으로 만들까?

'백수다'의 모토는 자립이다. 이름 그대로 '스스로 일어섬'이란 뜻이다. 그런데 정말로 사람이 스스로 일어설 수 있는가? 누구나 알다시피 인간은 사회적 동물이라, 어떤 사람이든 다른 이들과 촘촘한 관계를 맺고 서로 영향을 주고받으며 살아간다. 그렇다면 진정한 자립의 의미는 그 누구와도 함께 살아갈 수 있는 존재가 되는 것이다. 아울러 조건에 구애받지 않는 신체가 되는 것, 그것이 진정으로 자립한 백수라 할 수 있다.

> 함께하는 절제는 어떤 도구든 과다한 사용을 절제하기 때문에 도구의 소유자라 해도 권력을 함부로 쓸 수 없게 된다. 자전거를 공동으로 소유하든 개인이 소유하든 본질적으로 도구로서 자전거에 깃들어 있는 공생의 속성은 변하지 않는다. 이 새로운 사회에서는 자전거 같은 상품이 여전히 산업 방식으로 대량 생산되어도 이전과는 전혀 다르게 보일 것이며 다르게 평가될 것이다. 지금까지 상품은 설계자가 만든 필요를 충족하는 것이었다. 두번째 선택에서 상품은 마치 천연자원이나 도구처럼 사람들이 저마다 속한 공동체가 자립하도록 사용가치를 만드는 데 쓰일 것이다.(이반 일리치,『누가 나를 쓸모없게 만드는가』, 허택 옮김, 느린걸음, 2014, 42쪽)

위의 인용문에 빗대어 말하자면, 우리에게 집은 함께 살아가면서 다른 이들과 어떻게 관계 맺을지 고민하고 부딪히는 공간이었다. 그리고 그런 경험들을 통해 누구와도 함께할 수 있는 존재가 되어가는, 진정한 자립의 기술을 익히는 공부의 장이었다. 그렇게 우리는 집을 구한 뒤, 회의를 통해 여러 가지 규칙을 정했다. 가장 기본적인 취침·기상 시간부터 청소는 어떻게 할 것인지, 회계 등 생활에 관련된 모든 것을 말이다. 규율이 정해지고 한동안은 질서가 잡혀 가는 듯했다. 하지만 날이 갈수록 우리는 서로에게 익숙해져 갔고 그 익숙함은 편안함으로 바뀌어 갔다. 그리고 그 편안함은 백수들의 행동으로 고스란히 드러났다. 공간을 사적으로 사용하기 시작한 것이다. 예를 들어, 공적 공간은 처음과 같이 항상 깨끗해야 한다. 그래야 누구든 그 공간을 쓸 수 있으니까. 하지만 흔적이 남겨지기 시작하면 그 공간은 다른 누군가가 사용하지 못하게 된다. 문제가 반복될수록 우리는 회의를 통해 개선해 보려 했지만 항상 그때뿐이었다. 결국, 우리는 을미년 한 해 동안 이 문제를 반복해 가며 해결하지 못했다. 결과적으로 우리는 이 공간의 주인이 되지 못했을 뿐 아니라, 그토록 원했던 자립 역시 물 건너간 것이다. 대체, 무엇이 문제였을까? 이제야 밝히지만, 우리는 서로에게 마음을 다하지 못했다. 문제가 생길 때마다 싸우지 않는 선에서 적당히 타협하고 넘어간 것이다. 우리는 왜 서로에게 무관심했을까. 싫어했던 건 분명 아니었는데…. 몇몇의 멤버가 바뀌긴 했지만 여전히 우리는 '같이' 산다. 서로에게 마음을 다하는 공부를 계속해야 하므로.

공간에 마음을 쓰는 나

어느덧, 2016년 병신년도 반이나 가버렸다. 그리고 나는 여전히 공²one에서 살고 있다. 그동안 공²one은 무엇이 달라졌을까. 우선 공²one의 구성원이 바뀌었다. 을미년 공²one 멤버 중 1명을 제외한 4명이 더 이상 '백수다'에서 공부하지 않는다. 각자의 사정과 이유로 제각기 다른 길을 걷게 된 것이다. 그렇게 5명 중 갈 곳 있던 2명이 집을 나갔고, 연구실에서 공부하는 2명과 갈 곳 없는 1명은 공²one에 남게 되었다(갈 곳 없는 1명이 바로 나다!). 여기에 병신년 '백수다'에서 공부하는 2명의 남자 백수가 새로이 공²one에 합류하게 되었다.

이렇듯 작년과 달리 현재 공²one에는 제각기 생활 패턴이 다른 인물들이 같이 살고 있다. 그리고 '백수다' 3명을 제외하고는 대부분의 생활 동선이 겹치지 않는다. 그래서인지 서로 얼굴을 맞대는 시간도 적고 때때로 며칠째 자고 있는 모습만 보기도 한다. 심지어 한 달에 한 번꼴로 하는 회의도 시간 맞추기가 참 힘들다. 이런 상황 속에서도 올해 공²one의 공통된 이슈는 여전히 '공간 사용'이다. 각기 집에 머무르는 시간이 다르다 보니, 흔적을 남기게 되면 그것들이 더욱더 눈에 확연히 드러나게 된다. 또한, 청소 시간도 서로 맞추기가 힘들다 보니 집이 어질러지는 것은 순식간이었다.

그래서일까. 올해 초 '작년과 달라져 보자!'라는 다짐이 슬슬 풀려 가던 찰나, 회의 시간에 공간에 마음을 내는 연습을 해보는 것이 어떻겠냐는 의견이 나왔다. 청소를 더 이상 의무가 아닌 자발적으로 해보자는 것이다. 물론, 백수들은 우리 자신을 완전히 믿지 못했기에(?) 누가 더 공one에 마음을 냈는지 알아볼 수 있게 체크리스트를 만들어 청소 후 표시하도록 했다. 이에 더해, 공one에 더욱 마음을 낸 파파라치들도 생겨났다. 누군가 공간에 흔적을 남겼을 때, 그 장면을 고스란히 찍어 공one 단톡방에 올리는 것이다.

과연 공one에 마음을 내는 이 프로젝트가 성공할 수 있을까? 지금까지 봤을 때, 어느 정도 잘 되고 있긴 하다. 하지만 방심하기에는 아직 이르다. 같이 살고 난 지난 1년 6개월 동안, 무너지는 건 한순간이라는 걸 뼈저리게 경험했으니까. 물론 실패하더라도 공one은 또 다른 시도를 해볼 것이다. 그것이 우리가 알게 된 자립의 의미이니까.

공TWO 이야기 : 공동주거 프로젝트

김기랑

"언니, 제발 자기 문제에나 좀 집중하세요!"

아이들의 원성은 날로 높아갔다. 아니 도대체 뭐가 문제지? 나는 혼란스러웠다. 보이는 대로 솔직하게 문제를 지적해 주는 게 우리가 이 공동체에서 하고자 하는 공부가 아니던가? 좀 싫은 소리를 들어도 '아, 이게 바로 내 모습인가' 하며 잘근잘근 곱씹을 마음이 없다면 도대체 이곳에는 뭣 하러 왔단 말이냐!

처음 공동주거를 시작하면서는 사실 자신감이 있었다. 회사를 그만둔 지 얼마 되지 않아 비교적 부유한 백수(?)였던 나는 늘 외식에 굶주린 백수들의 짐승 같은 먹성을 공략해서 '난 좋은 언니야'라는 인식을 마구 주입시켰다. '맛있게 먹고 내 말 잘 들어라' 하는 교활한 계략이었… 아니, '그래, 그래. 나만 믿으면 돼'라는 일종의 책략이었나? 나는 동생들의 잔을 채우며 세상 경험을 자랑했고 우리는 언니님, 동생님을 주고받으며 단숨에 의기투합했다. 도반道伴이라는 관계로 만나 아직 도道 자의 점 하나도 찍지 못한 우리는, 화火 기운이 꿈틀거리기 시작하는 소만(小滿: 5월 21일 전후)의 양기가 무르익던 그 시절, 얼마나 희희낙락했던가.

불타는 여름

그리고 여름이 왔다. 불쾌지수는 하늘을 찔렀다. 샤워 후 화장실 문이 열리면 후끈한 습기가 온 집안을 습격했고, 오가피, 에프킬라, 모기향을 총동원해도 오래된 건물 구석구석으로 밤마다 모기들이 들이닥쳤다. 게다가 백수가 되기 전까지는 미처 몰랐다. 번듯한 백수로 살기 위해 해야 할 일이 얼마나 많은지를…. 빠듯한 스케줄에 지쳐 가면서도 공간 청소는 수련의 기본이었고, 네 명의 신체가 한 공간에서 살기 위해서는 작은 일 하나라도 회의가 필요했다. 예를 들어 치약 하나를 공용으로 쓰기 위해서도 누구는 짜서 쓰는 튜브치약이 좋고, 누구는 밀가루처럼 고운 죽염이 좋았다. 누구는 향긋한 섬유린스가 좋았지만, 누구는 향기에 알레르기가 있었다.

우리는 점점 예민해져 갔다. 서로 부딪치는 지점도 너무나 사소해서 그때그때 푸닥거리(감이당에서 공부하는 학인들끼리 묵은 감정을 쌓아두지 않고 서로를 직면하자는 의미로 얘기하는 시간을 갖는 일종의 살풀이 의식)로 풀기에도 서로가 민망할 지경이었다. 예를 들어 이런 식이다. 어느 날 K(34세. 특이사항: 푸닥거리 최다 출전)가 연구실 선반 위에 오르골을 올려놓았다. 그걸 한참 들여다보던 N(25세. 특이사항:

무기력, 무신경… 하다가 막 나감)이 한마디 툭 던진다.

"지저분해."

그날 밤 푸닥거리 상황. 너는 내 소중한 물건을 모욕했다(K). 아니다, 나는 그냥 지저분하다고 했을 뿐이다(N). 그럼 그냥 생각만 하지 왜 내 물건을 욕하는 거냐(K). 욕한 게 아니라 그냥 지저분하다고만 했다(N). 내 물건이 불결하다는 거 아니냐(K). 아니다, 그냥 지저분해 보였을 뿐이다(N). 나는 불결하다는 뉘앙스를 분명히 느꼈다(K). 아니다, 지저분하다는 게 다였다(N)….

감정의 바닥을 공유한다는 점이 처음에는 신선하고 재미있기까지 했지만, 그게 점점 서로의 약점이자 무기가 되어 갔다. 서로를 깊이 알면 알수록 더 날카롭게 물어뜯는 송곳니가 생겼다고나 할까. 우리는 더 이상 건드리고 싶지도 않았다. 싸우지 않기 위한 방법은 하나뿐이었다. 최대한 말을 아끼는 것. 바쁜 일과가 끝나고 집에 모이면 각자 묵묵히 양치를 하고 자리에 누웠다.

네 명의 사주팔자를 탈탈 털어도 화火 기운 하나 나오지 않는 음기 가득한 공two였건만, 을미년 여름만큼은 '쏘 핫'(!)하게 났다. 살림이라고는 달랑 공기청정기와 청소기, 앉은뱅이책상 4개, 옷방의 행거 네 개. 그러나 우리가 나눌 수 있는 공간은 참 협소했다. 잠만 자는 큰방은 요 네 개를 깔면 가득 찼다. 방귀 냄새가 잽싸게 빠져나갈 틈도 없었다. "언니!" "…… 미안."

우리는 같이 살기 위한 이유가 필요했다. 빨래를 같이 하는 이유, 하나밖에 없는 화장실을 나눠 쓰며 샤워와 생리 현상을 해결할 이유, 좁은 방에서 밤마다 같이 발 뻗고 하루를 마무리할 이유, 한 달에 1~2번은 공동의 문제를 위해 바쁜 시간을 쪼개서 회의할 이유, 내 생각과 다르지만 마치 어쩔 수 없다는 듯이 공감하고 받아들일 이유 등등…. 그 이유의 가운데에는 늘 '약속'이라는 전제가 있었다. 지금 이모든 상황의 시작에는 '자발적 선택'이 있었고, 처음 각오했던 최악의 상황에 비해 지금 이 순간이 훨씬 더 좋지 않다고 해서 모든 걸 무효화하기엔 우리의 현실이 너무도 공고했다. 보증금과 월세라는 사슬로 결합돼 있었고, 그전에 공동주거 프로젝트를 함께 시작한 멤버로서의 의무와 책임이 있었다. 누군가의 행동거지가 내 마음에 심히 거슬려도 공존을 위한 노력이 무조건적으로 필요했던 것이다.

멤버십을 다지다

말 그대로 우리는 '지쳐 갔다'. 도대체 어쩌라는 걸까? 서로 무관심해서 문제가 되는 공one 남자 백수들과, 서로 물고 뜯느라 바람 잘 날이 없는 공two 여자 백수들…. 태엽을 감듯이 생각하고 또 생각해야 했다. "왜, 왜, 도대체 왜 우리는 같이 사는 걸까?"

결국 특단의 조치로 아침마다 『자비경』숫타니파타 안에 기록된 작은 경전으로, 부처가 말하는 보편적 사랑을 10가지로 정리했다과 「보왕삼매론」중국 묘협스님의 저서인 『보왕삼매염불직지』 총 22편 중 제17편 「십대애행」에 나오는 구절을 가려 엮은 글. 삼매를 닦음에 방해가 되는 10가지 큰 장애를 여러 불경에 의지해 정립함을 낭송하고, 절 수행을 하면서 서로의 공부가 잘되기를 빌어 주는 멤버십을 다지기로 했다. 새벽 6시 30분에 눈을 뜨자마자 어두컴컴한 벽을 마주하고 앉아 쉰 소리로 주문을 외는 것이다.

남이 내 뜻대로 순종해 주기를 바라지 말라. 남이 내 뜻대로 순종해 주면 마음이 스스로 교만해지나니, 그리하여 성인이 말씀하시되 내 뜻에 맞지 않는 사람들로 원림을 삼으라 하셨느니라.

억울함을 당해 밝히려고 하지 말라. 억울함을 밝히면 원망하는 마음을 돕게 되나니, 그리하여 성인이 말씀하시되 억울함을 당하는 것으로 수행의 본분을 삼으라 하셨느니라.(「보왕삼매론」 중)

밤 10~11시, 때로는 12시가 넘어서야 하루 스케줄이 끝나는 우리에게 아침잠은 단 5분만이라도 소중했다. 모두들 멤버십의 필요성만큼은 공감했지만, 실상은 아침마다 죽을 맛이었다. 목소리가 잘 나오지도 않았고, 눈 뜨자마자 절을 하려니 온몸의 관절이 삐거덕거렸다. 때로는 알람이 꺼진 채로 10분, 20분이 흘러갔다. 그렇지만 누군가는 결국 일어나서 커튼을 열어젖히고 주섬주섬 앉은뱅이책상 앞에 앉아 『자비경』 첫줄을 읽어 내려갔다. 그럼 나머지 멤버들도 어쩔 수 없이 부스스 일어나 앉았다. 읽었던 부분을 또 읽기도 하고, 자기가 절할 순서가 와도 멍하니 좀비처럼 서 있기도 했다. 그런 서로의 꼬라지가 우스워서 아침부터 유쾌하게 웃는 일이 많아졌다. 일어날 땐 힘들어도 기분은 점점 상쾌해졌다.

뿐만 아니라 밤에는 남산 정복에 돌입했다. 필동 끝자락에서 시작하는 산책로를 따라 남산타워까지 묻지도 따지지도 말고(?) 뛰거나 걷기. 타워를 찍고 공two까지 돌아오는 시간은 대략 1시간에서 1시간 반이 걸렸다. 해야 할 일도 많고 일과가 끝나면 피곤하기도 했지만, 산책 시간을 후순위로 미루지 않았다. 우리에게는 공부만큼이나 서로의 관계가 중요했다. 그 시간 동안 이것저것 되는 대로 많은 얘기를 했다. 연구실에 오기 전에 어떤 생각들을 했고, 어떤 시간을 보냈고, 지금 여기서 공부하는 이유, 공부한 것들에 대해 어떻게 생각하는지, 연구실에서 또는 내 삶에서 풀리지 않는 질문들, 때로는 남산타워 편의점 앞에 앉아 맥주를 마시면서 꺼내기 힘든 고민을 털어놓기도 했다.

서로에 대한 이해가 깊어 갈수록 일상에서의 사소한 트러블은 점점 감정의 골을 남기지 않고 흘러갔다. 나와 달라서 눈엣가시처럼 여겨지던 것들이 의식하지 못하는 새에 차차 편안해져 갔다. '쟤는 왜 그럴까' 하는 되새김질이 멈췄다. '그럴 수도 있지 뭐', '요즘 얼마나 힘들었으면…', '내가 하면 되지 뭐' 하는 마음이 서로에게 생기면서 사소한 핀잔을 주고받는 순간들이 줄어 갔고, 그 대신 좀더 일상적인 대화를 공유할 시간이 주어졌다.

그후로는 멤버들 각각의 개성과 장점들이 하나둘씩 눈에 들어왔다. 예를 들어 J는 무뚝뚝하고 예민하지만, 누구보다 부지런하고 속정이 깊었다. 새벽이면 제일 일찍 일어나서 남산으로 헬스를 다녀왔고, 할 일을 미루는 법이 없었다. 프로 댄서와 공동체 생활을 병행하느라 눈코 뜰 새 없이 바쁜 스케줄에도 연구실 공동 작업이 주어지면 누구보다 열심히 했다. 겉으로는 삐죽삐죽 쏘아붙여도 힘든 일이 생기면 제 일처럼 걱정해 주었고, 밤에 잠자리에 누우면 오늘 어떤 일이 있었는지 재잘재잘 수다도 제일 많은 아이였다.

S는 권위의식에 불만이 많아서 연구실 생활 초기에는 사람들과 부딪히는 일이 많았다. 그렇지만 그 누가 뭐라 해도 기죽지 않고 자기 길을 가는 아이였다. 궁금한 것도 많고, 하고 싶은 것도 많고, 공부 욕심도 많았다. 일을 해치우는 능률도 남달라서 화장실이며 방이며 S가 손댄 자리는 빛이 번쩍번쩍했다. 자기 문제를 잘 알고 전투적으로 부딪쳤다. 논쟁에서 지는 걸 싫어했지만, 자기주장이 강한 만큼 상대의 논리가 전적으로 수긍될 때는 또 두말없이 'Ok!'를 외치는 아이였다.

우리의 영광스런 N은 가장 말이 없는 아이였다. 튜터 선생님들이나 도반들이 무슨 말을 하건 늘 순한 양처럼 끄덕끄덕하다가도, 그어느 무서운 한계점에 이르면 "이 모든 게 다 거지 같아!" 하고 폭발해 버려서 우리 모두를 오싹하게 했다. 그러나 N의 매력이야말로 무시무시했다. 생각이 끝 모르고 곁다리를 치느라 배배 꼬인 K와 달리 탁자는 탁자, 오리는 오리, 사람은 사람이라는 단순명쾌의 끝판왕 N. 그녀에게 자비는 없었다. 원리와 규칙을 제 몸처럼 소중히 하는 그녀가 매서운 눈으로 집세와 세금, 게스트비(공two의 멤버가 아닌 숙박자에게는 1박에 5,000원의 게스트비를 받음), 벌금(통금 엄수) 관리를 맡아 살림을 잘 살아 주어서 다른 멤버들은 1년 내내 돈 걱정 없이 각자의 가난한 주머니를 잘 보전할 수 있었다. 늘 졸린 눈으로 흘러내리는 모습이다가도, 밤만 되면 흥이 올라 씰룩거리는 엉덩이춤은 또 어떤 가. 20년 전 아이돌 S.E.S부터 요즘 나오는 여자친구까지, 온 세상 걸 그룹 율동을 모조리 섭렵하고 있는 N의 매력은 치명적이었다. 최근 에는 팝콘처럼 빠글빠글 머리카락을 볶고 나타나서 또 한 번 우리에 게 신선한 즐거움을 준 예측불가 그녀.

이렇게 가족이 되어 갔다. 아니 우리는 이제, 가족도 모르는 서로 의 내밀한 욕망과 개성들을 파악하는 사이였다.

통하는 사이

쪼잔하고 찌질한 마음, 나의 마음이 아니었으면 싶을 만큼 옹졸하고 속 좁은 그것. 발가벗겨진 그 마음 하나가 배움이 된다. 그렇게 서로 를 통해 스스로 통찰하는 법을 배우고 나면 관계를 새롭게 구성하는 힘이 생긴다. 좀더 관대해진다. 타인에게 들이대는 엄격한 잣대는 사 실 내 부족함과 떳떳하지 못함을 감추려는 마음이었다. 앗, 쟤가 또 똑같은 실수를 했구나! 저걸 지적해야 되는데, 그래야 저 아이에게 공부가 될 텐데? 아니다. 우리는 그저 '너의 실수를 내가 알고 있다' 고 말하고 싶을 뿐이다. 그 욕망의 기저에는 '그러니 내가 너보다 낫 다'라는 위계 의식이 있다. 뭔가 뒷골이 싸하다. 꼰대는 아마도 그렇 게 탄생할 것이다. '저 꼰대 같은 인간'이 바로 우리 안에 살고 있었 다니… 충격과 공포!

그렇다면 도대체 어떻게 도반의 도리를 다할 수 있을까? '애정 어린 지적'이 될지 '단순한 질책'이 될지는 결국 상대에게 얼마나 마음을 다하는가에 달렸다. 신뢰가 없는 상태에서는 서로의 생활에 깊이 개입하는 게 별 의미가 없다. '아, 이 사람이 단순히 감정적으로 날 상처 내려는 게 아니라 정말 내 입장에서 생각하고 있구나' 하는 깨달음과 신뢰가 쌓이면, 그제야 서로의 허물을 편하게 나눌 수 있는 돈독한 관계로 나아갈 수 있다. 그러면 상대뿐 아니라 내 마음도 편안해진다. 그 신뢰가 바로 공자님이 말씀하시는 '충'忠한 마음에서 우러나오는 작용이다. 또한, 상대에게 보여 주는 그 정성스러운 길은 결국 나 자신을 향해 뻗어 온다. 그래서 나 자신도 미처 몰랐던 진심, 혹은 왜곡됐던 마음과 마주할 수 있고, 예측할 수 없는 경로에서 스스로를 배워 갈 수 있다.

사실 공동주거를 하기 전까지 우리에게 '집'이란 지극히 사적인 공간의 상징이었다. 마음껏 혼자 있을 수 있는 곳, 골치 아픈 사회적 관계로부터의 탈출, 나만의 고유 영역, 혼자 먹고 혼자 인터넷을 하고 혼자 낮잠을 자려고 암막커튼을 치는 공간. 가족 구성원들이 함께 모여 사는 집도 별반 다르지 않다. 어쨌든 '가족 아닌 타인'과의 마주침으로부터 어느 정도 격리될 수 있다는 점에서는 비슷한 의미를 갖는다. 그러나 혼자만의 반복적인 동선으로 구성되는 그 공간 안에서는 오로지 나만의 사건이 있을 뿐이다. 감이당 학인이라면 누구나 '반복과 고립'이라는 키워드에서 딱 하고 떠오르는 조건반사적 단어가 있는데, 바로 '권태'다. 더 이상 새로움을 만들어 낼 수 없는 시공간에 갇혀 생기 없이 시들어 가는 상태. 삶의 동력이 움직임보다는 정지에 가까운 상태.

혼자 살면 편하다. 그런데 편한 건 좋기만 할까? 편한 대신 혼자 살면 우리처럼 청소도 같이할 수 없고, 전봇대 밑에서 주워 온 정리함을 선반 위에 올려놓고 뿌듯해할 수도 없고, 서로의 계획표를 문에 붙여 놓고 들여다보는 재미도 없고, 토요일 밤마다 전쟁을 치르듯이 에세이 한 편을 쥐어짜고 나서, '에라잇, 맥주나 한잔 하자!' 하면서 우르르 승냥이들처럼 동네 슈퍼 앞으로 몰려가는 맛도 없고, N의 엉덩이춤도 볼 수 없고, 잠들기 전까지 키득거리면서 나누는 꿀맛 같은 대화도 없지 않은가.

공two는 살아 있는 집이다. 동선이 혼재되고 다 같이 마음을 쓰는 물건들이 서로의 관계망을 관통하면서, 집이라는 현장 자체에 또 다른 숨결이 부여된다. 우리는 그런 공통의 가치를 존중하는 차원에서 사적인 영역을 점유하지 않기 위해 일주일에 한 번씩 잠자리도 바꿔서 잤다. 밥은 공동체 주방에서 해결하니 집에서 필요한 건 잠자리와 최소한의 짐을 보관할 공간, 그리고 화장실이 전부였다. 싱크대 서랍은 짐을 수납하는 용도로 쓰고 작은 방은 옷방, 큰방은 잠만 자는 방으로 정하고 나니 불필요하게 놀릴 공간이 전혀 남지 않았다. 특히 잠자는 방은 큰방이라고는 해도 네 사람이 누우면 손바닥 하나 더 끼워 넣을 공간도 없다. N은 그나마 1인용 요도 없이 담요를 접어서 자다 보니 상대적으로 공간이 더 협소해지는데, 이 자리를 빌려 그녀의 배포 큰 공간 보시에 박수를 보낸다. 네가 조금 불편하게 자 주어서 우리 셋이 더 편하게 자는구나. 아… 이 고마움을 나는 또 술 보시로 갚아야 하나! 희박하게 남는 공간이 있다면 한 평 남짓 되는 거실 겸 주방인데, 이 공간은 우리 네 명이 오가면서 살을 부딪치다 보면 사실 남는 공간이라고도 볼 수 없다. 이토록 알뜰하게 공간 활용을 하고 있다니, 새삼 뿌듯해져 온다. 우리가 사는 공간에 몸과 마음을 다하는 기분이다.

너무 늦은 질문이긴 한데, 도대체 우리 네 명, 왜 같이 사는 걸까?

S는 말한다. "언니 그건 말이죠. 부모님으로부터의 경제적 자립, 스스로로부터의 정신적 자립을 위해! 함께 살면서 겪는 문제를 통한 대안적이고 능동적인 웰빙을 위해서가 아닐까요?"

"어, 그렇군. 그럼 N은 어때?"

"전 그냥 튜터 선생님들이 같이 살아 보라고 하니까…."

"… 쩝. J야, 너밖에 없다."

"나는 말이쥐. 사실 새벽에 깼을 때 혼자 있으면 그게 그렇게 무서븐 기라. 근데 요즘에는 깨면 누구라도 옆에 있으니까 그게 그렇게 안심이 되고 좋은 기라요!"

자립의 역설은 '혼자서 이루는 일'이 아니라는 데 있지 않을까. 서로의 신체를 통해 나를 배우고 생각할 수 있는 힘, 그 힘이 곧 자립의 원천이 되는 것 같다. 혼자 오해하고 고집부리며 살아온 각자의 몸을 공론의 장에 던져 놓기. 그럼으로써 자기를 객관화시키고, 내 몸에서 편안하게 살아갈 비전을 찾는 일이야말로 우리가 함께 사는 이유인 것이다.

스스로 만족하게 된 나

을미년이 가고 병신년이 왔다. 물론 공two의 멤버도 바뀌었다. J와 S는 각각 춤과 요가에 매진하기 위해 길을 나섰다. 특히 J는 지난 1년 동안 춤과 공부의 상관관계에 대한 고민과 그 둘을 삶에서 하나로 꿰기 위한 노력을 무던히 해왔었다. 어렵고 낯선 텍스트와 숨 쉴 틈 없이 몰아치는 스케줄로 계절마다 한 번씩 폭발하던 그녀였지만, 낭송과 글쓰기를 누구보다 즐거워했던 이유도 그만큼 자신의 고민에 진중했기 때문이었다. 지금은 그 1년간의 수련으로 익힌 변화의 리듬을 춤 연습과 공연으로 한땀한땀 이어가고 있다. 여전히 공부가 아쉬운지 주말마다 왕초보의 역학 강의를 들으러 분당과 필동을 눈썹 휘날리게 통학하고 있다.

S는 어린이집 선생님으로 일하면서 요가 수련을 하고 있다. 오래전부터 알고 지내던 요가원장님의 도움으로 숙식도 요가원에서 해결한다(과연 어디서든 잘 먹고 잘 자는 백수의 신체가 어디 가겠는가^^). '백수다'에서 공부하면서도 한 주에 한두 번은 스윙으로 정체된 기운을 확 풀어 주거나 짬짬이 하는 요가로 온몸을 쫙쫙 늘리고 조여 주던 그녀답게 아이들과의 소통도, 몸과의 소

통도 씩씩하게 잘해 나가고 있으리라. 재성^{사주명리학}에서의 재물 복, 일복 많은 그녀가 틈틈이 주워 나르던 길거리 살림들을 보며 감탄하던 재미가 쏠쏠했는데, 또 언제 그런 타고난 감각의 살림형 백수를 만날 수 있을지!

N과 K는 공two에 남았다. 무기력의 끝판왕이던 N은 병신년 새 기운을 받고 모범 백수로 거듭나서 백수 1년차들의 롤모델(^^)이 되고 있다. 공two에서 잠을 제일 많이 자면서도 살림을 총괄하는 사람이 N인데, K는 게스트하우스에서 일하느라 일주일에 네 번은 외박을 하기 때문에 공two에서는 내놓은 자식이 됐다. 을미년 마지막 시즌에 합류해서 기원장^{필동}에 있는 또 다른 더부살이집에서 겨울을 나고 올봄부터 공two의 새 식구가 된 23살 D는 왕성한 목^木의 기운을 타고난 아이답게 발랄하고 생기가 넘친다. 무던한 성격에 비해 사람들과의 관계에서는 자신감이 없는 편이었는데, 이곳 필동에서 겨울, 봄, 여름을 나는 동안 그 고민이 과연 누구의 것이었던가 싶게 많이 자연스러워진 것 같다.

또 한 명의 새 식구였던 M은 올해 첫 시즌을 함께하고 나서 얼마 전 중도하차했다. 역시 관계가 문제였다. 딱히 도반들과 불화가 있었던 것도 아닌데, 자꾸만 바깥으로 떠도는 마음을 붙잡을 수 없었던 것 같다. 공two에서는 작년, 올해 통틀어 유일하게 식상^{사주명리학상 자기가 만들어 내는 창의적인 기운. 음식 솜씨, 말솜씨 등}

을 의미함이 넘치던 아이여서 그런지 M이 있는 동안 공two에는 먹을 게 넘치고 아기자기한 여자(?)의 기운이 물씬 풍겼었다. 아마도 애초부터 공two라는 공간이 타고나기를 박복한 백수들의 거처답게 재성·관성사주명리학상 자기를 극하는 기운처럼 거친 기운이 득세하는 팔자가 아니었을까?

멤버 교체가 되면서 공two에 변화가 있다면, 작년에 비해 자율적인 분위기가 조성되었다는 점이다. 우선 청소 당번을 과감하게 없앴다. 청소의 필요성을 느끼는 누군가가 자발적으로 마음을 내어 청소하는 편이 우리의 자립을 위한 공부에 더 도움이 될 것 같다는 생각에서였다. 누가 더 많이 하건 적게 하건 불만을 품을 필요가 없다. 청소하는 자체가 스스로의 공부가 되기 때문이다. 한마디로 제 복福은 스스로 짓자랄까?(^^)

생각해 보니 작년에는 왜 몰랐을까 싶다. 뭐든 가능한 한 공평해야 한다는 전제가 있다 보니 이것도 저것도 싸움거리였다. 누구도 손해를 봐선 안 된다면, 투쟁할 수밖에 없지 않은가. 그러나 개별적인 각자의 몸을 '함께 사는 몸'의 일부로써 구성할 수 있으면 문제는 단순하고 유연해진다. 생각을 그렇게 한 방향으로 모으면 개별적인 욕망도 공통의 길로 한 걸음씩 나아간다. 내 생각이 받아들여지기를 주장하는 것은 여러 개성들이 모인 '하나의 신체' 안에서는 오히려 공허하고 불편한 일이기 때문이다. 누군가는 좀더 시원했으면, 누군가는 좀더 따뜻했으면 한다. 그럼 누군가 양보하면 된다. 누군가는 계속 양보하고 누군가는 계속 그양보를 받아들이기만 할 수도 있다. 그래도 상관없지 않을까? 모두가 공평하게 만족하는 상태를 위해 들이는 공력보다 스스로 만족할 수 있는 상태를 위해 노력하는 시간이 우리에게는 더 값지고 소중하다. 그것이 불편한 욕망으로부터 스스로 일어서는[自皮] 일일 것이라 믿는다.

생각건대, 검객은 승패를 다투지 않고 강약에 구속받지 않고 한 걸음도 내딛지 않고 한 걸음도 물러서지 않는다. 적은 나를 보지 않고, 나는 적을 보지 않는다. 천지가 나뉘지 않고, 음양이 갈리지 않는 경지에 이른 것을 공을 이룬 것이라 한다. (타쿠안 소호, 『선임문8 타쿠안』, 고단샤, 1994; 우치다 타츠루, 『배움은 어리석을수록 좋다』에서 재인용)

우리는 더 이상 싸우지 않는다. 올봄과 여름을 거치면서 그 이유가 계속 궁금했는데, 이 글을 쓰다 보나 알 것 같다. 더 이상 싸울 이유가 없기 때문이다. 그만큼 타인을 받아들이는 것과 나를 내세우지 않는 문제에 어느 정도 지략이 생겼다. 작년 한 해 동안의 풍부한(?) 경험으로부터 다행히 조금은 배운 것 같다. 어느 날 이 길고 긴 평화를 깨는 예상치 못한 사건이 우리를 기습하겠지만, 오히려 그렇다면 다행이 아닌가. 우리의 이 얇은 자신감이 아무런 도전도 받지 못하고 방종해지기 전에 '여기서 잠깐!'을 외치는 빨간 손 하나가 우리의 또 다른 배움이 되어 줄 것이다. 혼자가 아니라 다행이다. 서로가 서로에게 '나라는 한계'를 넘어서는 통로가 되어 준다는 것이.

나의 주식빚 상환기 : special thanks to 가계부

이병선

알바인생 11년차

한 알바 전문 포털사이트가 공개한 2014년 신규 가입자의 연령별 증가율을 보면 노년기에 접어든 60대 이상의 노년층 가입 증가율이 전년대비 6배를 넘었다고 한다. 굳이 이런 수치들을 보지 않아도 알바 시장에 종사하고 있는 분들은 이미 느끼고 있을 것이다. 지금도 알바 시장은 2030세대가 주도하고 있는 게 사실이지만 과거와 오늘날의 알바는 다르다. 예전에는 2030세대들이 가벼운 용돈벌이로, 정식으로 취업하기 전 스쳐 지나가는 벌이에 지나지 않았다면 지금은 알바가 자기 한 몸을 보살펴야 하는 생계형 직업이 된 사람들이 많아지고 있다. 전 국민의 생업이 비정규직에서 한층 더 불안해진 알바가 되어가고 있는 것이다. 나 역시 그 생계형 알바의 최전선에서 뛰고 있는 백수다.

나는 군대를 제대한 후 현재 2016년에 이르기까지 알바만 해왔다. 중간에 비정규직으로 3개월 정도 일하긴 했지만 그 3개월의 올인 (all in)형 노동은 오히려 나를 더욱 정규직계와 멀어지게 하는 결과를 낳았다. 올해로 생계형 알바 11년째다. '백수다'에 오기 전부터 이미 난 알바 인생이었다.

나는 왜 제대로 된 직장을 구할 생각을 않고 알바만 해온 걸까?, 하는 질문이 가끔씩 생긴다. 해 뜨면 일어나 출근하고 밤늦게 퇴근해서 오면 이부자리를 펴야 하는 올인형 노동에 물린 이유도 있었지만 그 이전에 굳이 직장을 다니면서까지 돈을 많이 벌어야 할 이유가 없었다. 내 알바 벌이는 월 60~90만원으로 매우 적어 보이지만 나는 그 돈으로 옥탑에 집도 구해 자취를 했고 밥도 해먹고 혼자 하고 싶은 공부도 하고(물론 벌이와 직결되지 않는 취미생활), 동네 또래 백수들과 지내는 데 부족함이 없었다.

내 생각은 단순했다. 말이 정규직이지 정규직이나 알바나 어차피 일한 만큼 버는 것이 아닌가? 직장 다니면 돈이 일정액 이상 들어오는 것 같지만 따지고 보면 그만큼 일을 더 했기 때문에 그 정도의 돈은 당연히 들어와야 하는 것이라 생각했다. 그리고 직장을 다니며 일하는 것이 내 미래에 뭔가 더 보탬이 되어 줄 것 같지도 않았다. 그 일로 먹고살고 싶다는 생각을 가지지 못했기 때문이다. 나는 단순했다. 그만큼의 일을 더 하고 싶지 않았다. 단지 그뿐이다. 밖에서 볼 때는 부족해 보이기도 하고 또 엄마가 걱정할 때면 나까지 내심 불안하기도 했지만 남다른 포부가 없는 걸 어찌하겠는가. 난들 별 수 있나.

알바도 좋은 점이 있다는 걸 말하고 싶다. 양파를 아무리 얇게

썰어도 양면이 생기듯이 받는 액수를 떠나 내 삶의 실용적인 측면에서 볼 때 분명 알바만의 매력이 존재한다. 능동적인 시간관리 측면에서 볼 때 싫어도 꼬박꼬박 나가야 하는 정규직이나 정규직을 좇는 비정규직보다는 나가기 싫을 때는 조절할 수 있고 안 되면 때려치워도 쉽게 이직이 가능한 알바가 나는 더 좋다. 돈과 명예를 삶의 가치로 두는 사람들에게는 매력으로 보이지는 않겠지만 말이다.

특히 우리같이 공부로 자립하고자 하는 남다른 포부(?)가 있는 청년백수들에게는 정규직 계열보단 좀 가벼우면서 시간 조절이 가능한 알바가 제격이다. 공부할 시간을 빼면 일할 시간은 한정돼 있으니 그 시간대에 맞는 일을 해야 하기 때문이다. 이때 알바는 우리에게 수단으로서 존재한다. 알바냐, 정규직 계열이냐가 삶의 핵심은 아니다. 일이 내 존재를 나아가게 하는 데 추진력이 되어 줄 수단으로서 존재하는지 반대로 그저 일을 나아가게 해줄 수단으로서 내가 존재하는지가 핵심이다. 수단으로서의 기준이 뭐냐고 묻는다면 개인적인 기준일 수밖에 없다. 일이 내 삶을 장악하여 그 안에 내가 안 보인다면 이미 수단을 지나쳐 내 존재가 잠식당하고 있는 중인 것이다. 그때는 과감히 일을 조정하든지 아니면 갈아타든지 해야 한다. 왜냐하면 난 이 세상에 하나뿐이고 소중하니까. 하하!

백수들의 좌충우돌 알바 프로젝트

2015년 2월, 공부로 자립하고자 하는 청년백수들의 실험이 시작됐다. 자립도 다 일정한 수입이 있어야 할 수 있는 법! 돈이 있어야 공부도 하고 주거생활도 유지하고 할 것 아닌가. 돈돈돈! 우리도 돈이 필요하다! 안정적인 자립생활을 유지하기 위해서는 일정한 수입이 필요하다. 그렇기 때문에 모두 공부와 생업을 병행해야 했다. 하지만 그전까지 해오던 생업을 이어서 할 수 있는 사람이 그렇게 많지는 않았다. 왜냐하면 '백수다' 자립 프로그램에 들어온 이상 정해진 세미나 스케줄이 중심이 되어야 하기 때문이다. '백수다' 인원 모두가 모여야 하는 세미나 시간을 피해 새로이 생업을 구해야 한다. 주로 정규직이나 비정규직처럼 노동시간 조절이 유연치 못하거나 '백수다' 활동에 발 맞출 수 있는 물리적 시간이 도저히 안 나오는 노동 올인형 생업은 그만둘 수밖에 없었다. 또 빈손으로 옷가지만 몇 개 집어들고 지방에서 갓 상경한 사람들도 꽤 있었기 때문에 어쨌든 대부분은 새로운 생업을 구해야만 했다. 돈이 인생의 전부는 아니지만 생계를 꾸릴 돈은 자립을 위해 필수적이기 때문이다.

빈손으로 올라오거나 빈손이 된 백수들에게 추천된 알바가 있기는 했다. 바로 연구실 공식(?) 알바인 장애인활동보조(줄여서 '활보') 알바이다. 말 그대로 장애인의 신체 활동을 보조하는 알바인데 일반인들에게 잘 알려져 있지 않아서 나름 블루오션 일자리이고 시간 조절이 가능한 일이라는 점에서 매력적이다. 그래서 연구실에는 '백수다' 이외에도 '활보계'에 종사하고 계시는 분들이 꽤 많다. '백수다' 인원의 절반 이상이 이 알바를 했으니 가히 연구실 공식 알바라고 불릴 만하지 않은가?(^^;) 그렇게 '백수다'에서 절반 이상이 활보에 종사하게 되었고 그 외에 빵집, 포장, 직장인 그리고 구직 활동 하는 티(?)를 내며 실업급여로 연명하는 백수도 있었다.

이렇게 말하고 보니 다들 순탄하게 벌이를 한 것 같지만 그렇지 만도 않다. 활보를 하던 중 이용자^{활보 서비스를 이용하는 장애인}를 들다 허리를 다쳐 몸이 고달팠던 N양이 있다. 보통 이용자들은 걷지 못하 기 때문에 샤워할 때나 볼일 볼 때는 활보가 욕실로 들어서 이동해야 하고 외출할 때는 이용자를 들어서 휠체어에 태워야 한다. 이렇게 빈 번하게 이용자를 들어야 하기 때문에 순간 방심하면 허리를 삐끗할 수 있다. 허리도 삐끗하고 지나가는 사람에게 사기도 당하고(!) 엎친 데 덮쳐 서러웠을 N양은 같이 살던 언니 백수와 서로 껴안고 울기도 했다는 일화가 전해진다. 신기한 것은 이 지경이 되면 활보 따위 때 려 치우고 다른 알바를 구할 것 같은데 N양은 다른 이용자를 찾아 활 보와의 인연을 이어 갔다. 수소문하다 보니 허리를 쓰지 않는 활보도 있었던 것이다.

저렇게 한 가지 일도 가끔은 휘청휘청 하는 N양에 비해 세 가지 알바를 이어 나간 일복 터진 S양도 있다. 센터에 활보를 수소문하던 중 시각장애인 사무보조 알바에 채용된 S양. 사주에 일복이 터져서 그런지 처음에는 시각장애인 업무보조만 하다가 다른 일까지 소개 받아 어느새 '쓰리 잡'이 되었다. 덕분에 정규직 같은 주5일 알바 스 케줄을 소화하면서 공부 스케줄까지 소화하느라 지쳐 가끔은 공부 가 뒷전이 되는 주객전도 현상이 일어났다고 고백하기도 했다.

대부분이 순조롭게 일을 구하고 꾸준히 월급을 받았지만 저렇게 한 가지 알바도 결코 순탄치 않은 백수도 있고, 일복이 터져 투잡도 모자라 쓰리잡을 하는 백수도 있고, 오히려 반대로 사주에 일복이 없어서 일하는 곳마다 가게가 문을 닫는 비운의 백수 H양도 있고, 마지막까지 경제적 자립을 실천하지 않고 모두에게 따가운 눈총을 받다가 막바지에 이르러 마지 못해 포장 알바를 시작한 또 다른 백수 S양도 있고, 구직활동만 하다가 반년 동안 실업급여로 경제적 자립을 시도한 백수도 있다. 다 얘기하진 못했지만 그밖에도 갖가지 우여곡절이 다 있었다. 좌충우돌했지만 결국 다들 생계전선으로 뛰어들긴 했으니 그런 대로 만족할 만한 성공적인 실험이었다고 우리끼리는 자평한다.

벌어도 벌어도 부족한 돈

그럼 돈을 안 벌고 있는 것도 아닌데 우리는 왜 늘 넉넉하지 못할까? 누구나 이런 생각을 해봤을 것이다. 나도 그렇다. 내가 첫 독립을 결심했을 때 보증금을 모으기 위해 열심히 안 쓰고 모았다. 그렇게 보증금을 마련해 집을 나왔다. 나오고 나서는? 동네 형, 친구, 동생들과 놀고, 또 생활하는 데 필요하다고 생각한 소비를 하다 보니 모이는 돈은 없었다…라기보다는 수입과 소비가 일정치 않았다. 60만원 벌 때는 월세, 공과금 등등 여러 고정비들을 내고 나면 남는 돈은 10만원 남짓이었다. 그 돈으로 한 달을 살기에는 부족하다. 그래서 그런 달은 자주 부모님집을 방문했고 또 동네백수들에게 빌붙기도 하며 한 달을 보내고 반대로 좀더 번 달은 가난한 동네백수들과 함께 밥 먹으며 여유롭게(?) 지내고… 이런 식의 반복이었다. 큰 돈이 들어갈 일이 없기에 많이 벌어도 그만 안 벌어도 그만이었다. 이렇다 보니 돈이 없어도 삼시세끼 걱정은 없었다. 근처 엄마집에 가서 먹으면 되고 있는 사람에게 얻어먹으면 되니까. 그러고 보면 나는 시대를 참 잘 타고 난 것 같다. 대강 일해도 밥 굶을 일은 없으니까 말이다. 아니 세끼 걱정 없는 넉넉한(?) 집안에서 태어나서 그럴지도 모르겠다. 좋게 말하면 참으로 소박하다.

저렇게 태평하게 사는 게 잘못된 건 아니지만 한편으로는 뭔가 아무 생각 없이 사는 것같이 느껴져 좀 부끄럽기도 하다. 이젠 이 부끄러움을 해소하여 떳떳하게(!) 살고 싶다. 다시 말해 부끄럼없이, 떳떳이, 태평스럽게, 살고 싶다. 이제 새로운 목표가 생긴 것이다. 목표로 나아가기 위해 지난 날에 저렇게 살았던 이유를 찾아봐야 한다. 왜 저렇게 주먹구구식으로, 되는 대로 살았을까?

60만원은 혼자 월세 내며 자립해서 생활하는 데 부족한 금액임에는 분명하다. 그런데 살다 보면 살아지긴 한다. 문제는 그 달은 누군가에게 의존하며 살아야 한다는 것이다. 돈에 끌려 다니며 한 달을 보내야 하는 것도 문제다. 돈에 질질 끌려 다녀야 하다니… 싫다. 별로 폼 나지 않는다. 사실 저 질문에 대한 답은 '백수다' 가계부를 쓰며 깨닫게 되었다. 우리는 돈은 참 잘 쓴다. 쓰는 데는 도사인데 돈 나가는 것에 대해서는 관심이 없다. '돈을 쓴다'와 '돈이 나간다'는 같은 말 같지만 서 있는 위치는 다르다. 돈 쓴다는 것은 그저 돈을 쓰는 그 순간에만 나를 두는 것이고, 돈이 나간다는 것은 돈을 쓰고 있다는 것을 인지하고 바라보고 있는 상태에 나를 두고 있는 것이다. 그렇다, 인지하지 못한 채 순간적으로 쓰는 것과 인지하고 있는 상태에서 바라보며 쓰는 것은 느낌이 다르다. '백수다' 가계부 활동이 그런 역할을 했다. 매일 가계부를 쓰며 매달 가계부를 정리하다 보면 고정비, 식비, 교통비 등등 여러 종류의 지출이 망라된다. 한 달 지출 정리를 해보면 자신이 어디에 얼마를 어떻게 쓰고 있는지를 싫어도 인지하고 있는 상태로 전환된다. 그러면 자연스럽게 다음 달을 생각해 보게 된다. '다음 달은 이 정도는 벌어야 하는구나' 아니면 '다음 달은 일을 적게 해도 되는구나!'라는 등등의 계획적인 생각 말이다.

신기하지 않은가? 이렇게 수입과 지출을 인지하는 것만으로 자연스레 계획적인 생각이 떠오르고 그에 맞춰 계획적인 생활을 하려고 한다. 계획적인 생활이 또 무엇을 가져올지는 무궁무진하다. 이렇게 생각하니 참 재미있다. 뭔가 연결되어 나아가는 느낌이 든다.

내가 혼자 자취하며 주먹구구식으로 재정운영을 한 것은 오로지 돈을 쓸 뿐이지 돈이 어떻게 나가는지 모르고 있었기 때문이다. 성실히 알려는 의지가 없었기에 아무 생각 없이 지냈던 것이다. 이 단순한 사실을 이제 알았다니 허탈한 기분이 들면서도 기쁘다.

공부하러 와서 가계부를 쓰다

3월 어느 날, 가계부에 대한 얘기가 나왔다. 월마다 나가는 월세, 통신비, 차비, 식비, 군것질비, 유흥비 등에 더해 1년 동안 시즌별 학비와 여행자금을 추가로 모으려면 각자의 수입과 지출 규모를 가늠하고 있어야 하기 때문이다. 뭐 가계부야 알뜰주부들도 다 쓰는 건데 못 쓸 것도 없지, 라는 생각도 잠시 뿐이었다. 그것뿐만이 아니었다. 더 나아가 매달 수입과 지출 내역을 인쇄해 게시판에 공개한다는 거였다. 나의 행적이 고스란히 드러나는 한 달 씀씀이를 모두와 공유해야 하는 것이다. 한 사람의 한 달 소비 패턴을 보면 그 사람의 생활동선이 자연스럽게 노출되기 때문에 내심 좀 불편한 마음이 들었다. 하지만 그게 끝이 아니었다! 거기에 더해 각자가 가진 빚을 공개해야 한단다. 헉! 그리고 그 빚을 어떻게 갚을 건지 계획까지… 아이고 머리야!

그렇게 3월에 시작된 가계부는 4월 초에 첫 공개가 이뤄졌다. 내 가계부가 공개되는 것이 내심 개운치는 않았지만 막상 모두의 가계부가 공개되니 내 가계부는 그저 15개 남짓한 가계부 중 한 개일 뿐이었다. 그리 생각하니 마음이 좀 편안해진 기분이 들기도 했다. 그리고 당시는 만난 지 얼마 안 되어 백수들이 서로 서먹서먹해하던 시기였는데 마침 가계부가 공개되자 서로 큰 관심을 보였다. 저 사람은 어떤 일을 하며 얼마를 버는지도 알게 되고, 지출의 경우에는 어느 곳에 돈을 주로 쓰는지도 보였다. 가령 먹는 걸 좋아하는 이들은 식비 지출로 쏠려 있기도 하고 꾸미는 데 관심이 많아서 미용이나 쇼핑에 지출이 많은 사람, 아니면 안 쓰고 꾸준히 저축하는 사람 등등 말이다.

가계부는 정말 그 사람을 그대로 비춰 주는 거울이 되었다. 어떤 이들은 몇 푼 안 되는 예금 결산이자까지 적는 디테일을 보여 주었고 반대로 가계부 제출 약속을 지키기 위해 월말에 급하게 만드느라 기억이 안 나 카드 지출내역만 겨우 적어 놓은 이도 있었다. 또 왜 그 지출을 하게 되었는지 그 옆에 재미있는 서사를 적어 보여 주는 이도 있었다. 오며 가며 가계부를 살펴보던 백수들은 가계부의 합계 오류나 과다한 지출 부분, 그리고 누구와 먹었는지 알려 달라는 코멘트까지 가지각색의 지적과 질문들을 줄지어 달았다. 이렇게 가계부 공개는 백수들의 관계를 한층 더 활기 있게 만들어 주는 역할도 톡톡히 해냈다. 몇 년을 같이 지내도 모를 수 있는 것이 상대의 재정 상태인데 이렇게 초기에 모두의 재정 상태가 드러난 것이다. 뭔가 한 꺼풀, 아니 제대로 벗겨진 느낌이었다. 아니면 서로에게 좀더 진실되어졌다고 해야 하나…. 가계부 공개는 서로에게 한 걸음씩 다가가는 계기가 되었다.

가장 재미있었던 부분은 빚 항목이었는데 학자금 대출, 집 보증금, 엄마론(부모님께 빌린 돈)으로 땡겨 쓴 생활비 그리고 주식투자하다 망한 빚 등등 다양하다. 빚 중에 금액이 제일 컸던 건 학자금 대출이었지만 가장 주목받은 빚은 주식투자하다 망한 나의 빚 2백만 원이었다. 이것도 사실 3년 동안 갚아서 이 정도만 남은 것이다. 나는 사람들의 호기심 어린 시선을 이해한다. 학자금 대출, 집 보증금, 생활비 등은 모두가 생각할 수 있는 빚이었을 것이다. 하지만 주식투자 빚은 대개 숨겨져 공개되지 않는 어두운 부분이기에 주로 옆옆 사람에게 전해 듣거나 뉴스에서나 접할 수 있는 가깝지만 동떨어진 이야기였기 때문이다. 그런 사람이 바로 옆에 있으니 얼마나 신기했겠는가. 그렇게 나의 주식빚은 백수 기자단의 기사 소재가 되었고 공개 당시 연구실에서 회자되는 이야깃거리가 되었다.

상황이 이렇게 되다 보니 매달 꾸준히 원금균등상환 방식으로 갚고 있던 빚이 불편해졌다. 빚을 공개하기 전에는 이자가 있긴 했지만 2년 동안 갚으면 되기 때문에 미리 갚을 필요가 없었다. 그래서 매월 내야 하는 대출금을 내 가며 나머지 돈으로 나름 부족함 없이 쓰고 있었다. 그렇게 있는 듯 없는 듯했던 빚이 사람들 사이에서 회자되어서인지 매달 가계부를 쓸 때마다 빚 항목을 차지하고 있는 주식빚이 눈에 밟혔다. 나에게 빚이 있다는 불편한 생각이 드니 돈의 지출 순위가 바뀌면서 저축도 하게 되었다. 또 중고물건을 팔아 목돈이 생기면 '모아서 빚 갚아야지'라는 생각이 절로 떠오르기도 했다.

그렇게 결국 3개월 만에 빚을 갚았다. 통장에 잔고가 백만 원 정도 있어서 단기간에 빨리 갚긴 했지만 빚 갚을 생각을 하지 않았다면 어딘가 충동구매로 써 버렸을 돈이었을지도 모른다. 2년 동안 갚아야 할 빚이 3개월 만에 끝나 버렸다. 이렇게 금방 갚을 수 있는 것을 왜 껴안고 길게 가려 했던 걸까? 내가 진 빚을 차마 당당히 바라볼 자신이 없었던 것 같다. 빚이 있다는 것을 애써 생각하고 싶지 않았던 것이다. 내가 저지른 과오를 외면한 채 적당히 덮어 버리려 한 것이다. 뭐가 그리 부끄러울까? 생각해 보면 생활이 늘 그런 식이었다. 내 보이기 껄끄러운 실수나 과오에 있어서 적극적으로 개입해 개선하려기보다는 적당한 선에서 멈춰 개입하지 않음으로 봉합하려 하는 나의 비겁함이 자리하고 있는 것 같다. 저렇게 단기간에 갚은 걸 보면 진작 빠져나올 수 있었지만 일부러 그러지 않은 것이 분명해 보인다. 나는 빚더미 속에 내 의지로 앉아 있었던 것이다.

누군가에게 빚을 지고 있다는 것은 유쾌하지 않은 일임에 분명하다. 어딘가에 묶여 있다는 것은 내 삶을 음울하게 만들 수 있다. 이제서라도 이렇게 빚을 떨쳐낼 수 있었던 건 가계부 공개와 '백수다' 도반들의 입방아(?)와 덕분이 아닐까? 매월 내 주식빚을 내 대신 얘기해 주며 인지(압력?)시켜 주고 매달 가계부를 씀으로 어떻게 갚아야 할지 그에 맞는 계획을 그려 보는 계기가 된 셈이다.

그렇게 보면 우리가 1년 동안 목돈이 들어가는 학비를 만들고 매달 여행비를 모아 여행을 가게 된 것도 매월 가계부 활동 덕분이다. 가계부가 알게 모르게 우리를 계획적인 소비로 이어지게 만든 역할을 해왔던 것이다. 공부를 하며 버는 돈은 한계가 있고 그 돈으로 우리는 이런저런 생활 고정비와 1년의 활동들을 만들고 유지해 나가야 한다. 우리는 지금까지 배웠고 또, 배워 가고 있다. 버는 돈에 맞춰 우리의 생활을 구성해 내는 방법을! 그렇게 자립하는 방법을!

'백수다'
그 이후

다시 가계부를 쓰는 나

여행을 떠난 12월을 마지막으로 가계부 활동은 끝이 났다. 하지만 1년 동안 해오던 습관 때문일까? 중국-라오스-태국을 여행하는 동안에도 나는 가계부를 꼼꼼히 기록했다. 돈의 흐름을 적어놓아야 다음 여행 때 참고할 수 있을 것 같았고, 또 훗날 이 여행을 떠올려 보고 싶을 때 매우 유용할 것 같았다. 소비의 동선을 따라가다 보면 전체적인 여행의 흐름과 돈을 쓸 때의 세세한 마음 상태까지 떠올릴 수 있기 때문이다(아! 가계부를 적을 때 한 가지 팁이 있다. 그 지출 항목 옆에 서사를 적는 것이다. 예를 들면 왜 지출을 한 건지, 맛은 어땠는지, 누구랑 먹었는지 등등. 그래야 가계부를 쓸 때도 재미있고, 나중에 또 보고 싶은 마음이 든다).

여행에서 돌아온 후, 2015년 '백수다' 활동이 막을 내렸다. 내 인생에서 가장 바쁘고 긴장감 있었던 1년이었다. 그 반작용 때문인지 여행에서 돌아와서는 아무것도 하고 싶지 않았다. 물론 가계부도 쓰지 않게 됐다. 가계부를 매월 낸다는 약속이 끝나자 귀차니즘이 발동한 것이다. '백수다' 안에 있을 때의 긴장감이 사라지자 다시 늘어지기 시작했다. 이것이 우리들의 한계일까?

아니면 나의 한계일까? 여러 일을 시작하는 것보다 한 가지 일을 꾸준히 해낸다는 게 정말 쉽지 않음을 새삼 느낀다.

그러던 찰나 우연찮게도 다시 가계부를 써야 할 상황이 만들어졌다. 공동주거 공간인 공one의 회계를 맡게 된 것이다. 회계를 맡게 되면 매월 공one의 수입과 지출을 정리해서 투명하게 공개해야 한다. 내 돈이 아닌 우리 돈이기 때문이다. 그러다 보니 다시 가계부를 쓰지 않으면 안 될 것 같은 느낌이 들었다. 또, 왠지 이대로 가계부를 쓰지 않으면 예전처럼 그때그때 지출하면서 나를 보지 않는 상태가 이어질 것 같았다. 자신의 상태를 보지 않으면 계획도 세울 수 없다. 그 흐름을 따라 내 삶의 시간 역시 즉흥적 소비 형태로 사용되지 않을까? 이렇게까지 생각이 번지니 쓰지 않으면 안 될 것 같은 생각이 들기 시작했다.

가계부를 써서 살림살이가 좀 나아졌냐고 묻는다면 물론 아니다. 예나 지금이나 매월 벌지만 다 써서 없어지는 건 마찬가지다. 하지만 좀 달라진 게 있다. 돈을 대하는 자세가 달라졌다고 해야 할까? 예전에는 돈을 어떻게 써야 할까라고 진지하게 생각해 본 적이 없었다. 한마디로 그냥 끌리는 대로 썼다. 내 마음이 어떤 것에 끌리면 먹었고 또 샀다. 그렇게 쓰고 나서 늘 모자란 적은 수입을 탓하며 불안한 마음에 습관적으로 더 많이 벌어야겠다는 생각뿐이었다. '그럼 도대체 얼마를 더 벌어야 할까?'라고 구체적으로 물었을 때 선뜻 대답할 수 없었다. 왜냐하면 내 절제 없는 지출에 수입을 맞추려고 했기 때문이다.

가계부는 이 현실을 적나라하게 보여 준다. 내 수입과 지출의 간극이 얼마나 큰 것인지. 이것을 보지 않고서는 경제적 주체가 되는 것은 불가능하다는 것을. 한마디로 현재 자기 분수를 확실히 알게 해준다고나 할까? 그래서 나는 다시 가계부를 쓴다.

감이당과 백수, 인간 연대 실험보고서

김진철

백수들이 받은 선물

본론으로 들어가기에 앞서 전체의 그림을 한번 그려 보자. 감이당에 '백수다'라는 프로그램을 들으러 온 청년백수들은 함께 자고 공부하며 살아간다. 하지만 생각해 보자. 여기서 청년백수라고 일컫는 이들은 금수저를 물고 태어나거나, 로또에 당첨되는 천운을 타고난 사람들이 아니다. 그저 우리 사회 어디서나 흔히 볼 수 있는 보통의 가난한 청년들이다. 그런 백수들이 모여서 공부하는 공간들의 월세가 300만 원에 이른다. 공부 공간도 그렇지만 주거 공간도 부담이다. 보증금 500만 원 되는 집에 너덧 사람이 모여 살면 한 사람당 백만 원 넘게 내야 한다. 보증금 말고도 온갖 살림살이를 장만하려면 초기 입주 자금도 상당하다. 하지만 실제로 백수들이 졌던 부담은 자신이 살 집의 보증금(1/n을 한)과 자잘한 생필품이 다였다. 어떻게 된 일이었을까.

감이당과 남산강학원에는 수많은 프로그램이 열린다. '백수다'

는 그 가운데 하나. 사실 사람 수를 놓고 보면 '백수다'는 규모가 작은 프로그램에 해당한다. 평일과 주말 저녁에 열리는 큰 강의들에는 수십 명이 찾아온다. 보통 그런 강의들은 직장인을 대상으로 하는데 감이당의 주요 수입은 거기에서 나온다. 그리고 거기서 발생한 수입은 자립하려고 감이당을 찾아온 청년들을 돕는 데 쓰인다. 바쁜 일상일지라도 공부가 하고 싶어 감이당에 찾아온 직장인들의 마음과 자립하려고 찾아온 청년들의 마음을 이어 주는 것이다. 돈이 그 마음을 이어 주는 매개다.

백수들이 활용하는 공부 공간의 월세 또한 감이당의 선물이다. 놀라운 사실은 자립 청년들을 도와 주려는 마음은 감이당뿐만 아니라 연구실-공동체에서 공부했던 사람들 개개인 또한 품고 있다는 것이다. 처음 공자방 집을 구하고 들어가 살기 시작했을 때 감이당과 인연이 있는 사람들이 소식을 듣고는 선물을 보내 주었다. 책상과 의자, 옷장 같은 가구들, 옷걸이, 행거, 휴지, 샴푸와 린스 등의 생필품, 세탁기와 빨래 건조대를 살 수 있을 만큼 넉넉한 돈까지, 누가 시킨 것도 아닌데 고마운 선물들을 보내 주었다. 즉, 우리 백수들은 선물의 공동체에서 살아가고 있는 것이다.

부모님의 집에서 나와야 하는 까닭

이번엔 부분으로 시선을 돌려보자. 공동주거를 하고 감이당이라는 공동체에 속해 살아가면서 백수들은 좋든 싫든 서로한테 신세 지고 베풀어야 하는 처지에 놓였다. 처음 '백수다'를 시작하면서 공동주거를 왜 하느냐는 물음으로 튜터 선생님들을 인터뷰한 적이 있었다. 다음은 그때 들은 말이다.

"우리가 만났던 청년들 모두 자립하지 못한 게 큰 문제라고 봤어. 나도 20대를 그렇게 지냈고, 여기 공부하러 온 사람들, 작년에 같이 공부했던 백수들, 다들 스스로 생활을 책임지지 못하면 자기 생각이나 자기 말, 자기 욕망에 대해 잘 알지 못하더라고. 거의 모두가 부모님에게 의존하는 것을 아주 당연하게 생각해. 지적인 탐구에 앞서 생활비와 잘 곳, 자기 생활을 온전히 다 책임질 수 있게 되었을 때 자기만의 말을 할 수 있어. 나도 그랬고, 이곳 연구실에서 공부하던 다른 사람들도 그랬고, 자립하면서 사람들이 바뀌는 모습을 많이 봤어. 그리고 자립하지 못하면 공부가 전혀 되지 않는다는 것도 경험으로 깨달았고. 그런 상황에서는 자기 삶을 바꾸는 공부를 할 수 없어. 그래서 청년들을 자립시켜야 한다고 생각했어."

그러니까 자립이라는 것은 '부모님에게 의존하지 않고 스스로 생활을 책임지는 것'으로 정리할 수 있겠다. 보통 청년들이 부모님에게 의존한다고 하면 경제적인 지원을 받고, 삶의 중요한 문제들을 맞닥뜨렸을 때 선택권을 너무도 쉽게 부모님과 같은 권위자에게 넘겨주는 모습이 그려진다. 경제활동이란 일상을 굴리는 기름과 같은 것이고 그게 없으면 일상은 무너지고 만다. 그때 그 일상이 자신이 아닌 다른 누군가에게서 오는 돈으로 굴러간다면, 자기 일상을 자기가 책임지지 못한다면, 그의 생각 또한 그렇게 되고 만다는 것은 흥미로운 일이다.

생활 속에서 짊어져야 하는 책임을 이야기하자면 돈을 받는 것 말고도 수많은 약속을 이야기할 수 있다. 연구실에서 이루어지는 활동들은 많은 약속을 달고 온다. 세미나 시간에 발제를 준비해 가는 것, 정해진 날에 식사당번을 하러 가는 것, 그밖에도 아침 청소를 한다거나, 자신이 있던 자리는 흔적 없이 치운다거나, 약속 시간에 늦지 않는 것, 이런 작은 일부터 스스로 책임져야 하는 것을 기본으로 한다. 이런 약속들을 지키려는 정성이 없으면 주위 사람들과의 관계는 너무도 쉽게 금이 간다. 오기로 했던 사람이 제때 안 오거나, 같이 쓰는 공부방에서 자기 물건을 엉망으로 어질러 놓고 가 버리는 무신경한 모습에 쉽게 틀어지는 것이 사람 마음이니까. 이런 관계망 안에 들어가면 온갖 책임과 약속에 구속당해서 자유가 없다고 느끼기 쉽다. 하지만 무엇이 진정한 자유일까.

"1980년대 이후의 이데올로기는 이래요. 타인이 같은 집에 사는 탓에 움직일 수 있는 범위가 제약된다, 자유로운 행동을 할 수 없다, 자기실현을 방해받는다, 그러니까 '가족은 해체해야 한다' 이런 사고방식이 널리 퍼져 있었지요. **다시 말해 자신의 욕망 실현하기, 살고 싶은 대로 살기가 인간의 최고 목표라고 말해 왔어요.**
하지만 그런 이데올로기를 소리 높여 이야기하기 시작한 것은 정말 아주 최근입니다. 에도 시대, 메이지 시대, 전후 직후에도 그런 이야기는 있을 수 없었어요. 자기실현이 모든 것보다 우선이라는 식으로 말하면 미친놈이라고 욕을 먹었지요. 무엇보다 '집단이 살아남는 것'이 우선이었으니까요. 저 혼자서 '누구에게도 폐를 끼치지 않고 남이 나에게 폐를 끼치지도 않는' 삶을 사는 것보다 집단적으로 살아가며 **'신세를 지거나 남에게 베푸는' 쪽이 살아남을 확률로 볼 때 압도적으로 높았으니까요.**

친족을 해체하고, 지역공동체를 해체하고, 종신고용 기업 같은 중간 공동체도 해체하여 최종적으로 모두 고독해진 것은 '혼자서도 살아갈 수 있을' 정도로 사회가 풍요롭고 안전해졌기 때문이에요. 개인의 '원자화'는 평화와 번영의 대가라고 볼 수 있어요. 하지만 그런 평화나 번영은 역사적으로 보더라도 예외에 불과해요. 이미 혼자서 해나갈 만큼 여유를 부릴 수 있는 시대는 끝나 버렸어요."

(우치다 타츠루·오카다 도시오, 『절망의 시대를 건너는 법』, 김경원 옮김, 메멘토, 2014, 109쪽)

사실 남들에게 베풀고 신세지면서 살지 않으면 적은 돈으로 살아갈 수 없다. 그 누구도 이런 상황을 선택하지 않았지만 이미 그렇게 되어 있는 것이 우리 사회다. 누구라도 혼자 있고 싶은 욕망은 있을 것이다. 다른 사람들과 부대끼지 않아도 되고 다른 생각을 맞추기 위해서 시간과 노력을 들여 이야기하지 않아도 되니까. 하지만 혼자 힘으로 서울에 집을 구하고, 끼니마다 제대로 먹으면서, 돈을 벌고 남는 시간엔 책을 읽으며 사유하는 삶을 살 수 있을까. 혼자서 살고 싶다는 그 욕망을 이루면 우리는 진정 자유로울까? "개인의 '원자화'는 평화와 번영의 대가"다. 하지만 기술이 발전한 현대에 이르러서도 전 세계는 경제 침체기를 맞고 있지 않은가. 평화와 번영은 영원하지 않다. 이런 사정을 놓고 보면 연대라는 것은 개인을 구속하는 족쇄이기 앞서 생존능력이다.

그러면 우리는 살아남기 위해서 어쩔 수 없이 '자유'라는 것을 내버려야 한다는 말인가.

(고대의 원시 부족 사회처럼) 가장 낮은 발전 단계로 알려진 상태에 있는 인간들 사이에서 이렇게 복잡한 (공동체)조직이 발전되었고, 여론이 유일한 권위로 작용하는 사회에서 조직이 그대로 유지되었다는 점을 고려해 보면 가장 낮은 발전 상태에서조차 인간의 천성 속에 사회적인 본능이 얼마나 뿌리 깊은 것인지를 금방 알게 된다. 이러한 조직하에서 살 수 있고 개인적인 욕망과 끊임없이 상충되는 규칙에 거리낌없이 복종할 수 있는 야만인은 윤리적인 원칙이 결여되어 자신의 격정을 지배할 줄 모르는 짐승과는 다르다.(P. A. 크로포트킨, 『만물은 서로 돕는다』, 김영범 옮김, 르네상스, 2005, 119쪽)

위 인용문은 그러한 궁금증을 다른 측면에서 바라볼 수 있게 해 준다. 우리가 바라는 자유라는 것을, 나 하고 싶은 대로 살고 싶다는 욕망을 다 누리며 살 수 있는가. 앞서 말했듯 그런 욕망을 이룰 수 있는 때는 아주 가끔, 예외와도 같이 찾아올 뿐이다. 예외의 상황을 일상처럼 누리려면 (자본을 쏟아붓는 따위의) 부자연스러운 인위에 기대야 할 것이다.

'개인적인 욕망과 상충되는 규칙에 거리낌 없이 복종'할 수 있다면 그 상태야말로 진정 자유가 아닐까. 크로포트킨이 이야기한 고대 부족사회만을 말하는 게 아니다. 오늘날 서울 한복판에 공동체를 이루어 살아가는 감이당에서도 이 물음은 던져봄직하다. 나 혼자 하고 싶은 대로 하면서 살겠다는 욕망이 자유가 아닌 까닭은, 먼저 실현 불가능할뿐더러 좋든 싫든 자신과 관계로 엮여 있는 '남'들을 제 삶에서 의도적으로 밀어내고 떼어내기 때문이다. 사람의 사회적 본능을 부정하는 혼자만의 자유는 자유라기보다 자의식과 가깝다. 자의식에 얽매여서 생존의 여러 가능성을 보지 못하는 것이 오히려 족쇄가 아닌가.

자기 주위 사람들과의 관계를 이어 가려면 자의식에서 빠져나와야 한다. 나로부터 자유로워야 한다는 말이다. 남과 더불어 홀로 설[自立] 수 있다는 이 모순 같은 말 속에 진실이 깃들어 있는 것 아닐까.

관계를 보지 못할 때

연구실에서 공동주거를 하며 같이 살아가는 사람들은 한 주에 한 차례, 세 시간씩 공동부엌에서 식사당번을 해야 한다. 그런데 가끔은 그 일이 그렇게 귀찮을 수가 없었다. 감이당 부엌은 연구실 사람들한테 노동력과 온갖 식재료를 '선물'받은 덕에 한 끼 식사를 2500원이란 싼값으로 제공한다. 이익을 한 푼도 남기지 않고 오직 연구실 사람들을 생각하는 것, 이 또한 하나의 선물이 아닐까. 그래서 사실은 고마운 마음으로 기꺼이 노동력을 제공하고 이 감동스러운 선물 대열에 끼어 볼 수도 있는 노릇이지만 막상 공부와 돈 버는 일에 치여 살다 보면 그 고마움을 싹 잊게 된다. 그리고 당장 눈앞에 닥쳐 온 식사당번이라는 책임 때문에 내 공부할 시간이 침해당한다는 엉뚱한 인과관계에 갇히고 만다.

이러한 사례는 또 있다. 언젠가 백수들이 바자회를 맡아서 연 적이 있었다. 백수주이라는 이름으로 열렸던 그 바자회를 준비하면서 연구실 사람들한테 안 쓰는 옷이나 가구 같은 물건들을 받았다. 그런데 바자회를 열기 전에 백수들은 제 마음에 드는 물건들을 먼저 챙겨 가 버렸다. 사람이라면 충분히 그럴 수 있는 일 아니냐고 물을 수 있지만 그 마음가짐이 문제가 되었다. 쓰지 않는, 버려진 물건이었다 해도 백수주이 소식을 듣고 물건을 갖다 주고 잘 되라고 응원해 준 연구실 사람들의 마음을 마치 시장에서 상품 고르듯이 했던 그 행동 너머에는, 그 사람들과의 관계를 보지 않는 '배은망덕'이 깔려 있었던 것이다.

하지만 그 반대의 모습을 보여 주는 사례도 많다. 처음 감이당에 왔을 때, 나는 빈손이었다. 고등학교를 졸업하자마자 가방 두 개와 세뱃돈을 받아들고 서울로 올라와 감이당의 문을 두드렸다. 잘 곳이 막막했던 나는 감이당 사람들의 배려로 그때 이미 다른 사람들이 살고 있었던 공동주거 공간에 얹혀살게 되었다(집 운영을 위해 게스트비를 내야 했는데 그래 봤자 하루 5,000원이었다).

이처럼 감이당 사람들 사이에서는 수많은 '선물'이 오고 간다. 아무 대가도 바라지 않고, 그저 자신들과 함께 공부하러 온 사람을 거두어 주고 잘 곳(공동주거)과 끼니(공동부엌)를 해결할 수 있도록 해주었다. 내가 공부하고자 마음을 내어 감이당을 찾아온 일을 선물로 받아들이고, 나를 한 식구로 받아 주는 선물을 되돌려 주는 듯했다. 그밖에도 백수들이 감이당 안에서 벌이는 여러 활동들을 응원하는 의미로 여러 선생님들이 간식이나 지원금과 같은 선물을 주시는 일이 많았다. 감이당에서 함께 작업한 낭송Q시리즈 홍보 영상을 찍었을 때, 백수들이 맡아서 연구실 체육대회를 열었을 때, 또는 연구실의 어느 학인이 이사하는데 도우러 갔을 때, 연구실 큰 행사가 끝나고 뒷정리를 도왔을 때….

그분들이 우리의 활동과 노동을 먼저 선물로 받아들이고 고마움을 느낀 것일지도 모른다. 백수들도 사람인지라 그 일들이 귀찮게 느껴질 때도 있지만 사실 대가를 바라고 한 일이기보다는 내가 살아가는 공간에서 자연히, 기꺼이 활동을 벌이고 공동체를 위한 노동을 한다. 그때 그 일들을 고맙게 여겨 주는 선물을 받게 되면 되레 이쪽에서 또 고마운 마음이 올라온다.

이러한 선물 주고받기는 '네가 이만큼 했으니 나도 이만큼만 준다'는 식의 교환논리와 다르다. 누군가 일손이 필요할 때 기꺼이 나서서 돕는 일과 백수들의 활동을 응원하면서 선물하는 간식과 지원금은 화폐가치로 환산할 수 없는 고마운 마음을 불러일으킨다. 그리고 그 마음은 나아가서 그 선물을 '갚고 싶다'는 마음을 불러일으킨다. 여기서 오가는 것은 액수가 정해진 돈이 아닌, 인연이 닿아 서로를 향한 마음이다.

이런 정서가 연구실에 넓게 퍼져 있다. 그리고 거기에 뿌리를 내린 감이당의 경제체제를 우리는 스스로 순환경제, 선물경제라고 부른다. 자본의 축적과 비대화를 바라지 않고 주고받는다는 뜻의 순환경제, 사람과 사람이 서로 고마운 마음을 일으키는 관계를 바탕으로 대가를 바라지 않는 선물을 주고받는 선물경제, 둘 다 비슷한 뜻으로 보인다. 놀라운 사실은 정말로 그렇게 살아갈 수 있다는 것이다.

연대는 대단한 일이 아니라 자연스러운 일

몇 년 전쯤인가. 어느 잡지가 피시(PC)방 난민을 특집으로 다루었는데, 취재에 응한 젊은 피시방 난민이 '저처럼 여기에서 1개월 이상 머물고 있는 사람이 삼십 명 있어요.' 했다는 기사를 읽고 깜짝 놀랐어요. 생각해 보세요, 삼십 명이나 있다는 말을…. 어째서 네 사람이 모여서 '이봐, 우리 힘을 합해 방을 빌려 보지 않을래?' 할 수는 없을까요? 피시방 이용료가 당시 하루에 1,500엔이었어요. 다다미 한 장 크기의 공간(1.6㎡, 0.5평)을 쓰면서 한 달에 4만 5,000엔이나 내는 셈이잖아요. 방을 나누어 쓸 수 있는 친구를 세 명만 더 모으면 네 명이 18만 엔을 낼 수 있다는 말이 돼요. 도쿄 안에서도 십

몇만 엔 정도 내면 목욕탕 딸린 방을 빌릴 수 있어요.(우치다 타츠루·오카다 도시오, 『절망의 시대를 건너는 법』, 114쪽)

"개인의 원자화는 평화와 번영의 대가"라고 같은 책에서 따온 인용문을 앞에서 언급한 바 있다. 한국 사회도 마을과 골목을 기반으로 한 공동체가 무너지고 개인은 원자화되어 간다. 젊은 세대일수록 그런 공동체를 겪어 보지 못했을 것이다. 인용문에서 피시방 난민이 된 청년들이 자발적으로 공동체를 형성하지 못한 까닭은 바로 이 때문일 것이다. 연대의 힘을 겪은 적이 없어 알지 못하니 같은 공간에 피시방 난민 서른 명이 같이 있어도 뭉쳐 볼 생각을 못하는 것이다.

공동체는 사람과 사람이 관계를 맺는 데서 출발한다. 좋든 싫든 우리는 주위 사람들과 관계를 이루어 살아간다. 그렇기에 공동체라는 경험이 이 시대 청년들에게 낯선 개념이 아니라는 것을 말해두고 싶다. 공동체를 이루고 남과 깊은 관계를 맺고 연대하는 것은 사람의 본성이다. 개인을 원자화시키는 자본의 힘이 기승을 부리기 시작한 것은 아주 최근이며 인간의 본성은 이미 사회적이고 연대하기를 좋아한다는 생물학적 증거도 앞서 인용한 바 있다. 그리고 여기에 한마디 더 덧붙여 본다.

현대 사회에서 상호부조(서로 돕기)라는 제도와 관습을 찾아보는 일은 무의미해 보인다. 그렇다면 이제 도대체 무엇이 남아 있을까? 그렇더라도 수많은 사람들이 살았던 방식을 확인해 보고 이들의 일상적인 관계를 연구하려고 노력해 보면 오늘날까지도 인간의 삶 속에는 상호부조와 상호지원의 원리가 커다란 역할을 하고 있다는 사실을 알게 된다. 상호부조라는 제도가 관습이나 이론상으로는 파괴되고 있지만 3, 4백 년 동안 많은 사람들은 계속해서 이 제도를 기반으로 살아왔다. 사람들은 이 제도를 신성하게 유지하였고 이 제도가 없어져 버린 곳에서는 재건하려고 노력하였다. 우리들 상호 관계 속에서 우리 모두는 오늘날 유행하는 개인주의적인 신념에 반대하는 순간을 맞게 되며, 사람들은 상호부조라는 경향을 지표로 삼고 행동한다. 만일 그렇게 하지 않으면 더 이상의 모든 윤리적인 발전도 즉각 멈춰 버릴 정도로 상호부조는 일상적인 교제에서 매우 많은 부분을 차지하게 된다. 인류 사회 자체는 단 한 세대가 살아가는 동안도 유지될 수 없을 것이다. …… 현재 유럽사회의 구조를 넓게 일별해 보면 촌락 공동체를 제거하려는 일들이 수도 없이 자행되었지만, 이런 형태의 동맹은 오늘날까지도 찾아볼 수 있을 정도로 명맥을 유지하고 있다는 사실 그리고 현재 이런저런 형태로 촌락 공동체를 재건하거나 대체할 만한 제도를 찾으려는 시도들이 많이 진행되고 있다는 사실에 우리는 곧바로 깊은 감명을 받게 된다.(P. A. 크로포트킨, 『만물은 서로 돕는다』, 273~274쪽)

이처럼 서로 연대해서 살아가려는 모습은 옛날 부족, 촌락 공동체부터 있었던 인간의 본성이다. 오늘날, 주류 자본주의는 청년과 백수, 이 두 집단에 들어가 있는 사람들을 소외시키고 있다. 요즘 신문과 인터넷 매체에 '헬조선'이라는 말이 유행할 만큼 살아남기 신산한 세상이다. 이러한 시대배경 속에서 살아남기 위해 서로 힘을 모은다는 것은 새롭고 낯설고 이상한 모습이라기보다는, 오히려 따로 있을 때보다 살아남을 확률이 높은 현실적인 대안일 수 있다.

감이당에서 살아가는 백수들은 주류 자본주의에서 소외된 대단할 것 없는 사람들이다. 그들은 세상을 뒤엎을 혁명가도, 자본주의로 굴러가는 세속에서 초탈한 도인도 아니다. 그 길을 간다면 '성공'할수 있을지, 그리고 성공하더라도 행복할 수 있을지 의문이 드는 주류의 길을 포기하고 다른 삶의 방식을 찾으려 하는 것뿐이다. 감이당은 탈자본주의를 기도하는 반사회집단이 아니라 어떻게 하면 함께 살아남을 수 있을지를 공부하고 고민하는 곳이다. 어쨌든 살아남으려면 돈이 필요하다. 다만 그 돈을 선물과 순환이라는 새로운 경제방식으로 만들어 냈을 뿐이다.

정리하자면 여기서 말하고자 하는 백수의 경제란 인간관계를 바탕으로 한 선물과 순환의 장을 만들어 내는 것이다. 재미난 역설이지만 주류 자본주의가 지배하는 이 사회에서 사람과 사람이 연대하는 다른 길을 모색한다는 것 하나만으로 감이당의 백수경제는 아주 혁명적인 일대 사건이 아닐까. 인용문에 나온 것처럼 수백 년에 걸쳐 사라져가는 '상호지원'의 공동체를 되살려 놓은, 인류 역사에서 '감명'을 받을 만한 순간 가운데 하나라는 것이다.

백수의 밥줄은 연대다. 혼자만의 독립이 아닌, 남들과 더불어 자립하기가 백수경제의 핵심이다. 요즘 사회 어디에서 청년들의 연대를 이야기하는가. 그렇기에 감이당의 선물, 순환 경제는 우리 사회의 청년과 백수들이 새로운 방식으로 살아갈 인류학적 실험이 아닐까. 한 해를 살고 그 결론을 도출해 보자면 이렇다. '연대만이 살 길이다.'

함께 사는 법을 배운 나

올해는 '백수다'에서 떠나 감이당을 나왔다. 선물경제, 순환경제, 이런 개념들을 이제 내 주변에서 찾아보기 힘들지만 그래도 여전히 나와 내 주위의 사람들은 무의식적으로 연대하고 공생하며 살아가고 있다. 지금은 친구들과 함께 방을 구해서 자취를 하고 있다. 원룸에 세 명이나 살기 때문에 몹시 좁지만 몇 달이 지나자 그럭저럭 구색을 갖추게 되었다. 세 사람 모두 고등학교를 같이 다닌 경험이 있고 그만큼 친하기 때문에 감이당에서 그랬던 것처럼 분업과 역할을 확실하게 나누지 않고 그때그때 할 수 있는 일을 한다.

한 친구가 서울에 올라온 지 얼마 안 되었을 때 생활비가 떨어져 오천 원으로 보름을 살아야 했다. 당시 돈이 있었던 나와 다른 한 친구가 그 친구를 먹여 살려야 했다. 옆에서 굶고 있는 친구를 어찌 내버려 둘 수 있을까. 돈 없던 친구는 다음에 월급이 들어오면 한턱 내겠다고 한다. 우리는 공동노동도 한다! 골목길에 버려진 가구가 쓸 만해 보이면 셋이 가서 들고 온다. 덕분에 책장 하나와 의자를 챙길 수 있었다. 또 어떤 친구는 밤새 일하고 아침에 들어오는데 그러면 남은 두 사람이 일어나서 아침밥을 차려 준다. 한 사람이 밥을 차리면 다른 한 사람은 설거지를 하는 것도 관습법처럼 굳어졌다. 사실, 법이라기보다 그렇게 하는 것이 당연하다고 생각한다. 공생과 연대는 정말 사람들의 무의식 속에 깃든 본성이 아닐까.

지금 내가 친구들과 자취를 하는 것은 감이당의 공동주거와 조금 다르다. 감이당에서는 공생이라는 목표가 먼저 있고 그 목표 아래 맡은 일을 해나가면서 연대감을 쌓았다. 하지만 지금과 같은 경우는 연대감이 먼저 있고 나서 같이 살아간다. 그래서 책임감의 무게가 감이당에서 느꼈던 것보다 가볍다. 고등학교 시절을 같이 보냈기 때문에 서로를 많이 아는 만큼 사소한 오해로 틀어질 일도 많지 않다. 학창 시절의 특수 경험도 무시하지 못할 것 같다. 내가 다녔던 학교는 3년 동안 공동생활을 하는 기숙형 대안학교였기 때문에 갈등이 있으면 회의로 푸는 일이 많았다. 감이당에서 1년 더 공동생활을 했던 나도 그렇지만 다른 친구들도 공동체 생활을 하는 데 익숙하다는 말이다.

어쨌든 연대감과 공생 가운데 무엇이 먼저인가를 따지는 일은 사실 무의미한 것 같다. 나와 그렇게 가까운 사람이 아니더라도 함께 살아야 할 처지에 놓이면 연대감이 자연스럽게 생기지 않던가. 지금 같이 살고 있는 세 사람도 고등학교에서 처음 만났을 때부터 친했던 것은 아니다. 공동생활이라는 목표 아래 갈등을 풀고 서로의 실수와 노력을 봐 오면서 연대감이 생겼던 것이다. 기숙형 대안학교뿐만 아니라 여러 공동체에서 나타나는 모습인 것 같다. 이를테면 노동조합이나 소규모 동아리, 감이당과 같은 공동생활 공간에서도 우리는 공생하고 연대감을 쌓는 모습을 종종 보곤 한다.

하지만 그 반대로 어떤 집단에서는 공공성이 무시되고 개인의 생존이 우선되는 모습을 우리는 자주 본다. 가정이나 학교, 직장과 같은 공동체에서 그런 공존과 연대의 가치를 한 번도 겪어 보지 못한 사람이 많다. 공생과 연대보다 경쟁과 생존을 유도하는 사회 시스템이 그런 공동체를 만들어 온 것이다. 하지만 사회가 어떻든 공생하고 연대하려는 인간의 본성을 찾으려는 노력은 각지에서 이루어지고 있다. 하다못해 나처럼 친구들과 자취하는 작은 원룸에서도.

4. 백수의
여행

누군가 여행의 목적은 길을 잃는 것이라고 했다. 그렇다.
길엔 원래 목적도 방향도 없다. 단지 뭉치고 흩어지기를
반복할 뿐. 하여, 길을 잃을수록 더 많은 것들과 결합하는
역설이 일어난다. 이 불확정성을 즐길 수 있는 신체가 되어
가는 것이 길 떠나는 자의 생리다.
자립-프로젝트의 마지막은 이 길 위에 서는 것.
자립 또한 구성과 해체의 운동, 그것의 자율성을 터득하는
것, 가볍게 이 운동과 결합할 수 있는 능력이기 때문이다.
여행은 이 기예를 배울 수 있는 인류의 오래된 공부법이었다.
백수의 여행이 갖는 비전 또한 오로지 여기에 있다.
자유란 자기 자신의 해방을 위해 분투하는 과정이다.
그건 결과나 상태가 아니라 길이자 방법이다.
그러니 자립하고자 하는 백수라면,
자유인으로 살아가려는 백수라면,
이 길 위에 서야 한다.
두려움도 없이, 한없이 당당하게!

공자님의 고향 취푸에서 헤매던 중, 현대판 군자(君子) 톰을 만났다(위의 사진 가운데 있는 파란 옷의 청년). 방황하는 백수 무리에게 그는 무한 친절을 베풀어 우리를 감동시켰다. 그는 늦은 밤 집으로 가는 길을 포기하고 꽤 긴 거리를 돌아 우리를 게스트하우스에 데려다 주었다. 다음날 톰에게 보답하려 했던 저녁식사 자리는 결국 톰이 우리에게 주는 선물이 되었다.^^

대륙은 과일 사이즈도 다르다. 사람 머리만 한 과일을 해체하여 백수들이 나눠 먹었다. 과일뿐만 아니라 대륙의 천지만물은 그 품종과 사이즈가 상상을 뛰어넘는다. 먹고 보는 것이 달라진 길 위에서 새로운 감각이 만들어진다.

세상에 단 하나의 정답은 없다. 우리는 대륙을 종횡무진하면서 여러 갈래의 길을 보았다. 우리의 생김만큼이나 저마다인 삶. 우리에게 보편이 있다면 그것은 각자가, 각자의 자리에서, 각자의 스타일대로 자립하는 것이리라.

우리 백수들도 말로만 듣던 윈난성의 호도협 트레킹을 해봤다. 아찔한 높이와 어마어마한 사이즈, 끝없이 이어지는 고원 등 중국 대륙이 보여 주는 스펙터클함에 우리는 감탄했다. 세계는 광대하고 광대하도다!

그 이름도 유명한 태산(泰山)에 올랐다. 말 그대로 크고 높았다. 계속 이어지는 계단. 눈 오는 날이라 위험했지만 한 명도 빠짐없이 정상을 찍었다. 1년간 꾸준히 한 '몸부림 프로젝트'의 성과인가?^^

산둥성에서 윈난성으로 기차를 타고 횡단했다. 3일이나 걸렸다. 마구 먹고, 게임하고, 수다 떨다보니 시간이 금방 지나가 버렸다. 3개의 칸을 접수해서 수다칸, 수면방, 놀이방으로 삼았다. 2박 3일, 비좁은 공간에서 먹고 자고 배설했던 경험. 서로에게 거침없는 하나의 신체가 되는 시간.

길 위에서 야생적 백수로 거듭나기

송혜경

백수 여행의 탄생 : 정착민에서 유목민으로

우리 '백수다' 튜터들은 길 위에 거의 서 본 적 없는 여행 초짜들이다. 3년 전쯤 처음 인도여행을 한 달 정도 다녀왔다. 인도에 도착하자마자 날치기를 당하고, 다음날 바로 그 유명한 여행사 사기(싸구려 숙박시설이 제공되는 저렴한 여행 상품을 비싸게 구입하게 만드는, 웬만해서는 걸려들기 힘든 사기)를 당했다. 우리는 낯선 땅에서 호구가 되고 있다는 생각에 분하고 억울한 마음이 들어 며칠 밤을 뜬눈으로 지새웠다. 이렇게 호되게 신고식을 치르고 나니 정신이 번쩍 들었다. 아직 여행자 모드로 전환되지 않은 상태에서 인도라는 낯선 시공간과 '꽝!' 하고 부딪히며 불시착을 했던 것이다.

시성과 달리 인도가 처음인 나는 난생처음 보는 광경에 동공 확장, 멘탈 붕괴였다. 워낙 악명 높은 여행지라 단단히 각오는 하고 왔지만, 내 눈앞의 광경은 보고도 믿을 수 없었다. 인도의 제일 장관은 단연 길이다. 일단 인도印度에는 인도人道가 없다.(^^;) 소, 돼지, 닭, 개를 비롯한 가축들과 자동차, 자전거, 릭샤, 오토바이와 같은 교통수단 그리고 여기에 사람까지 한데 뒤섞여 이동한다. 중앙선도 없고, 있어도 무시된다(고속도로에서 역주행하는 차도 봤다. Incredible India!). 그러다 보니 길은 늘 아비규환. 흙먼지는 부옇게 날리고, 천지 만물(?)로 빼곡하여 간신히 운행되는 길은 늘 갑작스러운 일들 때문에 일시 정지된다. 소, 돼지뿐만 아니라 사람마저도 길을 걷다가 문득 똥이 마려우면 그 자리에 풀썩 주저앉아 기어코 일을 치르기 때문이다. 덕분에 온갖 클랙슨 소리가 하늘을 찌른다. 나는 아연실색하고 말았다. 대체 여긴 뭐지?

이 나약한 근대인은 인도에서 또 한 번 충격에 휩싸였다. 한번은 길을 걷다가 화장실에 급히 가고 싶어졌다. 인도에서 화장실을 묻는 것은 예의가 아닌 것 같았지만, 그래도 도시 한복판에서 일을 치를 만큼 얼굴이 두꺼워지진 않았다. 경찰서가 보이기에 반갑게 달려들어 갔다. 한 경찰관을 붙들고 화장실이 어딘지 물어보았다. 아직도 그 경찰관의 표정을 잊지 못한다. 그런 질문은 난생처음이라는 그 표정. 질문 자체를 아예 이해하지 못하겠다는 그 표정. 그리고 여러 경찰이 한참 토론 끝에 가리킨 곳은 건물 외벽 으슥한 공간이었다. 더 들을 필요도 없이 경찰서를 달려 나왔다. 때마침 시성은 바로 앞에 있는 병원 화장실을 찾아 주었다. 아무리 인도라지만 어딜 가나 병원만큼은 위생적인 공간이니까 안심할 수 있을 거야! 그렇다. 병원에 화장실은 있었다. 그러나 나는 다 쓰러져 가는 악취 만연한 화장실에서 고장 난 문을 붙잡고 간신히 볼일을 보았다. 이 야생적인 공간은 생각할 필요조차 없다고 믿었던, 생리적 현상 하나에 대해서도 되묻게 하고 만다. 누구나 하는 이 행위가 그토록 사적인 이유가 무엇인가? 이 행위를 특별히 부끄럽게 여기는 이유는 뭘까? 삐까뻔쩍하게 꾸며진 화장실로 포장하고 있는 이 원초적 행위의 맨 얼굴을 인도에서 마주하게 되었다.

다음 해에는 중국으로 떠나 보았다. 물론 불시착은 당연지사. 첫날은 같은 상호를 가진 다른 숙소에서 헤매다가 길에서 노숙할 뻔하였고, 다음날은 핸드폰 유심칩 하나 사는 데만 장장 4시간이 걸리고 말았다. 첫 여행에서 우리는 부주의를 자책했지만, 두번째 여행지에서 이른바 '첫날 징크스'에 대한 이유를 알아 버렸다. 경계를 넘을 때는 늘 이렇듯 어긋남을 겪을 수밖에 없다는 걸 말이다. 길을 '읽을' 수 있게 되자, 한결 여행길이 가볍고 편해졌다.

중국 대륙에서 우리는 예상하지 못한 다양성과 마주쳤다. 광활한 대지에는 다양한 기후와 자연, 또 그만큼 다양한 몸과 삶이 범람하고 있었다. 그 스펙트럼이 상상할 수 있는 범위 이상이었기에 나는 또 말문이 막혀 버렸다. 한국, 그것도 서울의 코딱지만 한 곳에 살면서 상상했던 중국과 직접 가서 체험한 중국은 몹시 달랐다. 때마침 중국 여행길에는 독일, 미국, 콜롬비아, 베네수엘라 등지에서 온 청년들도 있어서 우리는 훨씬 더 풍부하게 타자성과 만날 기회를 가지게 되었다.

길 위에 범람하는 다채로움과 접속하자, 우리의 감각에는 지각

변동이 일어났다. '21세기-서울-시민'의 감각으로 살 때는 하얀 얼굴에 날씬하고 여리여리한 몸이 부러워 보이더니, 길을 나서 보니 그런 몸은 영 매력 없어 보였다. 이런 체형을 가진 한국인 여자애를 만났는데 곧 쓰러질 것같이 보이더니, 역시나! 남친의 부축을 받으며 여행 중간 샹그릴라로 가는 길목에서 발길을 돌렸다. 반면 육중한 무게의 배낭을 앞뒤로 거뜬히 메고 자신감 있게 거리를 활보하는 언니들의 파워풀한 몸은 찬사를 일으켰다. 이 여성들의 몸은 몹시 '아름다웠다!' 결코, 모델처럼 팔다리가 길어서가 아니다. 그 단단한 팔뚝과 강철 같은 다리, 그리고 무엇보다 여유 있는 표정이 우릴 매혹시켰다.

삶의 동선도 여러 갈래였다. 중국에서 원어민 교사를 하다가 요가를 배우고 싶어서 중국을 떠나 인도로 육로 여행을 하는 22살의 당찬 청년도 있었고, 대학을 졸업하고 잠시 자기만의 시간을 가지려고 지구 반대편 낯선 곳으로 떠나온 모험심 가득한 청년도 있었다. 방학을 맞이한 중국인 청년은 평소 가고 싶었던 도시로 짐을 싸 와, 서점 알바를 하면서 낯선 곳에서 자기의 시간을 즐기고 있었다. 그들 모두, 어떻게 살고 싶은지 스스로 고민하는 시간을 청년의 특권처럼 여기는 것 같았다. 눈앞의 취업을 위해 삶을 조급하게 몰아치지 않고, 관조하는 힘을 키우려는 젊은이들. 내가 길 위에서 만난 청년들은 그랬다. 자신에게 질문하고 답하면서 느리지만 단단하게, 한 걸음씩 걷고 싶어 했다. 발바닥 밑을 음미하면서! 자신이 살아왔던 공간이 전부라고 믿는 협소함, 자기 중심성을 놓지 않으려는 아집, 의지할 곳 없는 삶을 불행으로 여기는 태도, 단 하나의 길을 삶의 정답처럼 붙들고 있는, 나를 비롯한 우리 시대 청년들의 모습이 그 거울에 비춰 보였다.

두번째 여행 후 돌아갈 때쯤, 우리는 이 한 달이라는 짧은 기간 동안 강렬한 변화가 있음을 느꼈다. 상식과 통념의 기준이 흔들린 채 공항에 도착해서 집으로 가는 길. 여행길보다 익숙할 법한 그 길이 더없이 낯설다. 심지어 집마저 한동안 게스트하우스로 느껴질 정도로 얼떨떨하다.^^ 붙박이처럼 있던 고향을 떠나니, 그새 몸의 감각이 새롭게 세팅된 것이다. 몸이 변하면 사유가 변한다는 말을 실감한다. 공부가 익숙한 것을 떠나 낯설게 보기라면, 끊임없이 새로운 곳으로 이동하는 길 위에 자기를 던져 놓는 여행 또한 공부다.

그리고 하나 더. 이 두 번의 여행을 거치면서 각 대륙에 나름 네트워크가 생겨났다. 그곳의 분들은 길 위에서 사는 법의 달인들이다. 보스니아, 상하이, 리장에 본거지를 두고 긴 세월을 여행하면서 아시아 대륙을 손금 보듯 하시는 여행 선배님들이다. 오가며 우연히 만났던 이 인연들은 저렴하게 여행하는 노하우부터 풍부한 인맥과 경험까지 이 초짜 여행자들에게 아낌없이 전수해 주셨다. 그분들 덕에 우리는 한 꺼풀 들춘 여행지의 속살을 즐길 수 있게 되었다. 생면부지에다 아무것도 얻을 것 없는 청년들에게 베풀어지는 선물. 우린 얼떨결에 그것들을 받아들고 묻지 않을 수 없었다. 대체 왜? 사실 아무 이유 없다. 그곳이 길 위였기 때문이라는 것 빼고는. 길에서는 그렇다. 알기 전부터 반기고, 신뢰를 쌓기 전에 신뢰하며, 누구에게든 호기심이 생기고, 뭔가를 전해 주고 싶어 입과 손이 근질근질해진다. 요컨대, 경계警戒 없이 경계境界를 넘는다!

우리는 더 이상 이 좋은 여행을 우리만 해서는 안 된다는 데 이르렀다. 그렇다. 청년백수들을 길 위로! 공부의 마무리를 여행으로! 하여, 우리는 백수들과 365일 중 335일은 정착민이 되어 공부를, 30일은 유목민이 되어 여행을 해보는 새로운 작전을 짜기 시작했다.

·

백수와 여행, 환상의 짝꿍

그러나 백수와 여행은 당최 그 조합이 어울리지 않는다. 백수는 돈이 없는 존재인데, 여행이란 작정하고 돈을 쓰러 가는 것 아닌가? 백수가 여행을 떠난다고 하면 사람들은 이렇게 말하리라. 돈도 없는데 무슨 여행이야? 이 시점에서 백수와 여행이 갖는 우리 시대의 관념을 짚어 볼 필요가 있다.

그러기 위해 고전이라는 '과거의 거울'을 가져오면 된다. 이 거울에 우리 시대가 사용하는 '여행'이라는 단어를 비추면, 시대가 놓친 여행의 이면들과 시대의 통념에 갇힌 여행의 적나라한 면모가 반사될 것이다. 이렇게까지 해야 할 필요가 있냐고 물으신다면? 시대성을 초월하여 도도히 흐르고 있는 자연과 생명의 목소리를 다른 수신기를 통해 듣기 위해서라고 대답하리라.

홍명희의 소설 『임꺽정』을 보면, 청년백수 꺽정이가 스승을 따라 한라산부터 백두산에 이르기까지 명산들을 두루 여행하는 장면

이 나온다. 그들은 가고 싶을 때 가고, 머물고 싶은 만큼 머물며, 떠나고 싶을 때 떠난다. 밥은 간단히 해먹는다. 쓰고 있던 철 삿갓을 뒤집어서 쌀과 물을 붓고 대충 끓여 때우거나 얻어먹는다. 잠도 간단히 해결한다. 길 위에서 친구를 만들어 따라가 자거나, 과객질하여 낯모르는 남의 집에 우격다짐으로 잠자리를 마련할 때도 있다. 핵심은 의식주를 단출히 할수록 여행은 더욱 풍성해진다는 역설이다. 다른 건 몰라도, 흉흉한 사건이 많은 이 시대에 과객질과 같은 일은 불가능한 일이라고 생각할지도 모르겠다. 『임꺽정』을 보면, 조선 시대라고 해서 천사들만 살았던 건 아니다. 과객질해 들어간 집이 도둑놈의 집일 때도 있고, 살해의 위협을 당할 때도 있으며, 거꾸로 과객 하나 잘못 들여 한 집안이 풍비박산 나기도 한다. 옛날이냐 지금이냐를 떠나, 천지가 창조된 이래로 위험은 늘 도사리고 있다. 어쩌면 위험은 정착민의 용어일지도 모른다. 아마 유목민이라면 '변화'라고 말할 것이다. 길 위에서는 변화가 더욱 활발발하게 일어난다. 그들 역시 그럼에도 불구하고 떠나는 것이다. 오직 변화만이 여행의 목적이 된다. 여행의 루트가 아니라, 삶의 방향 자체가 변화하는 그런 운명적인 변화 말이다. 그리고 이 변화는 돈으로 살 수 있는 것이 아니다.

반면, 우리 시대 여행의 키워드는 '안전 보장'인 것만 같다. 스케줄대로 움직여 일정을 빠짐없이 소화하고 안전하게 돌아가는 것. 이것이 우리 시대 여행의 중요한 목표가 아닌가? 예상 가능한 범위 안에서, 남들에게 검증받은 곳을 따라서 이동한다. 이 목표 덕분에 여행 내내 참으로 별일이 없다. 그런데 없어도 너무 없어서 풍성한 여행

후일담도 동시에 실종되어 버렸다. 어딜가나 똑같이 사진, 사진, 사진 뿐! 또 하나의 키워드는 '일상 탈출'이다. 여행 기간만큼은 그간 일하면서 받았던 스트레스를 보상받아야 하고, 돌아가서는 여행의 기억을 마취제 삼아 지루한 일상을 버텨낸다. 그러므로 여행은 더욱 특별해야 한다고 기대한다. 한데, 안전한 여행 덕에 사건과 사고가 일어나지 않으니 이 특별함을 돈 주고 살 수밖에. 쇼핑과 맛집 탐방이 여행에서 중요한 이슈인 건 바로 이 때문이다. 그렇다. 우리 시대 여행의 전제는 우리가 일상을 지겨운 시공간으로 여긴다는 것이다. 이 생각으로 만약 1년 중 한 달을 여행한다면, 335일의 지옥과 30일의 천국에서 사는 셈이다. 끔찍하지 않은가. 이 일상과 여행의 낙차 사이에 자본이 개입하는 장면을 놓치지 말자. 어쨌든 일상과 여행은 언제나 따로따로라 서로에게 출구가 되어 주지 못한다. 그렇기 때문에 여행 후 마주한 일상은 더욱 지루하게 느껴지고, 일상에 행복이 들어앉을 자리는 없다.

그렇다면, 우리 시대의 여행을 재고해 볼 필요가 있다. 『임꺽정』에서는 특별한 장비나 돈 없이도, 몸 하나만 믿고 자유롭게 길을 떠났다면, 우리 시대는 '자유 여행'마저도 자본의 흐름을 타고 움직인다. 다른 말로 하면 현대인들은 여행하는 기술과 능력을 잃어버리고만 것이다. 먼 길을 걸어갈 능력, 돈 없이 먹을 것을 구하는 능력, 잘 곳을 구하기 위해 갖은 전략을 써서 부탁하는 능력, 아무 데서나 자고 아무거나 먹는 능력, 마음 약한 사람을 알아보는 능력, 위험에 대처하는 순발력과 지략, 낯선 사람을 친구로 만드는 능력 등등. 반면

『임꺽정』에는 당당히 잘 곳을 요구하고, 길을 떠나면 인생을 함께할 찐한 인연을 만들어 돌아오며, 삶을 바꾸는 데 여행이라는 기술을 활용하는 이들이 있다. 이 여행이 풍성해 보이는 이유는 단 하나다. 자신의 신체적 능력을 모두 발휘하면서 타인과 접속하기 때문. 자기 소외 따위가 일어날 리가 없다. 이 능력을 회복하기 위해 우리에게 필요한 것은 다름 아닌 최소한의 여비이다. 자본에 잠식당한 신체 능력 되찾기! 우리 시대에는 덜어내는 것이 복을 가져온다.^^

그런 점에서 백수는 여행하기에 충분한 조건을 갖추었다. 일단 시간이 많다. 언제든 미련 없이 일을 그만두고 떠날 수 있도록 정신무장(?)도 되어 있다. 또 하나. 최소한의 여비만 마련할 수 있다. 우리 백수들의 여비는 1년 동안 매달 집세, 생활비, 학비를 제외한 나머지 돈을 지름신과의 사투 끝에 지켜 낸 전리품이다. 하여, 몇 푼 되지 않는다. 이보다 복될 수 없다. 게다가 우리 청년백수들은 스스로의 자립을 위해 공부한다. 하지만 현란한 취업공부처럼 없던 능력을 덧붙이거나 일상과 괴리된 공부는 아니다. 우리 연구실의 멘토, 정화스님에 따르면 생명이란 기본적으로 자립적인 존재라고 한다. 그러나 자립自立은 독립獨立과는 다르다. 독립의 의미를 세상에 자신을 우뚝 세우려는 행위로 해석해 본다면, 자립이란 세계를 관계의 장으로 보고 여기에 자신의 좌표를 마련하는 행위다. 고로, 자립은 관계를 구성하는 능력이라고 하겠다. 우리는 지난 1년간 생명이 가진 이 능력을 기르는 데 힘썼다. 무엇으로 이렇게 자신할 수 있냐면, 싸울 수 있는 데까지 싸워 봤기 때문이다. 그래서 우리의 공부 공간 Tg스쿨은 늘 시끄러웠다. 두 번 생각할 것 없이, 1년의 마지막 과정은 여행으로 정했다. 여행은 1년간 수련했던 내공을 시험하는 또 다른 실험의 장이 될 것이기에.

선물: 세상은 우리 뜻대로 '만' 되지 않는다

우리 튜터들은 여행을 프로그램의 마지막에 배치할 생각만 하기로 했다. 여행을 실제로 준비하는 것은 모두 백수들에게 맡겨 놓았다. 여행팀이 만들어졌고 여행에 필요한 것들이 기획되었다. 간단하게 여행 준비 과정을 그려 보겠다.

일단 월 200만 원으로 해외에서 한 달 버티기! 이것이 백수들의 목표였다. 왜냐? 더 이상은 쥐어짜 낼 여윳돈이 없기 때문이다. 백수들의 평균 월수입은 80~100만 원. 1년 동안 그 규모 안에서 생활비, 학비, 여행비를 모으며 생활하기로 했다. 하지만 백수들은 매주 계획을 세우는 게 일상이라, 계획 세우는 데만큼은 어느새 달인이 되어 있었다. 하여, 여행 중 나가야 하는 월세, 여행을 다녀오고 난 후 1달 월세와 생활비까지 마련해 놓는 것까지 고려하게 되었다. 일을 다시 구하는 데 시간이 필요했기 때문이다. 나름대로 치밀하게(!) 여행 '후폭풍'을 준비했던 것이다.

여행 계획 역시 굉장했다. 첫 여행지는 당연히 취푸曲阜. 청년백수 '공자' 프로젝트의 롤모델은 공자님이기에 무조건 취푸로 가야 함은 물론이요, 공자님께서 오르셨다는 말로만 듣던 태산도 정복해

봐야 하지 않겠는가? 그리고 태산 꼭대기 위에서 지그시 산 아래를 굽어보며 호기롭게 "태산이 높다 하되 하늘 아래 뫼이로다"를 꼭 읊어 줘야지! 다음은 윈난성의 호도협 트레킹을 해보기로 했다. 여기는 연구실 사람들이 소수민족 기행으로 여러 차례 다녀왔던 곳이다. 귀동냥으로 얘기만 듣던 차에 이왕 중국 땅을 밟게 되었으니 까짓것 가보자는 생각으로 여행 루트에 자연스럽게 포함시켰다(이때만 해도 우리는 중국 땅덩어리의 크기를 몰랐다). 계획은 점점 글로벌하게 확장되었다. 중국 윈난성이 동남아시아와 가까우니 각자 가고 싶은 나라로 흩어졌다가 방콕에서 다시 집결해 보면 어떻겠냐는 의견이 나왔다. 각자 여행에서 얻은 고생담을 만나서 들려 주면 좋겠다는 생각이었다. 세상에! 광활한 중국 대륙도 모자라서 동남아시아까지 접수한다고? 다들 감탄하면서 이 완벽한 계획에 침을 삼켰다.

그러나 이 완벽한 계획에 뒤따르는 문제는 광활한 대륙을 누빌 교통비와 생각보다 높은 중국의 물가라는 현실이었다. 하지만 이대로 포기할쏘냐! 함께 집을 구하고 살아 보면서 '하늘은 멋진 계획을 돕는다.' 혹은 '활동은 갈 곳 잃은 돈을 모은다'는 대자연의 법칙을 알게 되지 않았던가? 지금 생각해 보면, 그 당시 우리 사이엔 '일단 저지르면 뭐든 된다'는 식의 이상한 믿음이 생겨 버린 것 같았다.

그래서인지 계획은 세워 놓았지만 필요한 여행비는 치밀하게 계산하지 않았다. 각자 자신의 힘으로 기본 경비를 모으고, 나머지는 '어찌어찌' 해보기로 했다. 그래서 '어찌어찌' 마련해야 할 돈의 목표 금액도 없었다. '그냥 닥치는 대로, 어떻게든 모아 보자'는 단순한 생각밖에는 하지 않았다. 그러자, (기대하시라!) 연구실에서 헌옷이나 헌책 등을 선물 받아서 팔았던 활동인 '넝마주이'가 풀집^{여자 청년 학사}과 곰집^{남학생 청년 학사}의 손을 떠나 백수들 수중에 떨어졌다. 때마침 백수들은 『가난뱅이의 역습』(마쓰모토 하지메)과 『누가 나를 쓸모없게 하는가』(이반 일리치)에 흠뻑 빠져 있었다. 여행팀이 주관하여 '백수주이'란 이름으로 온갖 헌옷과 헌책뿐만 아니라 헌 물건까지 기증 받아 팔게 되었다. 결과는 대호황. 쓰이지 않고 방치된 물건은 언제나 있기 마련이니 매번 판을 벌일 때마다 물건이 넘쳤고, 연구실 사람들도 공부가 지겨워질 때쯤 지갑을 들고 '백수주이'에서 쇼핑을 하며 스트레스를 풀었다(그래 봤자 가죽점퍼라든가 신발 등등이 2000원밖에 안 한다).

다른 기회들도 계속 이어졌다. 연구실에서 처음으로 열리는 고전 낭송Q페스티벌이 대대적으로 기획되었다. 상금이 걸린 것을 보고 백수들은 모두 출전을 결심했다. 한 팀으로 나갔다가 단번에 떨어지면 곤란하니까 세 팀으로 나누어서 다양한 콘셉트로 출전하자는 전략도 짰다. 전국적 범위의 치열한 예선을 통과해 무려 두 팀이나 본선에 진입! 본선에는 개인기를 뽐내는 전문 성우팀까지 출전해 결과를 예측할 수 없는 가운데, 공부 초짜의 울분을 솔직하게 담아 낸 '백수다 1'팀이 2등을 하게 되었다. '백수다' 팀이 명예보다도 여행비를 벌었다는 데 큰 의의를 둔 것은 말할 것도 없다.

이후 연구실에는 '백수다'는 못하는 게 없다는 소문이 돌기 시작했다. 연구실에 힘쓰거나 청소할 일이 있으면 '백수다'가 늘 출동했다. 어느새 백수들은 그런 일이 당연히 우리 몫이라고 생각하게 되었다. 그렇게 백수다 팀은 연구실과 관계를 맺었고 동시에 사람들은 이 청년백수들이 하는 활동을 눈여겨보게 되었다. 그래서일까? 이 힘세고 잘 먹는데, 주머니는 텅텅 빈 '백수다'에 예상치 못한 많은 분이 선뜻 활동비를 선물해 주셨다(이 자리를 빌려 정말 감사드린다). 이것을 뭐라고 설명할 수 있을까? 세상은 다행스럽게도 우리 뜻대로 '만' 되지 않는다. 마치 우주 안의 한 톨 씨앗이 저 혼자의 힘으로만 커다란 나무로 자라는 게 아닌 것처럼. 이제 그 진리를 믿고 무작정 길 위에 서 보기로 했다. 길 위에서는 빗나간 예측과 우연이 깨달음의 선물이 되니까 말이다.

여행 후일담

무려 15명의 인원이 함께 움직이며 여행하면 어떤 일이 벌어질 것인가? 한 달이라는 시간 동안 15명이 한 몸처럼 움직여야 한다는 사실을 우리는 상상조차 할 수 없었다. 게다가 해외라니! 하나의 경계를 넘으면서 우리는 탈코드화와 재코드화의 복잡하고 번다한 과정으로 다시 태어난다. 그간 불편함 없이 쓰던 모든 기호——핸드폰, 화폐, 은행카드, 음식, 언어, 잠자리 등을 하나 하나 재설정해야 할 수밖에 없다. 15명이 한꺼번에 이 과정을 겪어야 하니 그 오락가락 우왕좌왕함을 어찌 말로 다 설명할 것인가. 다행히 길 곳곳에서 은인들을 만난 덕에 낯선 땅에 무사히 진입했고, 물 만난 물고기처럼 아시아 대륙을 누비다가 돌아왔다(본격적인 여행 이야기는 이어지는 백수들의 글을 참조하시라).

그래서 여행은 우리에게 어떤 공부가 되었는가? 여행 후 백수다 멤버는 Tg스쿨에서 간단한 해단식을 했다. 헤어지는 자리에서 각자 여행에 대한 소감을 나누었다. 재미있던 것은 여행하면서 다들 엄청난 스트레스를 받았다는 사실이다. 이유는 몹시 웃겼지만, 공감이 갔다. 백수들은 여행 초반 고민에 빠졌다고 고백했다. 왜 『열하일기』의 연암 같은 질문이 안 생길까? 무엇을 어떻게 보고 느껴야 하는 걸까? 뭔가 하나 건져 가야 할 것 같은데 아무 생각이 나지 않는 건 왜일까? 몸은 길 위를 걷고 있는데, 마음은 텍스트에 묶여 있으니 괴리감이 들었을 터. 어떤 백수는 텍스트(혹은 익숙한 것들)로부터 도망치려고 몇 번의 시도를 거듭하다가, 여행 끝에 자기만의 재미를 잠깐 맛보았다고 고백했다. 이제 좀 느낌을 알았으니 다음번엔 더 재밌게 여행할 수 있을 거라고. 맞다. 처음부터 길에 익숙한 사람은 없다. 길에서 맞닥뜨린 낯섦을 어떻게 받아들일 것인가. 어떻게 기쁨으로 전환시킬 것인가. 이것이 길 위에서의 공부라는 걸 어렴풋하게 깨닫게 된 것 같다.

올해도 역시 프로그램 마지막에 떠날 여행을 준비하고 있다. 우리의 목표는 안나푸르나에 오르는 것이다. 저번 여행이 대륙 횡단의 체험이었다면 이번에는 다른 높이의 체험이다. 차가운 기온과 희박한 공기는 우리를 어떤 신체로 변형시킬 것인가? 어떤 감각을 가져올 것인가? 또 어떤 사람을 만나게 될 것인가? 설렌다. 이렇게 우리는 매년 우리 자신을 길 위에서 실험할 것이다. 언제까지? 길 위에서 자립할 때까지!

배짱과 끈기의 1년, 길 위에 서다

김기랑

세부계획이라고는 없었지만, 무작정 길을 떠나 보면 뭔가 재미있는 일이 생길 것만 같은 '근자감'('근거 없는 자신감'의 줄임말)으로 사기충천한 백수들은 이른 새벽부터 모여서 얼렁뚱땅 칭다오행 비행기를 탔다. '백수다' 시즌 초반부터 여행팀을 꾸려서 함께 계획을 짜고 어학 세미나를 하면서 나름 준비해 온 여행이었지만, 막상 날짜가 코앞에 닥칠 때까지도 현실감은 제로였다. 내일이 여행 가는 날이지? 벌써 그렇게 됐어? 근데 우리 정말 가는 거 맞아? 너 비행기는 타 봤니?

　사실 우리가 무슨 걱정이 있겠는가. 잘 곳이 없으면 밤새도록 함께 얼굴 보고 웃거나 서로의 등에 기대 잠을 청할 수 있고, 먹을 게 없으면 작년 내내 달달 외운 낭송이며 학술제 때 했던 연극으로 길거리 공연을 해볼 수 있지 않겠는가(물론 중국인들이 우리 공연을 보고 돈을 줄 거란 보장은 없지만^^;). 잃을 건 없고 얻을 건 많은 우리 백수들에게는 무지가 곧 밑천이요, 서로가 서로의 백그라운드였다. 고로 무서울 것 없는 우리의 모토는, 일단 '뎀비고' 보자, 였다.

취푸에서 만난 군자, 톰(Tom)

그러나 세상은 역시 우리 뜻대로만 되지는 않았다. 청도에서 취푸로 떨어진 첫날 밤부터 난관을 만났다. 사전 조사를 한다고 했지만, 예약해 둔 유스호스텔까지 가는 버스가 어디에서 서는지를 확신할 수 없었다. 우리는 지나가는 사람을 붙잡고 성조 따위는 무시한 짧은 중국어로 묻기 시작했다. 그렇지만 가리키는 방향이 제각각인 데다, '빵차'택시의 일종인 소형 승합차 운전사들의 시끄러운 호객 행위로 우리는 점점 멘붕에 빠졌다. 우리 같은 '떼거리 외국인'은 비수기를 맞은 그들에게는 좋은 먹잇감이었다. 중국은 생각보다 물가가 비싼 편이지만, 버스비는 정말이지 저렴하다. 빈부 격차가 심해서 아무리 물가가 상승해도 버스비만큼은 올리지 않는다고 한다. 백수 처지에 비싸 봤자 2위안(350원) 하는 버스는 선택의 여지 없는 교통수단이었다. 처음 부른 가격의 50%를 외치는 빵차 운전사에게 잠시 솔깃했다가도, 계산기를 두들겨 보고는 금방 마음을 고쳐먹었다. "부야오"不要, 원하지 않아요, "팅부동"听不懂, 못 알아들어요 같은 말로 그들의 아우성을 간신히 밀어내면서도, 밤은 늦고 우리가 알아본 버스는 표지판에 나와 있지도 않고… 점점 초조해져 갔다. 그때였다.

"Oh, you guys go to Qufu Youth Hostel? It's my uncle's

guesthouse and I worked there once before. Let's go guys, I'll
guide you!"(너네 취푸 유스호스텔로 가는 거야? 거긴 나 아는 아
저씨네 가겐데, 예전에 거기서 일도 했어. 내가 바래다줄게!"

그 아수라장을 뚫고 우리 앞에 혜성처럼 등장한 중국 청년이 있
었으니… 바로 톰이었다. 우리는 믿을 수 없었다. 뭐 이런 시츄에이션
이? 영어는 또 어쩜 저렇게 잘한데! 과거 외국물 좀 먹어 봤다는 나와
희정을 앞세워 백수들은 이것저것 반갑게 묻기 시작했다. 그러나 주
변 분위기는 곧 험악해졌다. 우리를 둘러싸고 있던 빵차 아저씨들이
다 된 밥에 코 빠뜨린 톰에게 삿대질을 하기 시작한 것이다. 톰에게
미안해진 우리는 어쩔 줄을 몰라 식은땀이 다 나는데, 이 어메이징한
청년이 보여 주는 모습은 실로 엄청났다. 미안해하지도 않고, 여유로
운 웃음을 잃지도 않으면서 운전사들에게 일일이 말대답을 하고 있
었던 것! 무슨 대답이었는지는 알 수 없으나, 강력히 항의하던 아저
씨들은 중얼거리면서 결국 다른 손님을 찾아 하나둘 떠났다. 우리는
동그란 눈으로 그를 지켜봤다. "얘, 뭐지? 완전 강한데?"
그러나 이건 시작에 불과했다. 톰은 사실 버스정류장에 일행과
함께 있었는데, 원래 집으로 가는 버스를 타려다 우리를 돕기 위해
다른 방향으로 가게 되었다. 미안해서 버스비를 대신 내려고 하자 그
는 한사코 사양했다. 버스는 한참을 갔다. 공자묘 가까이에 철도가
들어서서는 안 된다며, 기차역을 멀찍이 만들었다는 얘기는 들었지
만 이 정도로 멀 줄은 몰랐다. 그는 가이드처럼 우리를 버스에서 모

두 내리게 하고는 앞으로 15~20분 정도 빡세게 걸어야 할 거라고 말했다. 한밤중에 어딘지 모를 곳에 내린 우리는 어안이 벙벙했지만, 이 신기한 상황이 즐겁기도 했다. 대로가 쭉 뻗어 있었고 가는 길에 뭔지 모를 것들이 우뚝우뚝 솟아 있었다. 톰은 일행 왼쪽으로 둘러쳐진 담벼락이 공부孔府와 공림孔林이라며, 우리를 잠시 세워서 어떤 곳인지 친절하게 설명까지 해주었다. 또 빵집은 어디가 맛있고, 저쪽으로 가면 김밥을 팔고 있다는 현지 정보까지 쉬지 않고 얘기해 주었다. 그러다 드디어 눈앞에 취푸유스호스텔이 보이자, 우리는 아쉬움과 함께 그에게 인사할 준비를 하려는 찰나… 톰은 그런 소릴랑 하지도 말라는 듯이 카운터까지 안내해 주고는, 곧바로 배고픈 우리를 위해 식당 메뉴판을 들고 와 주문을 받아 적었다. 우리는 황송함에 입을 다물 수가 없었다. "얘, 뭐지? 어떻게 이럴 수 있지?" 우리가 음식을 먹는 것까지 확인한 후 그는 바람처럼 택시를 타고 사라졌다.

다음날 눈을 뜨자 우리는 톰에게 어떻게 보은할 것인지 골몰했다. 저녁이라도 대접하자는 의견이 모아졌고, 유스호스텔 직원을 통해 그에게 연락했다. 톰은 흔쾌히 승낙했다. 우리는 공자님의 유적지인 공부와 공림을 구경하면서 톰에 대해 얘기했다. 만약 한국에서 길 잃은 외국인을 만났대도 이렇게까지 잘해줄 수 있을까? 반성도 되고, 진심을 다해 사람을 대하는 톰의 인품이 존경스러웠다. 과연 공자님이 살던 동네가 다르긴 다르구만! 우리는 현대판 군자를 만난 기분이었다. 그러나 소인배 같은 우리는 저녁으로 무얼 대접해야 할지 고민하면서, 톰의 차림새를 떠올렸다. "톰 옷 봤어? 은근 옷 잘 입어. 들어

보니까 여친은 영국에서 유학 중이라던데? 좀 사는 앤가 봐. 중국에서 그 정도 살면 우리보다 훨훨 잘사는 거 아니야? 우리가 과연 그의 수준을 맞출 수 있을까?"

저녁이 되어 톰을 만났다. 그는 우선 우리에게 뭘 먹고 싶은지 물었다. 우리는 좀 긴장하면서, 톰이 먹고 싶은 걸 고르라고 했다. 톰은 한참 고심하더니, 약간 외곽에 떨어진 큰 건물로 우리를 다시 안내했다. 건물 안으로 들어가 보니 별천지였다. 2층짜리 누각이 들어선 실내 한쪽에는 계곡물이 흐르고 그 주변으로 인조 벚꽃 나무가 풍취를 돋우고 있었다. 마을처럼 구성된 음식점은 코너별로 산해진미가 그득했다. 우리는 슬슬 지갑 사정이 고민되기 시작했다. 그래도 체면이 있지, 톰의 안내에 따라 이것저것 시켜 보았다. 헉! 중국 음식이 이렇게 입맛에 잘 맞을 줄이야! 이제는 얼마가 돼도 돈이 아깝지 않다는 생각으로 우리는 제대로 특기를 발휘하기 시작했다. 특급 게스트였던 톰은 결국 서빙까지 하면서 그날도 우리를 먹여 주었다.(^^;)

커다란 회전식 테이블에 둘러앉아 본격적으로 식사를 하면서 그제야 서로를 제대로 소개할 수 있었다. 톰은 취푸사범대학교에서 영문학을 전공하는 학생이었다. 본래 집은 사천성 근처라고 하는데 대학 진학 때문에 산둥성으로 유학 온 것이다. 우리도 감이당이라는 공동체에서 공부하는 중이라는 얘기를 했는데, 그는 정확히 우리가 뭘 하는 애들인지는 잘 이해하지 못한 것 같다. 다만 여행 중 공부하기 위해 만들어 간 우리 책자에서 백수白手라는 단어를 발견하더니 참 좋은 의미라고 일러 주었다. 설마? 중국에서 백수란 말은 '뭔가를 처음 시도해 보는 사람'이란다. 오, 그렇게 깊은 뜻이! 그렇게 톰은 우리가 미처 생각지도 못했던 '백수'의 새로운 의미까지 선물해 주었다. 그 밖에도 양국 청년들의 요즘 관심사와 서로가 아는 연예인 얘기로 화기애애한 시간을 보낸 후 드디어 계산할 시간이 왔다. 두둥…! 우리는 또 한 번 놀라고 말았다. 그간의 음식값보다 훨씬 더 저렴한 계산서를 받아들고는 두 눈을 의심해야 했다. 톰은 혹시나 해서 이리저리 수소문 끝에 저렴하고 괜찮은 식당을 아는 누나에게 추천받아 왔단다. 역시!

다음 날 태산으로 떠나는 우리를 위해 톰은 초코바와 취푸 전통 과자를 양손 가득 들고 다시 숙소를 찾았다. 이런 끝까지 어메이징한 청년 같으니라고! 그런데 그 와중에 중차대한 사건이 터지고 말았다. 칭다오에 남았다가 뒤늦게 합류한 일행이었던 윤기가 진철과 함께 묶여 있는 별지비자를 취푸 오는 기차에서 잃어버리고 만 것이다! 지난 밤보다 조금 더 심각한 '멘붕'이었다. 어디에 연락해야 할지, 어떻게 얘기해야 할지 막막했다. 우리는 애처로운 눈빛으로 톰을 바라봤고, 아니나 다를까 해결사 톰의 2차 활약이 시작됐다. 3시간 이상 관공서와 전화로 씨름한 끝에, 그는 한시름 놓은 얼굴로 우리의 다음 여행지인 태산에서 비자를 발급받을 수 있을 것 같다고 말해 주었다. 각골난망刻骨難忘!

고마움에 몸 둘 바를 몰랐지만, 더 이상 지체할 수 없는 기차 시간 때문에 서둘러 택시를 탔다(이것도 톰이 현지인 가격으로 불러 준 택시다). 그러나 그 사이 또 문제 발생. 숙소 직원이 진철에게 선글라스를 두고 간 것 같다며, 바로 택시를 태워 보내겠다고 전화한 것이다. 뭐?! 선글라스가 택시를 타고 온다고? 택시 타고 온 선글라스를 어떻게 알아본담? 우리는 무려 15명인지라 기차표를 끊는 데 시간이 꽤 걸린다. 10분도 채 남지 않은 상황에서 진철이는 역 앞에 남고, 나머지는 매표소로 달려갔다. 매표소에서 촌각을 다툴 때쯤, 거짓말처럼 톰이 창구 앞에 '짠'하고 나타났다! 우리의 톰이 선글라스를 챙겨서 택시를 타고 출동했던 것이다. 그는 창구 직원에게 매표에 속도를 내 줄 것을 부탁하고는 우리와 함께 기차역으로 달려갔다. 중국은 기차 타기 전 짐을 하나하나 스캔하고 몸수색도 하는데, 이 과정을 무시하고 막무가내로 기차에 돌진하려는 우리에게 험악하게 생긴 직원이 절차를 밟으라고 소리쳤다. 호루라기 소리, 15명의 아우성, 온몸으로 우리를 저지하는 직원들. 한마디로 야단법석이었다. 톰은 직원에게 사정을 설명하면서, 친구들이 빨리 기차를 타게 해달라고 부탁했다. 덕분에 우리는 무사히 단 한 명의 낙오자도 없이 기차에 올랐고, 호통치는 직원 앞에서 꿋꿋하게 버티며 우리의 방패막이가 되어 주던 톰의 마지막 모습은, 그렇게 멀어져 갔다. 언제 또 만나게 될지 기약도 없는 외국 친구들에게 공자가 말하는 충(忠)함이 무엇인지 몸과 마음을 다해 보여 준 우리 친구 톰. 어쩌면 그는 공자의 현신이 아니었을까? 깡마른 몸으로 철도청 직원의 으름장을 당차게 받아치며 우리를 보호하던 그 마지막 모습은, 우리의 이런 가슴 벅찬 의혹을 증폭시켰다.

이제 또 다른 시작이었다. 더 이상 톰이라는 만능열쇠는 없었다.

우리는 연구실 덕분에 비행기를 탈 수 있었고, 뜻밖의 귀인을 만나 안심하며 중국이라는 미지에 접속할 수 있었다. 이들은 우리가 길 위에 올랐을 때, 난관 앞에서도 걸음을 멈추지 않도록 도와주었다. 어쩌면 '자립'自立이란 아무도 없이 혼자 우뚝 서는 게 아니라, 이렇듯 길 위에서 인연을 만들어 가는 능력이 아닐까?

누구냐? 대체, 넌!

"난 이곳은 꼭 가고 싶어.", "난 저게 먹고 싶어.", "난 이쪽으로 가볼래.", "난 오늘은 숙소에서 쉴 거야." 낯선 땅에 대한 긴장감이 풀리자, 우리는 주춤했던 자신의 요구를 거침없이 표현하기 시작했다. 요구가 제각각인 15명이 15일 내내 함께 붙어 있으면서, 함께 결정하고, 함께 이동하고, 함께 먹고, 함께 자는 여행… 솔직히 우리는 3차 세계 대전 발발을 예상했다. 그런데 결과부터 발표하자면, 우리는 그 어느 때보다 평화를 잘 유지했다. 어쩌면 더 이상 다툴 거리가 없었을지도 모른다. 왜냐? 떠나기 전에 이미 싸울 만큼 싸워 댔기 때문이다(우리는 사계절을 함께 공부하면서 거의 1~2주에 한 번꼴로 푸닥거리를 해온 화려한 경력이 있다^^). 그러나 오해는 마시라. 갈등이 없었다는 점을 자랑할 생각은 없다. 여기서 포인트는 다양한 욕망과 능력이 공존하면서, 함께 움직이는 이상한 여행-집합체가 길 위에서 의도치 않게 만들어졌다는 것이다.

　시작은 떠나기 얼마 전 구체적인 여행 루트를 짤 때부터였다. 1

년 내내 거의 자신을 드러내지 않고, 남들 의견에 잘 동조해 주던 아름 언니가 스타트를 끊었다. 일정을 짜다 보니 칭다오는 그냥 지나칠 수밖에 없다고 의견이 모아졌는데, 그녀는 아주 똑 부러지는 목소리로 말했다. "그냥 지나친다고? 난 여기만큼은 혼자서라도 꼭 여행해 볼래." 다들 평소답지 않은 그녀의 태도에 내심 놀랐다. 동시에 고민이 시작됐다. 함께 여행하면서도 각자의 여행을 하는 게 가능할까? 우리는 '함께' 여행한다는 것을 좀더 유연하게 생각하기로 했다. 애초에 15명에게 '똑같은' 여행이란 불가능하다는 걸 깨달은 것이다. 큰 루트는 공유하되, 그 루트를 기준으로 분리와 결합을 자유자재로 하는 여행 방식이 즉석에서 만들어졌다.

이렇듯 여행에 시동이 걸리자마자 백수들의 태도가 바뀌었다. 12월 내내 체력고갈을 탓하며 무기력하게 연구실에 눌러 붙어 있던 백수들은 다 어디로 간 건지, 길 위에서는 생기가 넘쳤다. 이를테면 희정이는 중국에서 '워야오'我要, 나는 원한다라는 별명을 얻었다. 짧게 공부한 중국어로 자신이 원하는 걸 얻을 때까지 그녀는 '워야오'를 부르짖었다. 어딜 가고 싶으면 그녀는 그곳에 당도할 때까지 수십 명의 사람들에게 목적지를 확인하고 또 확인했다. 지도, 스마트폰 따위 필요 없다. 심지어 '워야오' 정신에 남의 사정이란 없다. 시끄러운 시장통에서 두 아이를 돌보며 정신없이 걸어가는 아줌마를 불러 세워 그녀가 '워야오'를 말하고 있을 때, 우리는 그녀의 '워야오' 정신에 경의를 표했다. 사실 희정이는 연구실에 있을 때 자꾸 남의 눈치를 보면서 살게 된다고 2년째 한탄하고 있었는데, 길 위에서 이미 자

신의 한계를 넘고 있는 게 아닌가.^^

모두가 갈고닦아 오던 능력들은 순간순간 닥친 위기들 앞에서 빛을 발했다. 소현이가 그런 경우다. 20대 후반의 나이답지 않게(?) 아이돌을 진심으로 좋아하는 그녀! 우리는 제발 환상에 빠져 있지 말고 현실로 돌아오라며 그녀를 구박하곤 했다. 그런데 이게 웬일? 산둥성의 태산에서 윈난성의 쿤밍까지 저가 비행기로 이동하기로 했었는데, 떠나기 며칠 전부터 비행기 삯이 폭등하는 사태가 발생했다. 우리는 할 수 없이 팀을 꾸려 무작정 태산역으로 달려갔다. 침대칸은 몇 개 남지 않았고, 좌석표도 거의 매진이었다. 혹 있다 해도 2박 3일을 꼬박 앉아서 갈 수는 없는 노릇. 더구나 13억 인구의 사정을 어찌다 알 수 있으랴… 창구에 문의할 때마다 실시간으로 있다가 사라지고, 사라졌다 나타나는 홍길동 같은 기차표에 우리는 칠정내상七情內傷을 입고 말았다. 막막한 심정으로 숙소에 남아 있던 소현이에게 전화를 했다. 상황을 접수한 그녀는 평소 아이돌 웹서핑을 즐기며 갈고닦은 검색 실력을 유감없이 발휘하기 시작했다. 가뿐하고 빠른 손놀림으로 요리저리 후다닥 검색한 뒤 바로 지금이라며! 우리에게 신호를 주었다. 결국 우리는 소현의 후방지원으로 15명분의 기차표를 확보해서 돌아왔다. 그러나 꺼림칙하게도 그 안에는 침대칸이 아닌 좌석표 2개가 포함되어 있었다. 로테이션하면서 가는 것으로 합의를 봤지만, 마음은 무거운 상태. 그날 아침 일찍 첩보요원 소현이 우리를 깨웠다. "푹침(푹신한 침대칸)표 나왔어요! 밤엔 없더니 갑자기 생겼네요. 지금 빨리 사요!" 그러니까 그녀는 잠들기 직전까지, 새벽에 눈

뜨자마자 실시간 폭풍 검색을 했던 것이다. 신기방기한 그녀의 검색 비법을 물어보자 그녀는 웃으며 이렇게 대답했다. "전 요즘 아이잖아요?(ᄊ)"

그렇다. 이 '요즘 아이들'은 길 위에서 강했다. 어느새 그들은 겁을 상실했다. 첫 해외여행을 떠난 스물한 살 한라는 한국인들(?)과 함께 여행을 다니니까 도무지 해외에 온 맛이 안 난다며 혼자 여행할 기회를 호시탐탐 노렸다. 일행이 떠난 여행지에서 혼자 남아 여행을 더 해보든가, 아니면 근처 다른 섬으로 떠나 버리든가 하면서 끊임없는 도주를 시도했다. 그리고 다시 만나서 하는 말은 "우쒸~ 완전 무서웠어요.", "우쒸~ 돈 날렸어요." 한라의 고생담을 들으며 우리는 배꼽을 잡고 웃었다. 하지만 그녀는 꿋꿋했다. 여행에서 돌아와서 그녀는 우리에게 이렇게 말했다. "섬에 혼자만 있으려니까 너무 두렵더라고요. 그렇지만 샘들이나 언니들한테 의지하지 않고, 어떻게 하면 즐길 수 있을까 고민했어요. 계속 잘 놀고 싶다고 스트레스를 받다가 여행 마지막, 딱 이틀 동안 혼자 즐기는 맛을 봤어요. 다음번엔 여행을 더 잘할 수 있을 것 같아요." 오! 이 배짱을 보라. 사실 한라는 요새 보기 드문, 영어에 무관심한 청년이다. 1년 내내 아침마다 '중구난방 어학당'감이당이 있는 서울시 중구 주민들의 멤버십과 공부리듬을 만드는 차원에서 평일 아침 8시에 모여서 하는 어학 세미나에서 영어공부를 했는데도 좀처럼 '초심'을 잃지 않는다.(ᄊ;) 윈난에서 '내년'이 영어로 뭐냐고 우리에게 물어보던 한라가, 방콕에서 다시 만났을 땐, "Could you give me hot water, please?"라는 문장을 구사하고 있었다. '아무것도 가진 것 없이도 당당하자'가 백수다의 모토였는데, 이 말을 한라 버전으로 바꾸자면 이렇게 될 것 같다. "영어 그딴 거 몰라도 할 건 다한다. 가서 배우면 되지 뭐!"

백수들, 대륙을 누비다

오오, 이것이 정녕 영화에서나 보던 침대칸 기차란 말인가! 심지어 2박 3일 대륙횡단이라니, 너무 낭만적이잖아! 오랜만에 맛보는 설렘과 희열. 우리는 한 칸에 네 명이 잘 수 있는 방을 각각 음주도박방, 수면방, 영화방, 담소방으로 나누어 서로가 원하는 방을 골라잡았다. 이렇게만 봐도 각각의 욕망이 무엇을 향하는지가 드러났다. 음주도박 방에서는 말 그대로 2박 3일 내내 술판, 도박판이 벌어졌다. 도박이라고 해봤자 화투장과 트럼프로 할 수 있는 가능한 많은(!) 게임들을 섭렵하는 것이었는데, 그럼에도 과거를 의심하지 않을 수 없는 '부부사기단'의 화려한 고스톱 내공으로 상처 입은 백수도 있긴 했다(연구실에서는 '송시경'이라는 이름으로 한몸처럼 불리는 '백수다'의 튜터 선생님들이라고 굳이 이 자리에서 밝히지는 않겠다). 수면방에는 말 그대로 수면 부족에 시달리는 저질체력 백수들이 빨래처럼 널려 있었고, 영화방과 담소방에서는 음주도박을 거부하는 건전 백수들이 평소 나눌 기회가 없었던 얘기들을 주섬주섬 꺼내놓고 있었다.

비행기를 탔다면 짧은 시간 안에 조금 더 편하게 갈 수도 있었겠지만, 그랬더라면 2박 3일간의 본격적인 일탈은 우리의 기억 속에 없었을 것이다. 연구실에서는 평소 아침 일찍 일어나 운동도 하고, 규칙적인 생활리듬을 유지하기 위해 서로의 스케줄을 체크해 주며 양생에 힘쓰는데, 이번만큼은 다 같이 합심해서 그 규칙적인 리듬을 깨고자 노력한 전략적인 시도였다고나 할까? 일상의 리듬을 비틀어서 새로운 근육을 단련해 보는 경험을 대륙을 달리는 기차 안에서 우리는 서로의 짙어져 가는 다크서클을 보며 진하게 나눌 수 있었다. 공부할 땐 진지할지언정 놀 땐 그 어느 때보다 화끈하게 놀 수 있는 능력 또한 백수의 덕목이라 굳게 믿으며! 길 위에서는 노는 것도 공부가 된다는 사실을 우리는 서로의 신체를 통해 터득해 가고 있었다.

그후 쿤밍을 거쳐, 나시족의 고장인 리장에 입성했다. 중국에서의 마지막 여행지라는 아쉬움에 앞서, 아직 우리에게는 해발 2,670m 호도협 트레킹이라는 굵직한 미션이 남아 있었다. 여행팀 사전 세미나를 통해 그 기막힌 절경을 이미 감상해 본 터라 다른 어느 여행지보다도 기대감이 컸지만, 그럼에도 무려 28개의 깔딱고개를 넘어가야 하는 무시무시한 운명을 알고 있었기에 사실 한숨도 나왔다. 그렇지만 우리가 누군가. 이미 호도협에 오기 전 산둥성의 눈, 비, 안개를 뚫고 5시간 만에 태산을 정복한 화려한 경력의 초고수 베테랑 트래킹 전문 백수들이었다! 그 과정에서 배운 건, 15명의 신체가 한몸으로 합체하면 체력 또한 15인분으로 거듭난다는 매우 비과학적인 신비의 발견이었다. 더 이상은 올라갈 수 없을 것 같은 순간에도 '갈 수 있다'는 서로의 격려가 주문처럼 등을 떠밀었다. 결코 끝나지 않는 산울림의 고전적인 멜로디를 무한 반복해서 부르는 동안 서로의 목소리가 너무 멀어지지 않게 거리 조절을 했다. 사실 지칠 틈이 없었다. 앞뒤로 포진한 일행들이 밀고 당기는 팽팽한 리듬감 속에서 우리는 무적의 신체를 경험했다. 그렇게 몸이 알아 버린 감각은 돌이킬 수 없는 법. 그것은 곧 '자신감'이라는 모드로 우리 몸에 탑재되었다. 그러니 28밴드 '그 까짓것' 거뜬하지 뭐! 우리한테는 합체 모드가 있으니까!

과연 옥룡설산과 합파설산의 깊은 협곡이 굽이굽이 펼쳐지는 호도협의 풍광은 듣던 것보다도 장엄했다. 찌를듯한 하늘과 까마득한 골짜기. 천지간에 다듬어지지 않은 모습으로 우뚝우뚝 솟은 봉우리들은 투박한 삶의 모습 그대로였고, 그 봉우리를 오르는 사람과 말의 발걸음은 먹먹한 고도를 넘어가는 먼지의 중력처럼 지순하고 겸손했다. 오지 않았다면 결코 눈에 담지 못했을 대자연이었다.

"끼야호!" "호오잇!" 짐승 같은(?) 울부짖음이 앞뒤로 메아리쳤다. 이것이 정녕 1년 내내 연구실에 앉아 꾸벅꾸벅 조는 동안 '무기력한 신체'로 낙인찍혀 왔던 우리의 실체였던가. 니체, 장자, 과학 세미나를 하는 내내 굳게 닫혀 있던 성대에 무슨 일이 생긴 건지, 이생에서는 아직 들어 보지 못한 소리들이 터져 나왔다. 우리 안에 이런 천둥벌거숭이가 살고 있을 줄이야. 매일 깨봉 주방에서 해주는 맛난 밥을 먹고도 그 에너지가 다 어디로 가나 했더니, 이제 조용한 척, 수줍은 척 내숭 떠는 너희를 믿지 않겠다!

원래 청년이 가는 길은 울퉁불퉁하다

무엇이 백수들을 이렇게 활기차고 능동적으로 만든 걸까? 모든 멤버가 자기 욕망에 충실했는데도 그것이 어떻게 싸움으로 이어지지 않았던 걸까? 지금 생각해 보면 그것은 그간 1년의 공부가 '길'이라는 속성에 올라탔기 때문이 아닐까 한다.

길이 가진 속성은 기본적으로 타자성이다. 우리가 익숙했던 곳을 박차고 길을 떠나는 이유는 누군가를 만나고 싶기 때문이다. 심지어 혼자 떠나서 아무도 만나지 않고 돌아올지라도 그 몸은 이미 예전과 같은 몸이 아니다. 타인이다. 그렇다, 길이란 '나'라는 범위로는 예측할 수 없는 우연과 만남이 물리적으로 충돌하는 공간이다. 우리 백수들도 익숙한 공간을 떠나 울퉁불퉁한 길로 나서자, 내면에 잠재된 타자성들이 자기도 모르게 튀어나오기 시작했다. 아니, 길 위에서 더더욱 새롭게 고개를 든 욕망들과 보다 적극적으로 만나고 싶었을 것이다.

그래서 우리는 과연 그 울퉁불퉁하고 낯선 길 위에서 무엇을 공부했을까? 뭐라고 딱 꼬집어 말할 수는 없다. 우리는 지난 1년 동안 Tg스쿨이라는 공간을 중심으로 함께 청소하고, 자리를 지키고, 즐기도 하고 아프기도 하고, 책을 읽고 토론하고, 글을 쓰고 서로 코멘트해 주고, 먹고 산책하고, 싸우고 자기 마음을 얘기했다. 사실 이게 우리 활동의 전부다. 1년간 공부했다고 해서 니체와 장자를 잘 읽게 된다거나, 글을 일필휘지로 잘 쓰게 된다거나 하는 일은 없었다. 우린 여전히 홍콩이 태국의 수도요, 태국과 방콕은 그저 다른 나라인 줄 아는, 무식미 넘치는 백수들일 뿐이다. 다만 우리의 공부란, 마음을 한곳에 붙잡아 두는 끈기를 기르는 훈련이었던 것 같다. 우리가 생활하는 연구실에 마음을 담고, 같이 살면서 공부하는 옆 사람에게 마음을 담고, 이런 핑계 저런 이유로 틈만 나면 튀어 나가려는 마음을 한곳에 끈덕지게 붙잡아 두려 하는 것. 전면적인 관계에서는 한 사람이 마음의 중심을 잃으면 그와 관계 맺고 있는 모든 사람이 직접적으로 영향받는다. 이것이 우리가 직접 몸으로 경험한 공동체였다. 그렇다면 우리의 여행을 이렇게 정리해 볼 수 있지 않을까? 배짱과 끈기의 환상적 조합으로 만들어 낸 울퉁불퉁한 공동체적 신체!

우리는 일상을 잊기 위해서가 아니라, 그 일상을 새로운 눈으로 바라보기 위해 여행을 떠난다. 몸은 참으로 적응을 잘한다. 여행을 막 시작했을 때는 얼떨떨하고 불안하지만, 얼마 안 가 낯선 사람과 공간에 매번 노출되는 일에 적응해 버리고 만다. 그런 의미에서 여행은 우리에게 일상을 살아가는 공부가 된다.

여행 후 우리는 각자 흩어졌다. 1년 더 연구실에서 공부하기로 한 백수도 있고, 여행을 더 길게 해보고 싶다는 백수도 있고, 취직해서 돈을 벌어 보고 싶다는 백수도 있고, 원래 마음을 두었던 춤에 올인해 보고 싶다는 백수도 있다. 여행에서 돌아왔다고 해서, 길이 없어진 것은 아니다. 길에서 터득한 잠재된 자기를 계속 발견해 나간다면, 일상은 언제나 울퉁불퉁한 길 위가 될 것이다. 일상을 여행처럼, 여행을 일상처럼 사는 기술이야말로 우리가 연마하고 추구해 가야 할 백수의 비전이 아닐까? 누구에게나 공평하게 주어진 시간을 조금 더 창의적이고, 조금 더 생명의 활동에 부합하는 방식으로 조율해가는 능동성, 그 시간 운용술을 우리는 앞으로도 계속 배워갈 것이다. 이런 점에서 백수야말로 장인 정신이 필요하다는 걸 다시 한번 느낀다. 사회적으로 잘 정돈되고 합의된 방식의 가치선상을 떠나 우리가 직접 발견하고 습득한 삶의 진실을 향해 꾸준히 정진하는 태도. 그 미지의 길을 닦는 배움의 장인이야말로 백수의 또 다른 이름이 될 수 있지 않을까?

'백수다'
그 이후

백수의 모험을 계속하는 나

지금 이 글을 쓰고 있는 나는 올해 새로 '백수다' 프로그램에 합류한 도반들과 함께 여전히 Tg스쿨에서 무더운 여름을 보내고 있다. 작년에는 그나마 실업연금을 받으면서 연구실에서 제일 팔자 좋은 백수로 살 수 있었는데, 그 좋던 시절이 끝났다.^^ 새로 시작한 알바(여행 중에 생각했던 게스트하우스 매니저 일)와 함께 공부 리듬을 만드는 일을 병행하느라 올봄 내내 엎어지고 코가 깨졌다. 일주일에 한 권씩 읽는 인문학책들 중 뭐 하나 제대로 읽은 책이 없고, 감이당 홈페이지에 떠도는 좋은 글들을 책으로 묶어 내자는 의도로 시성 선생님이 2년차 백수들을 모아 기획한 잡지단 일로 또 한 번 과부가 걸렸다. 실속 없이 여기저기 뛰어만 다니고 헉헉대다가 간을 상해서 없는 돈에 한약 사치를 부리게 됐다. 작년 과학세미나에서 양자역학을 배울 때까지만 해도 '몸과 시간이 다르지 않다'는 깨달음에 깊은 감동을 받았던 터라 올해는 꼭 시간 쪼개기의 달인이 되리라 마음먹었었는데, 다 헛된 꿈이었다. 연구실에 있을 때는 이것도 배워 보고 싶고, 저것도 배워 보고 싶은 욕심이 앞서는데 또 막상 화火 기운이 망동하는 일터에 있으면 이것저것 다 귀찮고, 누워서 영화나 실컷 보고 싶다는 유혹에 시달린다. 마음을 다잡았다고 생각하는 순간, 그 마음이 다시 공기처럼 흩어진다.

그래서 공부를 수행이라고 하나 보다. 마음먹은 대로 되지 않는 상황을 넘고 넘어 자꾸만 반복되는 욕망의 굴레를 벗어나 보는 것. 그 새로운 시점의 미지까지 한번 가 보는 것이다. 마치 여행과 다르지 않다. 계획할 수도, 예상할 수도 없는 것과 만나고자 하는 의지를 따라가 보는 여정이다. 마음이 자꾸 배를 탄다. 사실 나는 여행을 계속하고 싶다. 이곳저곳 방랑하면서 노자처럼 '도를 도라고 하면 도가 아니다' 하며 유유자적하는 이미지를 머릿속에 둥둥 띄워 놓고 산다. 물론 그렇게 살아도 좋을 것이다. 지금까지 살아온 것처럼 이미지로부터 이미지에 의해 이미지만으로 사유하고 망상과 번뇌를 친구 삼아서. 그것과 다른 현실은 기피하고 불평하면서. 세계를 해석하는 구체적인 사유의 힘이 없으면 유유자적은 그냥 말 자체의 이미지일 뿐 내 삶의 실제가 되지 못한다. 그 벙벙한 이미지로부터 벗어나 구체적인 현실의 지반을 찾고자 했던 게 처음 내 공부의 시작이었다. 그러니 뜬구름 같은 마음을 차분히 땅으로 끌어 내리는 훈련이 올해도 내 공부의 중심이 될 것 같다. 이 모험을 멈추고 싶지 않다. 나는 왜 백수가 되고자 하는가? 백수는 그야말로 가능성 그 자체이다. 누구도 백수가 무엇을 하는 사람인지 모른다. 백수인 우리도 모른다. 마치 '백수를 백수라고 하는 순간 백수가 아닌' 것처럼, 그 무엇으로도 규정되지 않는 실험적 사유의 주체들일 뿐이다. 취푸의 군자 톰이 말해 준 것처럼, '뭔가를 처음 시도해 보는 사람'이다. 여행을 좋아하는 내가 이 멋진 모험을 어찌 거부하겠는가?

여행이 끝나고

김진철

왜 여행을 떠났던 것일까

왜 나는 여행을 떠났던 걸까. 한 해 동안 공부하는 틈틈이 일하면서 돈을 모았다. 공부 하나만으로도 벅찬데 생활비를 벌고 여행비까지 모았다. 여행 중에 돌이켜 보니 어떻게 그리 살았을까 싶을 정도로 바쁜 일상이었다. 그래서 사실은 여행을 가기 전에 그런 고민을 잠깐 했다. 여행을 가지 않고 그 모은 돈으로 내가 혼자서 살 집을 구하면 어떨까. 한 해 동안 감이당 공부를 하고 나서 나는 다른 경험을 해보고 싶었다. 감이당 공부를 그만두면 감이당 사람들과 함께 살던 그집에서 나와야 한다. 여행을 갔다 오면 나는 잘 곳 없는 신세가 되어 버리고 친구 집에 얹혀살면서 또 내 집을 구할 목돈을 모아야 한다. 부모님의 지원은 기대하기도 어렵고 나 스스로가 받기 싫었다.

돌이켜 보면 그때는 그 두 기회비용(여행을 가는 것과 집을 구하는 것)이 크게 다르게 느껴지지 않았다. 여행을 가서 무얼 느낄지 몰랐기 때문에 그 기회는 미지의 영역이었다. 한편 집을 구한다면 안정된 생활을 할 수 있다. 하지만 또 일을 해야 하고 바쁜 일상이 이어질 터였다. 그게 싫었다. 한 해 동안 몸도 머리도 바쁘게 살았으니 좀 쉬고 싶었다. 또 내가 여행을 떠나는 데 영향을 크게 미친 것은 여행은 감이당 백수들과 처음부터 했던 약속이었다는 것이다. '한 해 공부를 마무리하고 다 같이 여행을 간다.' 사실상 그 약속을 지키려고 여행을 떠났던 것 같다. 그때는 머리도 몸도 바빴기 때문에 다른 이유를 찾을 생각을 못 했다. 그리고 이왕 떠나는 김에 더 쉬고 오자는 생각으로 백수들과 함께하는 여행이 끝나고도 한 달 더 있다가 돌아오기로 했다. 그래서 중국까지는 백수들과 같이 다니고, 동남아와 인도를 따로 다니게 되었다. 하지만 어쩌다 보니 인도에서 더 오래 있게 되었다. 해서 중국-동남아 한 달, 인도 두 달, 모두 더해 석 달 동안 여행을 하고 돌아왔다. 와서 생각해 보니 여행이라는 미지의 영역을 알게 되었기에 집을 구하는 것보다 괜찮은 선택이었다.

그때그때 마음 가는 대로

처음 여행을 떠나기 전부터 남인도의 오로빌이라는 공동체 마을을 가 보고 싶었다. 그런데 이미 북인도로 들어가는 비행기표를 끊어 버린 터였다. 그래서 기차를 타고 남인도로 내려갔는데 거의 2박 3일이 걸렸다. 그 뒤로는 남인도에서 돌아다니다가 그곳의 큰 도시에서 한국으로 가는 비행기를 타려고 미리 예약까지 해 놓았다.

그런데 오로빌에서 한국인들을 만나 동행하게 되면서 그 계획은 아예 사라져 버렸다. 동행한 이들은 한 자매였다. 그 두 사람은 (하필이면) 다음 여행지가 북인도였다. 그것도 북쪽 끝, 히말라야 지대의 티베트 마을, '맥레오드 간즈'였다. 그들이 남쪽 끝 오로빌에서 북쪽 끝으로 올라가려는 까닭은 단순했다. 이전에 만났던 한국인 여행자가 거길 갔다 왔는데 다른 인도 도시에 견주어 요리들이 정말 맛있다고 했단다. 나도 그 말을 듣고 넘어가 버렸다. 그렇게 기차로 2박 3일 동안 내려온 거리를 3시간 만에 비행기를 타고 올라가 버렸다. 다른 남인도 여행계획은 포기했다. 남인도에서 한국으로 돌아가는 비행기 표도 찢어 버렸다. 다시 남인도로 내려가기도 힘들뿐더러 이왕 북인도로 올라왔으니 더 즐기다 가고 싶었다. 또 그렇게까지 일정대로 가고 싶은 욕심이 없었다. 남인도에 온 건 오로빌 때문이었으니 가장 중요한 목표는 이미 이룬 셈이었다. 마침 2월 말이라 방학이 끝나가면서 한국인 여행자들이 많이 없던 때였고, 더구나 남인도는 원래 한국인 여행자가 드물다. 그래서 그때 만난 인연이 반가웠고 더 같이 있고 싶었다.

계획에 미련이 없으니 앞으로 무얼 해야 할지 불안해하지 않아도 괜찮았다. 마침내 선택해야 할 순간이 오기는 하지만 그건 그때 마음이 가는 대로 맡겨도 큰 문제가 없었다. 계획대로 맞추고, 무엇인가를 이루어야 하는 압박이 없으니 그제서야 '옆'이 보인다. 목적이 있으면 '앞'만 보게 되지 않던가. 그럴 때면 옆에서 다가오는 인연이나 사건들은 앞으로 나아가는 데에 방해물이 되어 버린다. 정해진 길

대로 가는 여행도 있는 법이지만 마음대로 돌아다니는 여행도 있다. 다만 내가 여행을 가서 느낀 것은 정해진 길에 너무 미련을 갖지 않아도 문제가 없다는 것이다. 때로 길은 옆에서 튀어나오는 것들로 크게 틀어지기도 하고 아예 바뀌기도 한다. 그냥 지나치듯이 둘러보려고 했던 여행지가 좋아서 몇 주 동안 머물게 되기도 하고, 기대하고 갔던 곳이 생각보다 별로라서 서둘러 다른 곳으로 가게 될 수도 있다. 여행지만이 아니다. 어디선가 우연히 만난 사람이 좋아서 그 사람과 헤어지는 게 너무 아쉬울 수도 있다. 그렇게 해서 새로 놓인 길 또한 내 길이다.

'그때그때 마음 가는 대로 해도 괜찮다.' 이 생각이 들자 여행이 굉장히 매력 있게 보였다. 사실 생각해 보면 마음 가는 대로 행동했을 때 책임을 져야 하는 것은 여행에서나 한국에서나 똑같다. 하지만 한국에서는 내일 할 일이 있었다. 미리 짜인 일상의 굴레가 있고 거기에 맞추어 살아가야 하는 처지에서는 아무래도 책임의 규모가 클 수밖에 없다. 내가 남인도 계획을 포기하고 북인도로 날아갔을 때 책임져야 했던 건 비행기 값과 새로 동행하게 된 사람들 사이의 관계 정도였다. 한국에서 일상을 살다가 뜬금없이 제주도로 날아갔을 때 내가 져야 하는 책임을 생각하면 많이 다르다.

계획 대신 만남을

북인도로 올라가서 또 새 동행을 만났다. 인도 여행을 여섯 달째 하고 있던 형이었다. 군대 갈 날이 얼마 남지 않아 도망쳐 나오듯이 여행을 떠났다고 했다. 처음 인도에 왔을 때 인도 여행의 기초라고 할 수 있는 기차 예매하는 법, 주의사항…, 이런 것을 아무것도 몰랐다고, 처음 인도에 도착해서 한국인 여행자들을 만나 동행하지 못했다면 거기서 한 발자국도 움직이지 못했을 거라고 했다.

끼리끼리 모이게 된다고 했던가. 내가 여행길에서 만난 사람들은 모두 즉흥과 충동을 따라서 여행하는 사람들이었다. 이렇다 할 계획이 없고 있더라도 너무나 잘 바뀌었다. 어떤 사람들은 이렇게도 생각할 것 같다. 그렇게 하면 정해진 체계가 없는 불안한 여행이 아니냐고. 나도 처음 혼자 남겨져 즉흥대로 여행을 시작했을 때 그런 불안이 있었다.

하지만 또 이런 일도 있었다. 기차를 타고 남인도로 내려가서 처음으로 도착한 도시가 '첸나이'라는 대도시였다. 오로빌을 가려면 첸나이에서 버스를 타고 4시간 정도 가면 되었다. 그래서 아무 생각 없이 오로빌로 가는 버스를 탔는데, 한 가지 잊어버린 사실이 있었다. 남인도로 내려오기 전에 여행 계획을 짜면서 첸나이와 오로빌 사이에 '마말라뿌람'이라는 사원 도시를 가려고 했던 것이었다. 그런데 혼자가 되니까 계획을 생각하는 게 귀찮기도 하고 머릿속은 오로빌을 가고 싶다는 생각으로만 가득 차 있었다. 결국 오로빌로 가는 길에 '마말라뿌람'이라고 적힌 표지판을 휙 지나치는 걸 보고서야 그 사실을 떠올릴 수 있었다.

사실 좀 황당했다. 내가 계획을 이렇게 소홀히 생각할 줄은 몰랐다. 애초에 여행은 불안하다. 앞으로 어떻게 될지 모르기 때문이다. 그래서 계획이 있으나 없으나 불안은 있을 수밖에 없다. 그 일을 겪고 나니 아예 그 불안에 기꺼이 몸을 맡겨도 될 것 같았다. 어차피 불안할 거라면 계획이라는 이름 아래 새로운 만남을 막지 말고, 그 만남에 적극 뛰어들겠다는 다짐이었다. 계획대로 하지 않아도, 계획이란 게 없어도 생각보다 큰 불이익이 없다는 걸 알게 되었기 때문이다.

그래서 그 뒤로 가이드북을 보지 않았다. 가이드북이 소개하는 맛집이 생각보다 별로인 경우가 많다. 오히려 현지인에게 어느 식당이 좋냐고 물어보는 게 성공 확률이 높다(단, 호객꾼한테 걸리지 않도록 조심해야 한다). 다른 여행지로 이동할 때도 가이드북보다는 먼저 다녀온 사람들의 이야기를 듣거나 블로그에 올라온 글을 보았다. 가이드북보다도 다녀온 사람한테 이야기를 듣는 것이 훨씬 도움 된다.

헬조선에서 살아남기

인도에 있을 때 한국 여행자들과 한국 이야기를 하다 보면 늘 우울해졌다. 다들 한국에서 살아남는 일이 얼마나 힘든지 아는 것이다. 입대를 앞두고 있는 사람도 있었으니 오죽했을까. 서양 사람들 이야기를 들어 보면 일을 쉬고 여행을 가지만 한국 사람들은 일을 그만두고 간다. 그래서 그 사람들은 한국 돌아가서 다시 일을 구하는 것이 골치였다.

여행길에서 돌이켜보니 새삼 한국에서 어떻게 그리 살았을까 스스로가 신기했다. 부모님 지원을 받은 것도 아니고, 공동생활을 하고 철학 공부를 바쁘게 하면서 틈틈이 일을 해 모은 돈으로 생활비와 여행비를 모두 충당했다. 사실 공동주거를 해서 월세 부담이 덜했고 공동부엌에서 밥을 먹은 덕에 식비 부담도 크지 않았다. 그런 공동체가 아니었더라면 혼자서 그렇게 살아남을 수 없었을 것이다. 어쨌든 한국에서 바쁜 일상을 살 때는 몰랐는데 여행을 와서 여유롭게 하루하루를 보내다 보니 문득 한국으로 돌아가기가 싫었다.

하루종일 아무것도 안 한 날이 많았다. 느지막이 일어나 숙소에서 아침을 먹고, 카페에 가서 사람들과 수다를 떨다가 점심을 먹고, 산책을 하거나 쇼핑을 하다가 저녁을 먹고, 밤이면 숙소 옥상에 올라가 별똥별을 기다리다가 잠이 들곤 했다. 가끔 동네에 있는 관광지를 둘러보기도 했다. 자학하는 취미가 있지 않는 이상 한국으로 돌아가기 싫은 게 당연한 것 같다.

하지만 감이당 공부를 한 해만 할 생각이었다 해도 한국으로는 돌아가야 했다. 그래서 여행이 끝나고 돌아간 뒤에 어떻게 살아야 할지 고민해야 했다. 아직 고향집으로 돌아가기는 싫다. 부모님께 신세를 지면서 살다 보면 너무 편하게 풀어질 것 같다. 돈 벌어서 자립해야겠다는 생각을 안 하게 될 것 같다.

그래서 서울에 남기로 했다. 감이당 공부를 안 하니까 공동주거는 못할 테니 먼저 내 집을 구하는 게 첫 목표다. 내 집을 구할 돈을 모을 때까지는 친구 집에서 얹혀살기로 했다. 그리고 이 살기 힘들다는 '헬조선'에서 어떻게 하면 살아남을 수 있을지 고민을 해보고 싶었다. 돌이켜 보면 감이당과 같은 공동체에서 사람들과 더불어 사는 일도 생존 방법 가운데 하나였다. 하지만 이미 다른 경험을 해보기로 했으니 다른 길은 없을까 찾아보고 싶었다.

재미있게도 여행에서 만난 사람들 가운데 시민단체와 인연이 있는 사람이 있었다. 거기에 한국의 노동문제, 역사, 철학 같은 인문학을 공부하는 모임이 있는데 같이 해보지 않겠냐고 물어왔다. 이것도 여행의 연장일까. 그밖에도 주변 사람들 가운데 정당(대체로 진보 성향) 활동을 하는 사람이 꽤 있었다. 청년들이 살기 힘든 이 세상을 어떻게든 살아 보겠다고, 살 만한 세상으로 바꾸겠다고 애쓰는 사람들이 세상엔 많다.

익숙한 것을 낯설게

여행길에서 한국을 생각하면 정말 돌아가기가 싫었다. 하지만 그러면서도 여행이 끝나갈 무렵에는 무척 한국이 그리웠다. 어쨌든 살기는 힘들지만 내 입에 맞는 음식과 친구들, 식구들 같은 인연이 다 여기 있다. 그렇게 세 달 만에 한국으로 돌아오니 모든 게 신기했다. 길거리 간판을 읽을 수 있어서 감사했고, 지나치는 얼굴들이 나와 같은 인종이라서 신기했다. 길을 잃어도 한국말로 물어 물어 찾아갈 수 있다. 처음 오자마자 국밥을 먹는데 정말 울컥하게 하는 '고향의 맛'이었다. 이제 한국으로 돌아온 지 한 주가 다 되어 가지만 아직도 그 낯선 느낌이 남아 있다.

여행은 일상과 비일상의 간격을 허물어 버린다. (한국에서의) 일상에서 떠나려고 여행을 가지만 여행을 가서도 일상을 마주하게 된다. 숙소를 잡고, 밥을 먹고, 어떤 구경거리가 있나 알아보고, 다음 여행지는 어디인가 생각하고…. 여행을 가도 일상은 있다. 여행 일상에 익숙해지고 나면 낯선 것을 보고 감명받는 일도 드물어진다.

앞만 보고 달리다가 여행을 와서야 옆을 돌아볼 여유가 생겼다면 한국에서 그렇게 살지 못할 까닭은 무엇인가. 마음 가는 대로 살았을 때 책임이 무겁다고 한다면 반대로 정해진 길을 따라 살았을 때의 무거운 마음은 어떻게 풀 것인가.

금수저로 태어난 것도 아니고 특출한 재능이 있는 것도 아닌, 나와 같이 평범한 사람들은 미루고 피하려 해도 언젠가는 스스로 벌어서 먹고살아야 하는, '자립'해야 하는 순간이 온다. 그 순간을 대비하기 위해 많은 사람들이 정규직이나 공무원이 되려 하지만 그 수는 이미 포화 상태를 넘어섰다. 소수만이 성공하고 다수는 패배하는 구조다. 그런데도 다수의 평범한 사람이 성공의 벽을 넘으려는 모습은, 그 단면만 보자면 미련해 보인다. 하지만 이 악순환의 굴레에서 벗어나지 못하는 까닭은 단순히 미련하기 때문만은 아닌 것 같다. 사회가 공인하는 평범함을 벗어나서 특별해 보이는, 남들과는 조금 다른 삶을 살려면 용기가 필요하다.

나는 운이 좋아 고등학교 때부터 사람들이 '특별'하다고 하는 길을 걸었다. 그때는 책임의 무게도 무겁지 않았기 때문에 선택을 하는 데에도 큰 용기가 필요하지 않았다. 대안학교를 졸업하고 대학도

가지 않은 채 공동체에서 공부하며 살았던 내가 여행을 가서 느낀 건 우리가 평범하지 않다고 믿는 특별함이 평범한 일상으로 다가올 수 있다는 것이다. 여행이라니, 얼마나 특별한 일인가. 대안학교와 공동체, 평범함과 거리가 멀어서 더 매력적으로 보이지 않던가.

처음부터 절대적으로 평범함과 특별함을 나누는 기준은 없었다. 그저 사람마다 익숙한 것을 평범하게 느낄 뿐이다. 여행의 매력은 익숙한 것과 낯선 것을 뒤집어 놓는다는 것 아닐까. 익숙함과 낯섦이 뒤집어지면 그동안 익숙하다는 이유로 지겨워하거나 당연하게 여겼던 것들이 새로이 보인다. 그 눈이 뜨이면 변화를 두려워하지 않게 되거나 일상을 여행처럼 살게 되지 않을까. 나는 그 눈을 백수의 덕목인 배짱이라고 부르고 싶다. 이제 한국 여행을 할 차례다.

새로운 여행을 시작한 나

다시 여행이다, 라고 생각은 했지만 돌아와서 내가 마주친 현실은 여행처럼 마냥 신나고 기대되지 않았다. 배짱과 여유를 부리기엔 너무도 각박했다.

감이당은 나를 둘러싼 공동체였다. 어느 누구나 그 규모는 다르지만 다른 사람들과 관계망으로 이어진 공동체 속에 있을 것이다. 감이당이라는 공동체는 규모가 굉장히 컸다. 그래서 안정된 생활을 할 수 있었다. 공동주거, 공동부엌과 같은 소규모 복지(?) 제도가 있었고 청년들이 돈 걱정 없이 공부할 수 있도록 해 주는 제도도 있었다. 이런 공동체를 박차고 나왔다는 말은 곧 나를 둘러싼 공동체가 크게 줄어든다는 뜻이었다.

커다란 공동체의 일원이 아닌, 느슨한 관계망만이 존재하는 생활을 시작하고 나서 처음 느꼈던 가장 큰 변화는 밥을 해줄 사람이 없다는 것이었다. 자취하는 친구들 집에 들어가 얹혀살게 되었는데 밤에 일을 했다. 밤새 일을 하고 동 틀 무렵 집으로 돌아왔을 때 친구들이 일하러 나가서 없으면 나는 피곤하고 귀찮아서 라면이나 햄버거로 끼니를 때우기 일쑤였다.

감이당에서 배운 자립 욕망은 나를 옥죄는 족쇄가 되었다. 감이당에서 있을 때와 달리 이제는 나를 받쳐 주는 공동체가 없다. 그러니까 나 혼자서 살아남아야 한다는 말이다. 갑자기 직장에서 잘리거나 몸이 크게 아프기라도 한다면 일상은 무너질 수밖에 없다. 그렇게 공존에서 생존으로 주제가 바뀌었지만 여전히 부모님과 주변 친구들한테 신세 지기가 싫었다. 돈을 모아서 나 혼자 살 집을 구하는 게 첫 목표가 되었다. 일을 무리해서 많이 했다. 밤에 일하면 돈을 더 주니까 밤에 일했다. 그렇게 한 달이 지나자 몸과 마음이 망가졌다. 하지만 망가져 가는 나 자신보다 더 두려웠던 것은, 스스로를 망치지 않으면 안정적으로 살아갈 수 없는 내 처지였다. 월세며 식비며 교통비며 통신비 따위를 다 내고 가끔 사람들 만나서 술 마시고 또 적금도 부으려면 한 달에 백 얼마를 받는 최저임금으로는 어림도 없다. 감이당이라는 온실을 떠나서 내가 마주한 것은 헬조선 그 자체였다.

감이당을 떠나려는 막연한 이유 중에 하나는 사회운동을 해보고 싶다는 생각이었다. 그래서 시민단체와 노조에 가입해서 활동하기 시작했다. 세상의 많은 청년들과 노동자들, 가난한 이들한테서 연민이라는 감정을 느꼈다. 그리고 그 감정은 사실 나 자신을 향한 것이었다. 나는 청년이고 노동자이면서 가난하다. 나와 같은 사람들이 사람답게 살 수 있는 세상을 만들고 싶다. 이제 와서 생각해보면 감이당에서는 나 개인의 행복을 모색했던 것 같다. 공부를 통해 어떤 마음가짐으로 살아야 할까, 내가 가진 무엇이 나를 불행하게 하는가, 나를 어떻게 극복해야 하는가. 이런 물음을 감이당에서는 던진다. 하지만 사회운동을 하면서는 개인의 차원이 아니라, 사회적이고 구조적 문제를 다룬다. 청년과 노동자들과 가난한 이들이 왜 살기 힘들어야 하는가.

나 스스로한테 물음을 던지는 것도 쉬운 일은 아니지만 이미 굳건하게 자리 잡은 사회 구조를 바꾸려는 일은 계란으로 바위를 치는 것처럼 가능성이 막막해 보인다. 그래도 할 수 있는 데까지 계란으로 바위를 치겠다고 말할 수 있는 까닭은 그것이 옳다는 믿음 때문이다.

내가 마음가짐을 어떻게 한다고 해도 불평등한 사회구조는 굳건할 것이다. 나 혼자 그 구조에서 벗어나 공부를 하고 공동체 생활을 하는 일이 어쩌면 도피가 아닐까. 그런 의문이 감이당에서 줄곧 들었던 터였다. 하지만 언젠가는 감이당으로 다시 공부를 하러 갈 것 같다. 계란으로 바위 치는 데 힘이 부친다고 느껴질 때가 되지 않을까. 앞서 말했듯 나는 특별한 사람이 아니며 다만 바위를 깨야 한다는 믿음 하나 때문에 계란을 던지고 있는, 어찌 보면 미련한 사람이다.

모든 걸 세상 탓하며 살 수는 없다. 세상을 바꾸어야 한다고 활동하면서도 그 질문은 멈추어선 안 된다. 줄곧 감이당에서 들었던 그 질문 말이다. 나는 어떤 마음가짐으로 살아야 하는가.

*에필로그
청년백수-공자프로젝트
: 하나의 길, 하나의 가능성

송혜경

우리 튜터들은 약 3년에 걸쳐 〈나는 백수다——공(부로)자(립하기) 프로젝트〉를 운영했다. 다양한 사람들이 청년백수들의 본거지 Tg스쿨을 오갔다. 그 시간과 인연의 장 안에서 청년백수와 고전이 만났다. 그 결과 백수로서 살기 위해 꼭 마주해야 할 몇 가지 덕목을 건져 올릴 수 있었다. 이름 하여, 청년백수의 세 가지 비전이다.

청년백수와 공부 : '자신의 언어'는 청년백수의 생필품

"100세 시대야. 지금부터 일 안 하면 나중에 어떻게 살려고 그래?" 백수로 살아가려고 큰 맘을 먹어도, 어머니의 저 말 한마디를 뿌리치는 게 어찌나 어려운지. 그런데 만약, 어머니가 자식의 미래를 진심으로 걱정하시는 이 말이, 권력의 선동에 의한 것이라면? 푸코의 『성의 역사』 1권을 읽는 세미나 시간에, 우리는 저 물음이 떠오르자 몹시 소름이 끼쳤다. 푸코는 이 책에서 권력이 어떻게 사람들을 담론 안으로 포섭하는지, 어떻게 개개인에게 권력의 언어를 장착하는지 세밀히 분석해 냈다. 권력의 언어가 신체화되는 과정에서, 자식의 장래가 걱정되는 부모 마음은 오직 저 논리와 문장으로만 표현되도록 설정된다. 담론의 장에 포획되면, 다른 말을 하고 싶어도 떠올릴 수가 없게 되는 것이다.

　게다가 이런 말들은 논리적 혹은 도덕적 오류로는 구별해 낼 수 없다. 이를테면, "청년들아, 열정을 다해라!"라는 말. 이의를 제기할 수 없이 좋은 말 아닌가. 그러나 자기의 삶을 소멸시키는 방식으로 열정을 바치라는 말이라면 얘기가 좀 달라진다. 자기계발서에 떠도는 말들은, 노예가 되는 길을 자신의 가치를 높이는 것으로 포장한 경우가 많다. 그러나 만약 저 말을 자신의 삶에 적용하면 어떻게 보일까? 자기 삶을 직면하는 데 열정을 다할 것! 의미가 적용되는 방향에 전환이 일어나자, 같은 말의 의미가 새롭게 보인다. 세계는 이런 담론들이 난무하는 정글이다. 어떤 말과는 맞짱을 떠야 하지만 어떤 말과는 단단히 결합해야 한다. 이 담론의 정글 안에서 언어의 동일성과 차이를 감별해 내지 못하면, 저항 자체가 불가능하다. 권력의 노예가 되거나 그냥 다 귀찮고 싫어서 무기력하게 살거나. 우리 백수들은 이 모든 것에 저항하는 것만이 살길이다. 그럴싸한 담론을 거침없이 걷어차 버리는 '자신의 언어'를 무기로 말이다. 그것이 자기 삶을 당당히 걸어가는 백수에게 부과된 유일한 과제이기 때문이다.

'자신의 언어'라는 무기를 갈고 닦는 최고의 훈련법은 글쓰기다. 글쓰기에서는 자기가 질문을 던지고 자기가 답해야 한다. 이 세계에 의문을 던지는 것은 이전의 자신이지만, 새로운 자신이 되지 않고서는 절대로 그 질문에 답할 수 없다. 요컨대, 자기로부터 떠난 자기라는 모순된 과정 안에서만 글이 완성될 수 있다. 흔히 글쓰기를 우아하고 고요한 작업이라고 생각한다. 그러나 자신의 소멸과 생성을 이끄는 일은 그리 만만치 않다. 수백 번의 회의를 거쳐 자기 사유가 딛고 있는 전제를 꿰뚫어 보는 지적 성실성과 그것으로부터 과감히 떠닐 수 있는 누둑한 배짱이 필요하다. 이쯤하면 목숨을 걸고 쓴다고 해도 좋겠다. '자기의 언어'라는 건 그때 비로소 터져 나온다. 역시 세상엔 공짜란 없다. 어마어마한 권력과 맞서기 위해서는 나 자신 역시 어마어마해져야 하는 법이다. 지구에서 누군가 이런 일을 해야 한다면, 역시 시간 많은 백수가 나서는 것이 좋지 않겠는가?^^

함께 공부하는 백수들에겐 글 한 편을 가지고 다른 놀이(?)도 가능하다. 각자의 글을 읽고 질문을 해주는 놀이다. 감이당은 한 학기의 고민을 글로 써서 학인들 앞에서 발표하는 '에세이 발표'를 중요한 공부로 삼는다. 에세이 발표의 묘미는 글쓴이가 자신과 대적하는 것을 피하거나, 제대로 일격하지 못했다면 그 지점을 직면하게 하는 살벌함이다. 그때 오가는 멘트는 이런 것. "솔직하지 못한 글이네요. 자기를 감추는 건, 남들이 개입할 틈을 주지 않으려는 건가요?", "이렇게 성의 없이 글을 써 오다니…… 자신에게 너무 폭력적인 거 아닌가요?", "도대체 왜 이렇게 진부한 글을 쓰는 거죠? 자기 말이 전혀 없잖아요.", "언제까지 그렇게 어리광을 부릴 건가요? 정말 아무 생각이 없어 보여요." 정도. 믿을 수 없겠지만, 이런 멘트를 받았을 때 괴롭고 고통스럽기도 하지만 묘한 쾌감이 있다. 발표자는 학인들의 촌철살인 멘트에 장렬하게 전사하기를 바란다. 에세이 발표는 원시 부족의 이니시에이션通過儀禮처럼, 각자가 새로 태어나기를 바라는 마음으로 참여하기에 공부의 중요한 마디가 된다.

2016년 여름, '백수다' 에세이 발표가 있었다. 이번 시즌의 미션은 사마천의 『사기』를 읽고 인물평전 써 오기. 이 미션의 핵심은 한 인물의 마음과 행동을 이해해 보는 것이었다. 물론 에세이 발표의 목적은 자신의 재탄생이지만, 각자 비장한 각오로 글을 써오지 않으면 그런 일은 절대 벌어지지 않는다. 이번 에세이 발표에서는 무려 3년 만에 변화를 보였던 H. 매번 그의 글은 자기 신세 한탄이 전부였다. 난 왜 이렇게 남의 눈치를 보죠? 난 왜 일을 빠릿빠릿하게 못 할까요? 우리 가족은 왜 맨날 싸우는 걸까요? 글은 늘 신파로 흘러가다가, 결론은 공부하면서 들었던 좋은 말들로 마무리하곤 했다. 이번에 H는 이런 질문을 던져 왔다. "뜻을 세우고 산다는 건 뭘까? 어떻게 해야 삶의 주인이 될 수 있을까?" 무슨 까닭인지 모르겠으나, 그의 질문이 변했다. 함부로 답할 수 없는 질문, 시공간을 초월해 인간이라면 누구나 해봄직한 질문이었다. 드디어 자기를 떠날 시도를 했던 거다. 한데, 그 커다란 질문에 답하는 것에는 실패하고 말았다. 이유가 있었다. 아직 큰 질문과 씨름할 정도로는 논리가 탄탄하지 않았고, 무엇보다 새로운 세계와 접속할 언어가 아직 없기 때문이었다. 그렇다. 뭔가 알았는데 표현할 방법이 없는 게 아니라, 언어라는 징검다리가 없기 때문에 그 세계와 만나지 못한 것이다. 결국 동어 반복을 거듭하다가 그전과 비슷한 결론에 다다랐다. 그러나 자기가 가진 언어의 한계를 절실하게 맛봤다는 게 H가 얻은 가장 큰 성과다.

H의 글로 에세이장은 활기를 되찾았다. 우리는 모두 그의 질문으로 『사기』를 다시금 생각해 보게 되었다. 놀랍게도 우리는 바로 그 현장에서 즉각 H의 질문에 대한 답을 찾게 되었다. 에세이 장場의 밀도, H의 질문, 집단지성의 발휘가 이유였을까? 이번 시즌 내내 이해되지 않았던 사마천의 마음이 갑자기 다가오기 시작했다. 사마천이 높이 샀던 인물 중에는 고집스럽게 보였던 백이·숙제도, 복수의 화

신 오자서도, 대세를 따르지 않고 자결을 택한 굴원도 있었다. 우리는 고집, 복수, 염세주의를 어떻게 해석해야 할지 난감했었다. 그런데 그 자리에서 알게 되었다. 오호! 사마천은 뜻을 가치 판단한 게 아니구나. 그것을 지키기 위한 강한 힘과 의지를 봐야 하는구나. 사마천에게 생존보다 이 힘과 의지의 발현 여부, 즉 존재감과 무존재감이 중요한 문제였던 거다. 그간 무의식적으로 '성인聖人은 도덕적이어야 한다'는 전제 때문에 그것이 보이지 않았던 것이다. 모든 인물들이 다시 해석되기 시작했다. 인간에게는 쉬운 길과 어려운 길이 동시에 주어진다. 사마천은 어려운 길로 들어서 자신을 극복한 인물들을 높이 산다. 자신의 뜻을 지키려는 발버둥, 그것이 삶의 주인이 되는 길이라 여긴 것이다. 그렇게 생각하면, 매일 주변을 청소하겠다는 뜻과 나라를 잘 다스리겠다는 뜻에 위계가 없어진다. 우리 각자의 자리에서 존재감을 드높일 수 있는 길이 열리기 때문이다. 에세이 장에서 우리는 이 같은 결론에 도달했다. 그 자리에 있는 모두가 이 결론을 공유했는지는 의문스럽다. 다만, 이러한 결론을 스스로 고민하며 얻었을 때, 그만큼만 자유로울 수 있다는 사실을 얻었을 것이다.

청년백수와 몸 : 청년 공부의 핵심은 몸이다

연구실에 들어온 지 3개월 정도 지나면 다들 아프기 시작한다. 대부분 감기몸살에 걸려 집에서 꼼짝 못하고 누워 있다. 그 소식을 들을 때마다 우리 튜터들은 박수를 치며 좋아한다. "잘 됐네! 드디어 몸이 변할 때가 됐구나!" 몸은 우리가 이끄는 대로 다니는 것 같지만, 변화에 반응하고 변형을 겪는다. 스피노자 이후의 철학과 과학은 몸의 변형이 곧 감각과 사유에도 변형을 일으킨다는 것을 확인시켜 준다. 즉 한 가지 액션만을 습관적으로 하거나 한 장소에만 머문다면, 그것은 몸과 사유를 동시에 고착화한다는 의미다. 그렇다. 몸의 문제가 곧, 내가 왜 이렇게 생각하고 살아가는가 하는 문제와 직결된다는 점에서, 몸은 백수들이 탐구해야 하는 영역이 된다.

우리는 청년 공부의 핵심은 몸이라고 생각한다. 청년의 몸은 독특한 신체성을 가지고 있기 때문이다. 『동의보감』 「내경편」에는 청년들의 몸은 달리거나 걷고 움직이는 신체라고 명시되어 있다. 오래 앉아서 공부하는 건 청년에게 매우 고역이다. 청년들에게 익숙한 방식의 몸 쓰기는 늦잠자기, 약속 까먹거나 어기기, 잠수 타기, 좋아하는 것만 줄창 하고 싫어하는 건 일단 피하기, 때 맞춰 밥 안 먹다가 간식 왕창 먹기, 시작해 놓고 사라지기, 감정의 롤러코스터 타기, 동분서주하기다. 어쨌든, 이 몸의 동선들이 청년백수들의 현주소다. 사실 이 공간에 오는 청년들은 대개 우치다 타츠루의 표현대로 '자기라는 감옥'에 갇혀 살고 있다. 관계보다는 자신의 호불호와 기분에 따라 몸을 쓰는 것에 익숙하기 때문이다. '자기'라는 틀에 갇혀 있다 보면 안락함과 고통을 동시에 느낀다. 그 고통 때문에 자신을 바꾸는 공부를 시작하지만, 결국 누리고 있는 편안함과 안락함을 포기하지 못해서 변화를 거부하게 된다. 그래서 청년들에게 필요한 것은 이해가 아니라, 일단 하고 보는 것이다. 이해가 가지 않으면 믿지 않고, 확실하지 않으면 절대 움직이지 않는 청년들은 공자의 말을 눈여겨봐야 한다.

젊은이들은 집에 들어가서는 부모님께 효도하고 나가서는 어른들을 공경하며, 말과 행동은 삼가고 신의를 지키며, 널리 사람들을 사랑하되 어진 사람과 가까이 지내야 한다. 이렇게 행하고서 남은 힘이 있으면, 그 힘으로 글을 배우는 것이다.弟子入則孝, 出則弟. 謹而信汎愛衆而親仁. 行有餘力則以學文.(공자, 『논어』, 김형찬 옮김, 홍익출판사, 2005, 30쪽)

공자는 왠지 공부만 하라고 하거나 먼저 공부부터 하라고 말했을 것 같은데, 청년의 경우에는 콕 집어서 인륜을 몸에 익히는 것부터 시작하라고 말한다. 그 개념들을 소화할 수 있는 그릇으로 몸을 만든 후에야 공부가 시작될 수 있다고 말이다. 그래서 우리 백수들은 이런 걸 공부한다. 연구실에서 아침 8시부터 저녁 10시까지 버티기, 약속 지키기, 청소하기, 공동주거, 낭송, 필사, 여행, 운동, 기타 활동들. 몸부림칠 수 있는 모든 걸 다 동원하자! 안 되는 일에 매달리고 시도해 보자! 자기와의 약속을 지키는 신체로 훈련하자! 그리하여 굳어진 몸의 회로에 균열을 내고 새로운 회로를 만들어 보자!

이건 우리만의 특별한 공부법이라고 할 수도 없다. 인류가 오랫동안 일상에서 해왔던 일일 뿐이다. 그런 의미에서 나를 수련할 수 있는 일상은 선물이 된다. 무엇보다 우리는 살아 있는 한, 가난하든 부귀하든, 삶의 현장인 몸을 떠날 수 없다. 더구나 밑천이 몸 하나인 백수에게는 몸의 용법을 터득하는 것이 어찌 중요하지 않을 수 있겠는가.^^ 자신의 몸 하나로 지난한 일상과 삶의 무게를 관통하는 힘을 갖는 것. 이것이 몸으로 터득하는 지혜이자, 몸의 자립일 것이다.

> 아무도 안 믿고 아무것도 안 믿어요. 오직 조르바만 믿지. 조르바가 딴것들보다 낫다고 하는 말은 아니오. 눈곱만큼도 나을 게 없지. 그 놈 역시 짐승이거든. 그러나 내가 조르바를 믿는 건 내가 아는 것 중에 내 마음대로 할 수 있는 게 조르바뿐이라 그렇소. 나머지는 모두 허깨비들이지. 나는 이 눈으로 보고 이 귀로 듣고 이 내장으로 삭여 낸 것만 믿어요. 내가 죽으면 모든 게 죽는 거지. 조르바가 죽으면 세계 전부가 죽는 거요.(니코스 카잔차키스, 『그리스인 조르바』, 베스트트랜스 옮김, 더클래식, 2012, 75쪽)

청년백수와 운명 : 삶을 조율하는 능력

운명運命이란 무엇인가? 어떻게 받아들여야 하는가? 모두가 그렇듯이 우리는 운명이라는 말에 두려움을 느낀다. 아마도 자신의 삶이 정해져 있다는 느낌을 받기 때문일 것이다. 그러나 정말 그것 때문일까? 만약 부귀한 운명으로 정해져 있다거나, 위대한 인물로 살 운명으로 정해져 있다면 두 손 번쩍 들고 운명 애호가로 바뀔 것이다. 결국, 운명을 해석하기에 앞서 길흉화복이라는 가치판단이 작동하고 있다는 게 문제다. 따라서 통념적 해석 체계를 넘어서려는 공부가 동시에 이루어져야 자기 운명을 직면하고 받아들일 준비가 이루어진 다(자기 전제를 통찰하는 공부가 언제든 근본적이다).

우리 청년백수들은 사주명리학을 통해 자신의 운명과 만난다. 사주명리학은 인간을 하나의 시공간으로 본다. 이것이 한국이란 장소와 생년월일시라는 정보만으로 한 사람의 운명을 점치는 이유다. 그 시기의 온도와 습도가 자신 삶의 리듬과 속도와 방향을 결정한다. 재밌는 것은 인간을 개인(individual)으로 사유하는 근대적 방식과는 완전히 다르다는 점이다. 집 안의 공기를 안방, 거실, 부엌 공기로 구분해 부를 수는 있지만, 실제로 정확하게 구획할 수 없고 이 공기들은 순환에 의해 늘 운동하고 섞이고 말 것이다. 우리 시대의 전제를 다른 각도에서 바라볼 수 있다는 점에서 사주명리학은 새로운 출구가 된다. 실제로 사주명리학을 공부하다 보면 어느 순간 두 손 두 발 놓게 되는데, 한 글자 안에 무수한 관계들이 동시에 함축되어 있기 때문이다. 이 관계와 운동성이 음양오행론의 핵심이 되는데, 그 수많은 힘의 역학 관계 안에서 고유한 자아는 사라지게 된다.

운명이라는 소재를 얘기할 때마다 떠오르는 그리스 비극이 있다. 소포클레스의 『오이디푸스왕』이다. 자기 아버지를 죽이고 어머니와 결혼할 운명에 처한 오이디푸스. 재밌는 것은 자신의 지혜로 스핑크스의 문제를 풀고 왕위에 오르지만, 바로 그 지혜 때문에 자기 운명의 현주소를 알게 된다는 점이다. 자신에게 부귀를 준 것도 지혜이고, 몰락으로 이끈 것도 지혜인 것. 그러나 오이디푸스의 진짜 지혜는 바로 그다음에 나온다. 자기 운명을 알게 된 후 큰 충격에 빠지지만, 절망 속에서도 그는 죽음이 아닌 새로운 삶의 길로 나아간다. 아버지와 어머니를 알아보지 못한 두 눈을 찌르고 방랑자로 떠도는 인생. 이 전무후무한 비극에 여러 해석이 달릴 수 있겠지만, 자신의 운명을 온전히 껴안았을 때 새로운 출구가 열린다는 점에 주목하고 싶다. 운명과 대결할 수 있는 용기와 지혜를 가진 자는 신도 함부로 하지 못하는 법이다.

운명을 통해 우리가 통찰할 수 있는 것은, 세계는 거대한 힘들이 용솟음치는 장이라는 것이다. 그래서 세계에는 내가 할 수 있는 것보다 그럴 수 없는 것들이 훨씬 더 많다. 하지만 그렇다고 해서 그 안에 좋고 나쁨이 있는 것은 아니다. 다만 내게 주어진 우연한 것들을 선물로 받아들이냐 아니냐의 문제만 남아 있다. 이 사유의 전환이 일어나면 삶의 태도에도 일대 전환이 일어난다. 이를테면, 녹祿이라는 글자를 보자. 지금 말로 치면 월급이다. 월급이나 연봉을 자신의 능력치에 맞춰 받는 것이라고 생각하면, 내 것이라는 생각에서 좀처럼 벗어날 수 없다. 그런데 이 글자를 파자하면 신示의 선물[彔; 선물 꾸러미 모양]이라는 의미다. 월급을 어쩌다 내게 떨어진 선물로 취급하다니.^^ 놀랍고도 감동적이다. 아무 이유 없이 내게 온 것이라면, 미련 없이 남에게 선물할 수 있게 된다. 이 앎은 나를 자연이라는 힘의 운동에 동참하는 존재로 거듭나게 한다. 이처럼 운명이라는 앎으로 '자기'를 벗어날 때, 삶은 가벼워지고 선물이 된다. 백수는 이 앎의 문을 두드리는 존재다. 소유와 집착을 떠나 광대무변한 존재로의 변신! 자신의 운명을 긍정하는 기술을 터득할 때까지 백수의 공부는 끝까지 간다!

청년들이 우글우글 모여 살고, 공부하고, 알바하고, 여행한다는 얘기를 들었을 때, 사람들은 반신반의했다. 아니, 백수들 자신조차 그랬다. 무엇보다 이 길이 딱 1년살이용 프로그램인 것처럼 느껴졌기 때문일 것이다. 경제적으로 자립한 상태에서 모든 생활비를 부담하고 해외여행까지 다녀왔으니 남들이 흔히 하는 연금이나 보험은 거의 꿈도 꾸지 못한다. 저축을 한다 해도 직장생활을 하는 사람에 비해서는 터무니없이 적은 돈일지도 모른다. 그렇게 아무 기술도 없이, 이력도 없이 저 좋은 것만 하다 나중에 나이 들면 어떻게 살려고 그러느냐. 시간 낭비하지 말고 취업준비를 해보는 게 어떻겠느냐? 아무리 공동체 안에서 실컷 공부하며 배불리 먹고 부족함 없이 지낸다고 해도, 미래에 대한 불안 앞에서는 부모님들도, 그들의 친구들도, 그리고 자신들도 걱정되기는 마찬가지였을 것이다.

　　이 모든 물음에 우리는 이렇게 대답한다. 이 길은 완벽한 길이 아니다. 이 길은 안전한 길이 아니다. 지금 우리 시대가 믿으며 가는 길이 그렇듯이 모든 것이 보장되는 완벽한 길이란 이 세상엔 없다. 그렇다면 어차피 그게 그거 아니냐고 되물을지도 모른다. 거기도 위험한 길이라면 무엇하러 굳이, 새로운 길로 나서느냐고. 이 질문에 대한 답은 간단하다. 그 길에 남아 있기 싫었고, 아주 답답했노라고. 떠나고 싶었고 새로운 길이 필요했을 뿐이라고. 그리고 그렇게 길을 나서자 같은 고민을 하던 청년백수들이 응답해 주었다. 그렇다. 우리는 우리가 가는 길이 정답이라고 말하고 싶지 않다. 우리가 가려고 하는 길은 그저 단 하나의 샛길이자 가능성이다. 우리는 이 시대에 청년백수로 살아가는 다른 길을 시도해 보고 싶었을 뿐이다.

　그럼 아마 다음 질문이 들어올 것이다. 그 시도가 성공이었는지 혹은 실패였는지. 여기엔 꽤 긴 답이 필요하다. 감이당은 1년 단위 프로그램의 경우, 참여하기 전 기본적으로 튜터들과 상담을 한다. 프로그램에 참여하게 되면 1년 단위로 공부하도록 약속한다. 어떤 것이든 사계절을 접속해 봐야 앎이 만들어진다고 생각하기 때문이다. 절기의 리듬을 버텨 내는 것이 우리 공부의 약속이다. 물론 이유야 어쨌든 중간에 그만두는 사람도 생겼다. 1년 프로그램을 마치고 떠난 사람도 있고, 다음 해 이곳에서 더 공부하려는 사람도 있다. 그렇다면 남는 사람의 숫자는 성공이고 떠난 사람의 숫자는 실패일까? 어떤 관점에서는 그렇게 생각할 수도 있겠다. 우린 거기에 다시 질문을 던지고 싶다. 이 새로운 길 위에서 어떤 것이 성공이고 어떤 것이 실패일까? 무엇을 기준 삼아야 할까. 솔직히 그 틀 안에서는 답을 찾지 못하겠다. 성공과 실패라는 말이 너무 낯설기 때문이다. 우리는 이 시도와 실험 자체만이 의미 있다고 생각한다. 어쨌든 자신에게 허락되는 시간 동안은(공부는 자의로만 할 수 있는 건 아니다), 자기 자신과 직면하고 새로운 자기로 변신하려고 분투했기 때문이다. 이 대결에서 얼마만큼 싸웠는가, 딱 그만큼만 정직하게 자신에게 남을 뿐이다. 그리고 무엇보다, 우리는 그것이 꼭 감이당 안의 '백수다'에서만 있어야 한다고 생각하지 않는다. 이와 같은 시도와 실험이 다른 시공간과 접속하기를 '무지하게' 바란다.^^ 이 시도와 실험이 끝나지 않는다면, 포기하지 않는다면 그걸로 충분하다.